DIE
WIKINGER

ANGUS KONSTAM

DIE
WIKINGER

GESCHICHTE, EROBERUNGEN, KULTUR

tosa

Alle Rechte vorbehalten.
Aus dem Englischen von www.textwerkstatt.at, Wien/Mag. Caroline Klima
First published in 2002 under the title of *Historical Atlas of the Viking World*
Text and design © Thalamus Publishing 2002
Copyright © der deutschsprachigen Ausgabe 2007 bei tosa im Verlag Carl Ueberreuter Ges.m.b.H., Wien
Covergestaltung: kraxenberger konzept & design, München, unter Verwendung von Bildern aus dem Inhalt
Druck: DELO tiskarna, Slovenia

www.tosa-verlag.com

BILDNACHWEIS

Archivo Iconografico, S.A./CORBIS: 66, 84, 85, 113, 126, 157, 176; Elio Ciol/CORBIS: 41, 117; Dean Conger/CORBIS: 171
(oben); Richard Cummins/CORBIS: 65; Ecoscene/CORBIS: 20; Oliver Frey/Thalamus Publishing: 47, 52, 67, 104, 109, 118, 128–9,
140–1, 152–3, 169, 171 (unten), 177; David Hosking/CORBIS: 136; Peter Hulme/ CORBIS: 89;
Wolfgang Kaehler/CORBIS: 16, 102, 184 (unten); Bob Krist/CORBIS: 11, 26–7, 184 (oben), 185, 189;
Marc Lacey/Thalamus Publishing: 130; Lake County Museum/CORBIS: 186; Charles Lenars/CORBIS: 105;
Chris Lisle/CORBIS: 34; Abilio Lope/CORBIS: 188; Gianni Dagli Orti/CORBIS: 72–3, 125, 156; Greg Probst/CORBIS: 18–9,
110; Carmen Redondo/CORBIS: 40; Kevin Schafer/CORBIS: 57, 83 (unten), 135, 137 Paul A. Souders/CORBIS: 45;
Ted Spiegel/CORBIS: 22, 23, 50–1, 52, 53, 54, 55, 70, 75, 77, 122, 124, 127, 131, 138, 147, 150, 153, 165, 167 (oben), 167 (unten),
180; Brian A.Vikander/CORBIS: 10, 21, 183 Patrick Ward/CORBIS: 63; Werner Forman Archive: 14, 30, 39, 44, 56, 60, 78, 79, 98,
106, 107, 144, 145; Werner Forman Archive–History Museum, Bergen University: 187; Werner FormanArchive–Liverpool City
Museum: 32; Werner Forman Archive–Manx Museum: 143; Werner Forman Archive–Maritime Museum, Bergen: 154–5;
Werner Forman Archive–National Museum, Copenhagen: 12, 24, 25 (rechts), 92 (unten), 96, 99 (unten), 112, 120, 148, 170; Werner
Forman Archive–Statens Historika Museum, Stockholm: 1, 7, 13, 25 (links), 29, 35, 36, 38, 68, 69, 73, 76, 87, 92 (oben), 97, 99
(oben), 119, 121, 134, 160, 161, 162, 164, 168, 172, 175, 182; Werner Forman Archive–Stofun Arna Magnussonar a Islandi: 17;
Werner Forman Archive–Thjodminjasafn, Reykjík: 173; Werner Forman Archive–Universitetets Oldsaksamling, Oslo: 2–3, 33, 37,
88, 93, 95; Werner Forman Archive–Viking Ship Museum, Bygdoy: 6, 46, 48, 49 (beide), 80, 94, 116, 151; Nik Wheeler/CORBIS:
103, 108; Wild Country/CORBIS: 62; Adam Woolfitt/CORBIS: 61, 83 (oben).

Seite 1: Ausschnitt aus einem Grabrelief von der Insel Gotland: Es zeigt ein wikingisches Langschiff mit Kriegern (etwa 8. Jahrhundert).

Seite 2–3: Detail der Schnitzerei an einer Stabkirche aus dem 12. Jahrhundert in Stetesdal, Norwegen, die die Legende von Sigurd dem Drachentöter darstellt. Die Geschichte illustriert die legendären Wikingereigenschaften Mut und Klugheit. Der Goldschatz des Drachen brachte Sigurd jedoch nur Leid, und er endete in der Schlangengrube, wo er trotz allem noch mit seinen Zehen die Harfe spielte.

Inhalt

Einleitung

Jene Periode, die wir die Wikingerzeit nennen, dauerte fast 300 Jahre und begann kurz vor 800 n. Chr. In diesen drei Jahrhunderten suchten räuberische Wikinger die Küsten Europas heim; dem folgte militärische Eroberung und Besiedelung. Zur gleichen Zeit

ihren Einfluss bis an die Küste Nordamerikas, die Steppengebiete Russlands und das Mittelmeer aus. Dadurch hatte dieses Volk einen weit über seine zahlenmäßige Größe hinausgehenden Einfluss. Die Wikinger gingen auch als die ersten Piraten in die Geschichte ein – plündernde Barbaren des Frühmittelalters.

Das Wort „Wikinger" stammt vom nordischen (norwegischen) Wort *vikingr*, was Seeräuber bedeutet. Wikinger unternahmen also als eine Art Piraten mit Billigung der skandinavischen Herrscher Expeditionen, die tausende Männer umfassten. Doch da man unter einem Piraten jemanden versteht, der außerhalb des Gesetzes steht, und die meisten Wikinger nach ihrer Rückkehr die Arbeit auf den Feldern wieder aufnahmen, ist es irreführend, sie Piraten zu nennen.

Der Begriff „Wikinger" bezeichnet auch die friedlichen Einwohner des mittelalterlichen Skandinavien, ob sie nun Überfälle verübten oder nicht. Siedler, Bauern, Fischer, Händler und Handwerker führten in der gesamten Periode ihr ruhiges Leben weiter und spielten eine wichtige Rolle. Sie bildeten das stabile Element in Gesellschaft und Wirtschaft, das es ihren Gefährten ermöglichte, ihre Raubzüge durchzuführen.

Leider ist das Wort „Wikinger" so oft benutzt worden, dass es praktisch unmöglich ist, die echten Wikingereroberer vom Rest der zeitgenössischen skandinavischen Gesellschaft zu unterscheiden. Heute wird der Begriff auf alle skandinavischen Völker angewendet und dient

Unten: Verzierter Drachenkopfsteven aus dem Schiffsgrab in Oseberg, Norwegen.

stießen andere Wikinger auf Entdeckungs- und Handelsreisen nach Westen, Osten und Süden vor und machten den skandinavischen Handel zu einer wichtigen Kraft im mittelalterlichen Europa.

Im Herzen der Wikingerwelt lag Skandinavien, zu dem das heutige Norwegen, Dänemark und Schweden gehörten. In geringem Ausmaß gab es Wikingersiedlungen auch in Finnland. Von dieser kalten und unwirtlichen Region aus betrieben die Wikinger Handel, Besiedelung und militärische Eroberungszüge in ferne Länder und dehnten als Bezeichnung für drei ganz bestimmte Jahrhunderte der Geschichte.

In dieser Zeit veränderte sich die Wikingergesellschaft. Zu Beginn versetzten sie mit ihren Überfällen die Küstengebiete der britischen Inseln (einschließlich Irlands), Norddeutschlands, West- und Südfrankreichs sowie der Niederlande (heute Holland und Belgien) in Angst und Schrecken. Über die Flüsse drangen die Wikinger in das Landesinnere vor und griffen Klöster

fremde Gebiete besetzten oder in den neuen skandinavischen Nationen herrschten, enger in die politische Entwicklung Europas verstrickt.

Ein neues Zeitalter brach an, als Siedler, Händler und sogar Krieger der Wikinger sich im späten 11. Jahrhundert mit der restlichen Bevölkerung Nordeuropas vermischten und von dieser nicht mehr zu unterscheiden waren. Jene Wikinger zum Beispiel, die an der Seinemündung in Frankreich siedelten, wurden zu Nor-

Oben: Brosche aus Öland, Schweden, in Form der Weltschlange (7. Jahrhundert).

und sogar befestigte Städte an. Die christliche Kirche stand in Teilen Europas kurz vor der Auslöschung, überlebte jedoch und weitete ihren Einfluss bis ins Kernland der Wikinger aus.

Eroberung und Integration

Der ersten Angriffswelle folgten Siedler und Besatzungsarmeen. Als die Macht der skandinavischen Könige schwand, verringerte sich der Einfluss der Wikinger in Europa. Während große Teile Großbritanniens und Frankreichs unter die Herrschaft der Wikinger fielen, bildeten sich zugleich neue skandinavische Staaten. Überfälle und Plünderungen gingen zurück, als die Wikinger zum Christentum konvertierten. Nach und nach wurden jene Wikinger, die

mannen (Männer aus dem Norden) und orientierten die politische Entwicklung ihres Staates, der Normandie, eher an Frankreich, England und Italien als an Skandinavien. Das Scheitern der letzten großen Invasion im angelsächsischen England und die zunehmende nationale Identität führten schließlich zum Ende der Wikingerzeit – obwohl ihr historisches und kulturelles Erbe bis heute weiterlebt.

Wer waren die Wikinger? Warum brachen sie plötzlich aus ihrer skandinavischen Heimat aus? Wie und warum endete das Zeitalter der Wikinger? Wie lebten diese Menschen? Wie kamen sie zu ihrem schrecklichen, kriegerischen Ruf? Und woran glaubten sie? Dieses Buch wird all diese Fragen beantworten und noch mehr.

Skandinavien und die Ostsee im Zeitalter der Wikinger

- Norwegen unter den Wikingern
- Schweden unter den Wikingern
- Dänemark unter den Wikingern

- ○ keine Wikingerstadt
- ● frühe Wikingerstadt
- ● spätere Wikingerstadt
- ● Siedlung
- ▢ frühes Handelszentrum
- ■ Königssitz
- ⚓ Schiffsgrab/Schiffsfunde

Fosna Präwikingerstamm

NORWEGISCHES MEER

Lofoten-Inseln

Vestfjord

Troms

Hålogaland

Finnmark

Potsangerfjord

Varangerfjo

LAPPLAND

Nordland

Kosma

Trondheim ● Lade

Trøndelag

Norrland

BOTTNISCHER MEERBUSEN

Urnes ● Ytra Moa

Sogn Borgund

● Bergen

Hordaland

Rogaland

Fosna

Jæren

Agder

Dalarna

Värmland

Klar Älven

Åland

Dalälven ⚓ Vendel
⚓ Valsgärde

Uppland ■ Uppsala

● Sigtuna

Birka ● ▢ Helgö

FINNISCHER MEERBUSEN

Hiiumaa

Borre ⚓ Oslo
Oseberg ⚓
Gokstad ⚓
Kaupang ▢

Oslofjord

Ranrike

Svealand

Saaremaa

SKAGERRAK

Vänersee

● Skara

Västergötland

Vättersee

Östergötland

Emån

GOTLAND

Paviken ▢

OSTSEE

NORD-
SEE

Kimbern

● Lindholm
Høje

Viborg ●

Jütland

Vorbasse ■ Jelling

● Århus

▢ Ribe

Egersund ⚓

Fyn

Schleswig ● Hedeby

Friesische Inseln

Elbe

KATTEGAT

⚓ Skuldelev

● Roskilde

Sjælland

Lolland

Skåne

● Lund

Bornholm

Småland

ÖLAND

● Eketorp

● Grobin

● Truso

Weichsel

○ Wollin

KAPITEL I

Die skandinavische Heimat

Die Wikinger tauchten nicht aus den Nordseenebeln auf. Ihre Wurzeln können bis zu ihren prähistorischen Ahnen zurückverfolgt werden: den Jägern und Sammlern, dann den Bauern und Fischern, die Skandinavien lange vor den ersten Aufzeichnungen bewohnten.

In der Zeit vor dem klassischen Wikingerzeitalter vom 8. bis zum 11. Jahrhundert n. Chr. entwickelten diese nordeuropäischen Völker eine eigene Kultur, die die Basis der späteren Wikingergesellschaft bildete. Diese Entwicklung war geprägt von der Landschaft und den Seewegen, die isolierte Siedlungen miteinander verbanden. In ganz Skandinavien hatten die Wikinger eine charakteristische politische und soziale Struktur, die sich jedoch mit der Zeit veränderte, sodass das Gebiet gegen Ende der Wikingerzeit in mehrere, klar voneinander abgegrenzte politische Einheiten geteilt war.

Die Wikinger waren in erster Linie ein Bauernvolk, und ihre politische und soziale Struktur spiegelte dies wider. Sie basierte auf freien Bauern und deren Großfamilien, die zusammen mit ihren Sklaven jene Mittel produzierten, die für die politische und ökonomische Entwicklung Skandinaviens im Frühmittelalter nötig waren. Als Bausteine des Sozialwesens bildeten sie zusammen größere Gemeinden, die wiederum zu *land* oder Provinzen zusammengeschlossen wurden.

Im Verlauf der Wikingerzeit wuchs die Macht des Königtums an, was mit der Einschränkung der politischen Unabhängigkeit der Provinzen und der *jarls* (Grafen) oder Oligarchien, die sie regierten, einherging. Neben den ländlichen Gemeinden gab es nicht-bäuerliche Gemeinschaften von Handwerkern, Baumeistern und Schiffsbauern, die den Bedarf einer wirtschaftlichen Einheit deckten. Wie die Sklaven, die die freien Bauern unterstützten, lieferten die Handwerker den Händlern die Werkzeuge zur Entwicklung des skandinavischen Handels mit dem Rest Europas.

Während den ersten Überfällen der Wikinger in Europa viel Aufmerksamkeit gewidmet wird, wurde die neue Ära in der politischen und wirtschaftlichen Geschichte Skandinaviens von viel weniger dramatischen Ereignissen eingeleitet. Durch neue Handelsverbindungen über Flüsse in Russland und Deutschland wurden Handelszentren wie Hedeby in Dänemark und Helgö in Schweden zu Umschlagplätzen, wo skandinavische Sklaven, Pelze oder Meereselfenbein exportiert und Edelmetalle, Waffen oder Haushaltswaren importiert wurden. Skandinavien war nicht bloß Heimat von Seeräubern; es besaß eine zähe Ökonomie, die auf Landwirtschaft, Holz und einer zunehmend mächtigen politischen Verwaltung basierte sowie auf dem Handel, der weit nach Europa hinein reichte.

Die Länder

Um die Wikinger zu verstehen, ist es wichtig, das Land zu verstehen, aus dem sie stammten. Skandinavien besteht aus topografisch unterschiedlichen, doch durch ein Netzwerk von Fjorden, Flüssen und Seewegen verbundenen Gebieten. Es besaß alle nötigen Ressourcen an Menschen und Rohstoffen für die Überfälle im 9. Jahrhundert, die den Beginn der Wikingerzeit markierten.

Die geografische Beschaffenheit Skandinaviens, die unterschiedlichen Klimazonen, die Landschaft und die Art der Besiedelung spielten eine wichtige Rolle für den Verlauf der Ereignisse. Die zerklüftete Westküste Norwegens wird von Gebirgen beherrscht, und Ackerland ist rar. Zwischen den tausenden vor der Küste gelegenen Inseln gab es ein Netzwerk geschützter Seewege, die die wenigen Siedlungs- und Anbaugebiete verbanden. Einige der engen Fjorde erstrecken sich weit ins Landesinnere; das beste Ackerland liegt an ihren Enden, wo Flüsse durch die Gebirge schneiden.

Andere abgeschlossene Anbaugebiete liegen im Bezirk Jæren im Südwesten von Norwegen, in der Region Trøndelag rund um die heutige Stadt Trondheim sowie rund um den Oslofjord, wo sich heute die Hauptstadt des modernen Norwegen, Oslo, befindet. Die beiden letztgenannten Regionen waren durch Straßen verbunden und standen in engem Kontakt mit den Schweden im Osten. Der hohe Norden, jenseits des Polarkreises, war äußerst spärlich besiedelt, obwohl sich an der unwirtlichen Küste einige Jäger- und Fischerdörfer hielten. Außerhalb der drei wichtigsten Landwirtschaftszonen war Norwegen nur dünn besiedelt, doch diese Gemeinden benützen die Wasserwege zur Aufrechterhaltung von Handel und Kontakt.

Das östlich gelegene Schweden bietet eine abwechslungsreichere Landschaft. In der Region Norrland im hohen Norden beschränkten dichte Wälder und felsiger Boden die Landwirtschaft auf einen schmalen Küstenstreifen am Bottnischen Meerbusen; daher war die Bevölkerung in der Wikingerzeit spärlich. Südlich davon teilt sich Mittelschweden in zwei fruchtbare und bevölkerungsreiche Gebiete sowie eine weniger freundliche Region. Svealand ist die

Unten: Typisch skandinavische Bauernhäuser mit Grasdächern, wie sie seit Jahrhunderten gebaut wurden. Die Wikinger setzten erstmals das Grasdach als Isolation gegen Winterkälte und Sommerhitze ein.

traditionelle Heimat der Svear (Schweden), die dem Land seinen Namen gaben. Zu dieser Region gehört die Provinz Uppland, die Machtbasis der schwedischen Krone, die von der Hauptstadt Altuppsala aus regierte. Im Norden schließt das Gebiet Dalarna an, ein wegloses Ödland mit Gebirgen, Seen und Flüssen, das zur Zeit der Wikinger großteils unbewohnt war.

Skandinavien und Europa

Südlich von Svealand liegt die Region Götar, benannt nach einem Stamm gleichen Namens. Das Gebiet wird im Westen vom Vänersee begrenzt und umfasst die Provinzen Östergötland und Västergötland (Ost- und Westgötar), die durch den Vättersee getrennt sind. Beide waren dünn besiedelt, obwohl die Stadt Skara in Västergötland gegen Ende der Wikingerära aufblühte. Aufgrund des schlechten Bodens war die Südspitze Schwedens kaum bewohnt, bevor die Dänen in der späten Wikingerzeit an der Küste die Stadt Lund gründeten. Auch Småland im Norden war dünn besiedelt. Die Inseln Öland, Gotland und, in geringerem Ausmaß, Åland vor der schwedischen Küste waren dagegen fruchtbar und dicht bevölkert.

Dänemark besteht aus der tief liegenden Halbinsel Jütland und mehr als 500 Inseln vor deren Ostküste. Zur Zeit der Wikinger gehörten auch die südlich angrenzende Provinz Holstein, die Ostseeinsel Bornholm und der südliche Teil Schwedens dazu. Damals war der Großteil Dänemarks mit Wäldern bedeckt und die Nordseeküste war sandig und unfruchtbar. Das beste Ackerland fand man auf den Inseln (insbesondere den beiden größten, Sjaelland und Fyn) sowie im Gebiet um die königliche Hauptstadt der Wikinger, Roskilde.

Anders als der Rest von Skandinavien eignete sich Dänemark sehr gut für die Pferde- und Viehzucht, und die Bevölkerung im Frühmittelalter war gut positioniert, um Handel mit den Nachbarn im Süden zu treiben. Der relativ schmale Streifen Land, der Dänemark mit den deutschen Ländern verband, war als Grenze einfach zu verteidigen und es konnten hier Handelswege errichtet werden, die kaum durch Invasionen gefährdet waren. Daher blühten die Handelszentren der Wikinger, wie etwa Hedeby, als Umschlagplätze für den skandinavischen Handel auf. Außerdem hatte das Gebiet eine gewisse Kontrolle über die Seewege zwischen Ost- und Nordsee. Im Wikingerzeitalter nützten die Dänen diesen Umstand, um ihre politische Macht bis in die Länder jenseits der schmalen Wasserstraße im Norden auszudehnen.

Unten: Fruchtbares Ackerland stand in Skandinavien hoch im Kurs. Hier weiden Tiere auf einer Grabstätte aus der Wikingerzeit.

Skandinavische Urgeschichte

Die Wikinger waren ein Produkt ihrer Umwelt und direkte Nachkommen der prähistorischen skandinavischen Völker. Diese Kulturen und ihre Abkömmlinge etablierten das Königtum, das Gemeinwesen und die Kultur, die das Leben der Skandinavier im Zeitalter der Wikinger bestimmten.

Unten: Dieses Bronzepferd mit Wagen (ca. 1200 v. Chr.) ist vermutlich eine Opfergabe zur Verehrung der Sonne. Es wurde in ein Moor bei Trundholm in Dänemark geworfen, wahrscheinlich während einer religiösen Zeremonie.

Bereits vor 12.000 Jahren lebten Menschen in Skandinavien. Aus vereinzelten archäologischen Funden wissen wir, dass es sich dabei um Jäger und Sammler handelte. Unter den Fundstücken sind Feuersteine und bearbeitetes Horn. Die Spuren menschlichen Wirkens sind rar, was auf dünne Besiedelung hinweist. Insgesamt wurde jedoch genug Material gefunden, um ein Bild dieser Menschen zu vermitteln.

Im Südwesten Norwegens (südlich der heutigen Stadt Bergen) lebte eine Gruppe von Menschen, die als Fosna bekannt und vermutlich aus dem Südosten eingewandert waren. Weiter im Norden besiedelten die Komsa den nördlichen Teil Norwegens und Schwedens in prähistorischer Zeit. Um 4000 v. Chr. finden sich bei beiden Völkern Beweise für die Verwendung von Pfeil und Bogen, Harpune und Speer für die Jagd. Es gibt auch Hinweise darauf, dass sich Fischerei und Ackerbau immer mehr ausbreiteten. Dies waren die Vorfahren der Wikinger; ihre besondere Jagdkunst findet heute Parallelen bei den Lappen in Nordfinnland.

Ab 1500 v. Chr. hinterließen diese Völker mehr Gegenstände. Die bronzezeitlichen Einwohner von Siedlungen im Oslofjord in Südnorwegen und im Varangerfjord im hohen Norden lebten in festen Gemeinden mit relativ stabiler Wirtschaft. Beide Gruppen wiesen dieselbe ethnische Abstammung wie die noch wohlha-

benderen Bewohner Dänemarks auf. In der Bronzezeit tauchten die Dänen Bernstein von der Halbinsel Jütland gegen Gold, Kupfer und Zinn, und es gibt archäologische Hinweise darauf, dass diese Gemeinden florierten. In Gräbern wurden verzierte Waffen und persönlicher Schmuck gefunden; daher muss es in diesen Kulturen spezialisierte Handwerker und Künstler gegeben haben. Religiöse Artefakte wie der bronzene Sonnenwagen aus Trundholm in Dänemark und die Fülle von Steingravuren in ganz Skandinavien verdeutlichen das Wesen ihres Glaubens.

Schnitzereien und Reliefs geben uns wunderbare bildhafte Einsichten in diese Kulturen, von ihren kleinen Ruderbooten, die die wahren Vorläufer der Wikingerschiffe waren, bis zu den Tieren, die sie jagten oder einspannten. Männliche Figuren überwiegen und fast alle werden nackt dargestellt, eine künstlerische Eigenart, die keinen Hinweis auf die Kleidung dieser Leute zulässt. Zum Glück blieben in den tausenden Hügelgräbern genügend Kleidungsreste erhalten: wollene Umhänge und Röcke, Lederschuhe und Pelzkappen.

Erkennbare Wikingerkultur

Die Bronzezeit endete in Skandinavien gegen 500 v. Chr. und die Entwicklung der Eisenbearbeitung fiel in eine Zeit, in der sich die Bestattungspraktiken geändert hatten und die Hügelgräber in einigen Gebieten durch bootförmige, mit Steinen umgrenzte Gräber ersetzt wurden. Diese *skibsætninger* waren kulturell gesehen die Vorläufer der bootförmigen Wikingergräber und Schiffsgräber der Wikingerzeit. In der frühen Eisenzeit schien der kulturelle Reichtum der Bronzezeit versiegt zu sein. Man nimmt an, dass Skandinavien durch die Ausbreitung der keltischen Kultur im restlichen Europa während dieser Periode von Europa wirtschaftlich und politisch abgeschnitten war.

Auch die Klimaveränderung stellte ein Problem dar. Das erste Eisen war so brüchig, dass es den Temperaturen in Nordskandinavien nicht standhielt, was regional zu Stagnation und Niedergang führte. In dieser Zeit wurden die Skandinavier erstmals schriftlich erwähnt. Um 300 v. Chr. beschrieb sie der Forscher Pytheas als „Barbaren, die von der Landwirtschaft lebten". Der römische Geograf Strabo erwähnte im 1. Jh. v. Chr. die Kimbern aus Dänemark, die mit

Links: Diese Säule aus geritztem Stein ist typisch für viele Wikingerbilder, die man in Skandinavien gefunden hat. Diese Darstellung stammt aus Mittelschweden und zeigt höchstwahrscheinlich eine Waffe.

Oben: Der silberne Gundestrupkessel wurde in einem dänischen Moor gefunden. Die Seitenplatten wurden vom Boden gelöst und vermutlich als Weihgeschenk begraben. Die Experten streiten noch immer über die Herkunft der Silberschale. Obwohl die Darstellungen frühkeltisch sind (1. Jh. v. Chr.), zeigen sie germanischen Einfluss, sodass sie von den Kimbern stammen könnten; dadurch wäre der Kessel ebenso prä-wikingisch wie keltisch.

dem teilweise keltischen Silberkessel von Gundestrup verbunden sind (*siehe Bild*).

In der Römerzeit handelten diese Völker mit Häuten, Meereselfenbein, Sklaven und Pelzen; Handelspartner war das Römische Reich – römische Überreste wurden in ganz Skandinavien entdeckt. Ab hier gab es schriftliche Aufzeichnungen römischer Beobachter über die frühen skandinavischen Kulturen. Diese geben, wenn auch fragmentarisch, Auskunft über die Vorfahren der Wikinger und die Art, wie sie ihre Gesellschaft strukturierten.

Skandinavien vor den Wikingern

In dem halben Jahrtausend zwischen der Ankunft der Römer in Nordeuropa und dem Beginn der Wikingerzeit entwickelten die Skandinavier eine Kultur, die zur wahren Wikingerkultur des 7. Jahrhunderts n. Chr. heranwachsen sollte. Diese skandinavische Kultur war sowohl dynamisch als auch sehr produktiv.

So wie es die Römer sahen, war Skandinavien die Heimat der Kimbern, eines germanischen Stammes, der im 1. Jahrhundert v. Chr. auf der Suche nach Land plündernd in Richtung Süden vorstieß. Doch es kam noch schlimmer, denn während der gesamten Epoche drangen auch andere Barbaren ein und stürzten letztendlich die römische Welt: die Langobarden, die Burgunder und die Goten. Angeblich waren sie alle Skandinavier, Einwohner von *Scandza*. Die Römer überlieferten uns ein Profil dieser Menschen. Im 1. Jahrhundert nach Chr. schrieb Plinius der Ältere von der „Bucht" hinter der Halbinsel Jütland, wo die „Insel" *Scandia* lag, und Tacitus berichtete, dass die Suiones (aus Schweden), die die „Insel" bewohnten, für ihre Krieger und Schiffe bekannt waren, die „an beiden Enden einen Bug" hätten.

Neben diesem Volk lebten die Sitonen (im Norden Schwedens und Finnlands), die von einer Frau beherrscht wurden. Daher wurde der Nordosten Skandinaviens fälschlicherweise mit *terra feminarum*, dem Land der Amazonen, in Zusammenhang gebracht. Im darauf folgenden Jahrhundert kartografierte Ptolemäus das Gebiet und zeichnete die Sachsen und Kimbern in Dänemark ein, die Finnen und Lappen im Norden von *Scandia*. In den folgenden Jahrhunderten gab es wenige Berichte über die Skandinavier, obwohl unzählige Funde für blühenden Handel zwischen Skandinavien und der römischen Welt sprechen. Weichsel und Elbe verbanden Schweden und Dänemark mit den gotischen Stämmen im Süden, und der Handel südlich von Dänemark brachte römische Glaswaren, Schmuck, Münzen und Waffen nach Skandinavien im Tausch für Häute, Pelze, Sklaven, Bernstein und anderes.

Wilde Stämme des Nordens

Der Zusammenbruch des Weströmischen Reiches zu Beginn des 5. Jahrhunderts leitete eine Periode ein, aus der es keine schriftlichen Berichte über Skandinavier gibt. Doch Cassiodorus beschrieb ein Jahrhundert danach in seiner „Geschichte der Goten" die Zerstörer der römischen Welt als von Skandinavien kommend. Im Norden der „Insel" lebten die Adogit und die Screrefennae, im Süden die Suehan (Schweden), bekannt für gute Pferde und Pelze, sowie die Stämme Hallin, Liothida, Bergio, Gauthigoth, Rugi, Augandzi, Grannii und Raumarici.

Die Schweden erschienen als Konföderation aus mehreren dieser kleinen Stammesgruppen. Die Dani (Dänen) im Süden setzten sich aus weniger Gruppen zusammen. Der byzantinische Historiker Procopius beschrieb das Land der Dänen sowie die Insel Thule (der Norden), die dahinter lag, als unfruchtbaren, trostlosen Ort, wo die Sonne um Mitternacht schien. Procopius berichtete weiter, das Leben der Lappen wäre „wie das von Tieren". Kleidung und Nahrung lieferten die wilden Tiere, die sie erlegten, während sich andere skandinavische Stämme „nicht sehr von normalen Menschen unterschieden", abgesehen von ihrer Religion.

Spätere skandinavische Quellen beschreiben in den Sagen die politische Einheit von Dänemark und Schweden, obwohl Norwegen länger als der Rest der Region unvereinigt blieb. An-

Germanische Völker in Nordeuropa vor den Wikingern

Shetlandinseln
Orkneyinseln
NORDSEE
York
London
Kelten
Franken
Kelten
Friesen
Angeln und Sachsen
Sachsen
Franken
Franken
Kelten
Burgunder
Alemannen
Alemannen
Suionen
Birka
Svear
Götar
Kimbern
Jüten
Eudosen
Dänen
Angeln
OSTSEE
Goten
Burgunder
Weichsel
Lombarden
Oder
Vandalen
Thüringer
Elbe
Kimbern 120–100 v. Chr.
Hedeby
Rom

Germanische Völker ca. 750 v. Chr.

Nordgrenze des Römischen Reiches

Germanische Migration

Goten Germanische Völker 1–200 n. Chr.

Dänen German. Völker 200–600 n. Chr.

fang des 6. Jahrhunderts wurden die Schweden in Uppland von einem mächtigen Monarchen regiert, wie die *Ynglinga Saga* und andere Werke berichten. In *Beowolf* werden die skandinavischen „Seekönige" erwähnt, was auf das Seefahrertum in dieser Region verweist. Ebenso mächtige Könige herrschten in Dänemark, sodass beide Gebiete im 6. Jahrhundert unter starker, einigender Herrschaft standen. Ähnlich war auch die politische Administration, mittels derer die Herrscher ihre Armeen versorgten, Steuern einhoben und Rechtsprechung vollzogen.

Belegt wird dies durch Funde, die zeigen, dass Skandinavien eine Agrarwirtschaft entwickelte, in der die Handwerkskunst reiche Märkte vorfand. Politische Bündnisse wechselten, doch die skandinavische Kultur entwickelte sich weiter; Siedlungen wurden zu Städten, die wiederum zu Märkten für den Handel wurden. Obwohl Skandinavien im Vergleich zum Rest Europas zurückgeblieben war, war es zu Beginn der Wikingerzeit ein stabiles, florierendes Gebiet, und seine Einwohner hatten in Politik, Wirtschaft, Seefahrt und Kriegskunst die Grundlagen für die Wikingerkultur gelegt.

Gegenüber: Dieses Felsbild aus der Nähe von Litsleby, Schweden, stellt einen Mann in Überlebensgröße dar. Er wird mit erhobenem Speer und erigiertem Phallus gezeigt und wurde über ältere Darstellungen von Booten eingeritzt. Der Künstler gehörte zur Bootaxtkultur aus der frühen Bronzezeit.

Frühes Königtum in Skandinavien

In den Jahrhunderten vor den Überfällen der Wikinger Anfang des 9. Jahrhunderts wurde der Großteil Skandinaviens unter mächtigen Herrschern vereint. Um die Wikinger zu verstehen, müssen wir die politische Landschaft ihrer skandinavischen Heimat näher betrachten.

Es ist schwierig, die skandinavischen Länder nicht in den Grenzen der heutigen Staaten Schweden, Norwegen, Dänemark, Island und Finnland zu sehen. Doch im 9. Jahrhundert waren die politischen Grenzen weit weniger klar und sie verschoben sich durch Feldzüge oder mit dem Schicksal von Königshäusern. Trotzdem waren die Angriffe der Wikinger auf den Rest Europas nicht die Folge von politischen Unruhen in ihrer Heimat. Die großteils agrarische Wirtschaft der skandinavischen Staaten florierte in der Zeit der Überfälle weiter. Die Expansion war vielmehr Konsequenz aus dem Bevölkerungswachstum und der Anziehungskraft größerer Reichtümer in südlichen Gefilden. Handel und Plünderungen galten als zunehmend lukrative Aktivitäten.

Zu Beginn der Wikingerzeit bestand Skandinavien aus mehreren Provinzen (*land*), die entweder von einem unabhängigen Herrscher, einem regionalen *jarl* oder einem König oder einem mächtigeren politischen Gouverneur regiert wurden. Viele dieser Regionen existieren bis heute als erkennbare politische Bezirke. Das *land* bildete auch die Basis für die militärische Organisation. Jedes war in mehrere *hund* unterteilt, die etwa 100 Kämpfer versorgten. Während die *land* oft die Herrschaft wechselten, fusioniert oder geteilt wurden oder auf andere Art ihre Grenzen veränderten, blieben die *hund* als klar definierte Gebiete erhalten. Mit der Zeit wurden die *land* zunehmend von größeren politischen Einheiten, die von einem König regiert wurden, absorbiert. Dies förderte wiederum so etwas wie nationale Identität, obwohl der moderne Begriff nicht direkt auf die nationalen Einheites des Mittelalters anwendbar ist, wo sich Nationen ständig veränderten.

Mit der Etablierung zentralistischer Monarchien veränderte sich die politische und militärische Struktur Skandinaviens, und unabhängige *land* wurden immer seltener. Die Ostseeinsel Gotland zum Beispiel wurde von einer unabhängigen Inseloligarchie beherrscht, doch in der Wikingerzeit wurde sie mit dem Königtum Schweden vereint. Im 13. Jahrhundert gerieten die bislang unabhängigen Gebiete Grönland und Island unter die Kontrolle der norwegischen Krone, womit der Prozess der politischen Zusammenschlüsse abgeschlossen war. Als sich die Skandinavier zum Christentum bekannten,

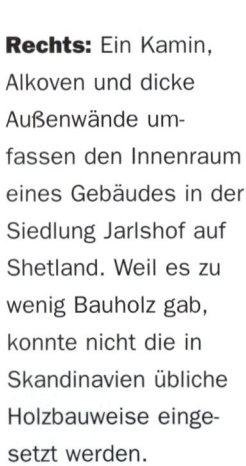

Rechts: Ein Kamin, Alkoven und dicke Außenwände umfassen den Innenraum eines Gebäudes in der Siedlung Jarlshof auf Shetland. Weil es zu wenig Bauholz gab, konnte nicht die in Skandinavien übliche Holzbauweise eingesetzt werden.

Links: Illustration aus dem isländischen Manuskript *Flateyjarbok*, die König Harald Harfagri (Schönhaar) zeigt, wie er den Riesen Dofri von seinen Fesseln befreit. Letzterer sollte sein Ziehvater werden. Haralds zunehmende Macht führte schließlich dazu, dass freiheitsliebende Wikinger über das Meer nach neuem Land suchten (*siehe Seiten 104 und 136*).

benutzte man die Verwaltungsstrukturen der Kirche, um die Macht des Königtums durch die Einführung von Stabilität und kodifizierten Gesetzen zu stärken.

Nationalstaaten entstehen

Schweden leitete seinen Namen von der Hauptregion des Landstrichs ab. Während der Wikingerzeit blieb es agrarisch, ohne die geschäftigen Bevölkerungszentren, die es in Dänemark gab. Unter der Uppsala-Dynastie wurde die königliche Autorität gestärkt, und um 1000 waren alle *land* im aufstrebenden schwedischen Königreich vereint. Die Besiedelung wurde durch Expansion nach Finnland und Russland verstärkt, wodurch die Staatseinnahmen stiegen. Die weitere Ausbreitung der königlichen Macht wurde jedoch durch die späte Konvertierung Schwedens zum Christentum behindert.

In Dänemark wuchs die Macht des Königtums in der frühen Wikingerzeit ständig an und die Region (einschließlich des Gebietes bis zur Elbe) wurde um 900 unter einer einzigen mächtigen Dynastie vereint. Wie in Schweden war die Königswürde teils erblich, teils gewählt, da die Anwärter die Unterstützung der *land* benötigten, um den Thron zu besteigen. Die Staatsmacht war noch zentralisierter als in Schweden. Hinter dem Thron stand die königliche Armee. Das politische, ökonomische und militärische Wachstum des Staates wurde durch Feldzüge gegen die Franken in Deutschland und die Sachsen in England gewährleistet. Zur gleichen Zeit dehnte die Kirche ihren Einfluss auch außerhalb der Hauptstadt Roskilde aus, damit sowohl der Monarch als auch der Staat eng mit ihr verbunden blieben.

In Norwegen, dem Land der Nordländer, wurde die Ausbreitung der königlichen Macht durch die Topografie des Landes behindert. Die Dynastie, die in Südnorwegen (Vestfold) herrschte, was ursprünglich schwedischer Abstammung, doch die restlichen *land* regierten sich zum Großteil selbst. Diese nördlichen *land* wurden letztlich von König Harald Harfagri (Schönhaar) im späten 9. Jahrhundert bezwungen. Danach behielt seine Dynastie die Krone für den Rest der Wikingerzeit.

Die Wikingerfamilie

Die grundlegende soziale Einheit im Skandinavien des Frühmittelalters war die Großfamilie. In einer fast ausschließlich ländlichen Gesellschaft bildeten Familiengemeinschaften die Bausteine sowohl für die Wikingerflotten als auch für die entstehenden Nationalstaaten in dieser Region.

Obwohl es detaillierte Berichte über den Alltag der Wikinger erst gegen Ende ihrer Ära gibt, galten Familien offensichtlich als eigenständige politische Einheiten. Heiraten oder Blutsverwandtschaft schaften Bande, die ein wiederkehrendes Thema in zeitgenössischen Geschichten sind. Verwaltungsakten zeigen, dass die Abstammung über die männliche Linie verlief, doch männliche Nachkommen blieben nach der Hochzeit meist im väterlichen Haushalt und garantierten somit die Verbindung zwischen der Familie und dem Land, das sie bewirtschaftete.

Außerdem oblag der Familie eine Art kollektiver Verantwortung für ihre Mitglieder, wie in skandinavischem Recht, das in der späten Wikingerzeit kodifiziert wurde, festgelegt war. Die Buße für einen Mord umfasste zum Beispiel die Zahlung eines Betrages von einer Familie an die andere, wobei die gesamte Familie finanziell für die Begleichung verantwortlich war. Je weiter der Verwandtschaftsgrad des Familienmitgliedes mit dem Mörder war, umso proportional kleiner war die Summe, die es zu zahlen hatte.

Familieneinheiten wurden drei oder vier Generationen zurück gemessen, sodass jemand als Mitglied einer Familie galt, wenn er einen gemeinsamen Ururgroßvater hatte (oder einen Cousin dritten Grades). Durch die mangelnde Mobilität waren die lokalen Gemeinschaften eng durch Blut und Heirat verbunden. Regional gesehen entsprach der Status einer Gemeinschaft oder eines Gebietes innerhalb eines *land* dem Ansehen der Familie, die dort lebte. Für gewöhnlich nahmen Familien gemeinsam an religiösen Feierlichkeiten und an Festen teil und arbeiteten zusammen auf dem Feld.

Wenn nötig, wurden dieselben engen Familienbande benutzt, um Banden von Wikingerkriegern zu schaffen, und zusammen bildeten sie einen Teil des *hund*-Systems der regionalen militärischen Organisation. Der Ruf einer Familie war auch von ihrem Erfolg im Kampf oder auf dem Markt abhängig.

Aus diesem engen Sozialnetz brach man aus, indem man zur See ging oder wenn man von der Familie oder dem Staat geächtet wurde. Aufgrund der Machtzunahme der königlichen

Unten: Rekonstruktion nordischer Langhäuser in der Nationalhistorischen Ausgrabungsstätte in L'Anse aux Meadows, wo die ersten Wikinger Neufundland besiedelten.

Zentralgewalt wurden Verbindungen auch zwischen Individuen oder Familien und regionalen Führern geschlossen. Dazu gehörten die Loyalität des Kriegers zu seinem Führer (etwa einem lokalen *jarl*) oder das Band zwischen dem freigelassenen Sklaven und seinem ehemaligen Herrn. Daraus entwickelte sich eine Art Feudalsystem, doch die Skandinavier übernahmen nie so strenge Strukturen wie die Franzosen.

Familienbande

Ähnliche soziale Veränderungen stellten sich mit dem Wachstum der Städte gegen Ende der Ära ein, während das Christentum die traditionellen Bande aufweichte. Im 13. Jahrhundert war ein beachtlicher Anteil der skandinavischen Bevölkerung von der Solidarität mit der traditionellen Familie rund um den Familienhof entbunden. Obwohl von den überlieferten gesellschaftlichen Mustern isoliert, waren sie zugleich vom schweren Gewicht der kollektiven Verantwortung und Verpflichtung befreit.

Im Zentrum der skandinavischen Gesellschaft stand der freie Bauer. Er bearbeitete das Land für seine Familie und kam seinen gelegentlichen militärischen oder ökonomischen Verpflichtungen gegenüber Autoritäten nach. Daher bildete er auch den Kern vieler Wikingerarmeen oder Überfallkommandos. Meist wird der Begriff *bondi* (was Hauseigner, Landbesitzer oder Bauer bedeutet) mit ihm verbunden, ob-

wohl der freie Bauer sich auch als Landarbeiter verdingen oder seinen Haushalt mit anderen Familienmitgliedern teilen konnte. Verschiedene Ebenen von *bondi* wurden durch Begriffe wie *edalbondi* oder *hauldr* angezeigt, was geringeren oder höheren sozialen Status bedeutete, die aber nicht in ganz Skandinavien verwendet wurden.

Bondi waren Familienmänner, die auf Familienanwesen arbeiteten. Die Ausbreitung der königlichen Macht brachte ein erhöhtes Maß an administrativer und juristischer Bürokratie mit sich, was die Familienbande und den Status der *bondi* als Freie stark unterminierte. Diese Übergriffe der Monarchen auf traditionelle Werte wird häufig als Teilerklärung für die Abwanderung nach Island und Grönland angeführt und auch für den explosionsartigen Anstieg der Wikingerüberfälle im frühen 9. Jahrhundert. Trotzdem blieben Familienloyalität und -bande innerhalb der ländlichen Wikingergemeinden die Eckpfeiler der Gesellschaft in dieser Zeit.

Oben: Ein Wikingerhaus mit dem Herd im Zentrum. Erhöhte Plattformen dienten zum Sitzen und Schlafen. Die Frau im Hintergrund steht am Webrahmen. Die meisten Gegenstände waren aus Holz. Tontöpfe gab es erst in der späten Wikingerzeit.

Die Wikingergesellschaft

In den aufkeimenden Königtümern des frühmittelalterlichen Skandinavien gab es eine Gesellschaftsschicht, die das Recht verwaltete, das Land im Namen des Königs verwaltete und die Bevölkerung schützte. Auch wenn das Wesen und die Bezeichnung dieser Oberhäupter regional differierte, hatten sie überall dieselben Aufgaben.

Oben: Ein Bauer auf Mainland, Shetlandinseln, macht Heu, indem er das geschnittene Gras zum Trocknen über die Wiese verteilt. Diese Technik praktizierten skandinavische Bauern und Wikingersiedler jahrhundertelang.

An der Spitze der Wikingergesellschaft standen die Könige (altnordisch *konugr*). Sie wurden meist von der Gemeinschaft gewählt. Da Lehenstreue und Militärdienst im Austausch für Schutz und administrative Führung gewährt wurden, war dies eine zweiseitige Aufgabe. Der Herrscher regierte nur aufgrund der Zustimmung seiner Untertanen: eine Regierung, die sich von den Feudalsystemen dieser Zeit in Nordwesteuropa stark unterschied.

Der König hatte Zugang zum Staatsschatz (in Schweden bekannt als Uppsala-Reichtum) sowie zu den Ressourcen an königlichen Ländereien und Viehbestand, doch seine Möglichkeiten zum Einheben von Steuern waren begrenzt. Obwohl die Wirtschaft Skandinaviens vorwiegend agrarisch war, bezogen die Könige der Wikingerzeit die meisten Einnahmen durch Kontrolle über den Handel, aus militärischen Eroberungen oder Plünderungen.

Regionale Führer und militärische Streitkräfte gingen aus einer sozialen Elite hervor, die den König beim Regieren unterstützte. Der Titel „Graf" (altnordisch *jarl*) bezeichnete einen ausgewählten Mann, eine regionale Führerfigur, der das Schicksal großer Teile Skandinaviens oder von Überseekolonien lenkte. Die Grafen von Orkney zum Beispiel regierten Orkney und Shetland; mit der Zeit dehnten sie ihren Besitz bis nach Schottland und zu den Western Isles aus. Die im 9. Jahrhundert gegründete Grafschaft Orkney unterstand offiziell der norwegischen Krone, doch ihre Grafen regierten nahezu ohne königliche Einmischung. Die Hlaðajarlar (Grafen von Lade), die Nordnorwegen im Namen des norwegischen Königs regierten, waren weniger unabhängig, doch mit der Zeit konnten sie ihren Einfluss nach Süden ausdehnen, sodass er das ganze Land umfasste. In den wikingischen Gebieten auf Britannien oder Irland nahmen die Regenten oft den Titel König an, doch sie waren tatsächlich Unterkönige oder Grafen in allem bis auf den Namen.

Lokale Verwaltung

Weiter unten in der sozialen Skala kamen die Männer, die kleine Provinzen regierten, entweder als eigenständige Herrscher oder, was verbreiteter war, im Namen des Königs oder des Grafen. Das Ausmaß ihrer Unabhängigkeit und Macht variierte stark, je nach Periode und Lage, doch der ständige Zuwachs an königlichem Einfluss untergrub die Regional-macht, und unbedeutende Oberhäupter ent-wickelten sich zu einer neuen sozialen Elite, deren Macht eng mit der des Königs verbunden war. In Dänemark und Schweden verwalteten Landmänner (altnordisch *landsmenn*) das *land*, unterstützt von einem Haufen niederer Beam-ter, die in Dänemark *styræsmen*, in Schweden *hirdsmen* genannt wurden. In Norwegen stellten die *hersir* lokale oder regionale Führer, doch diese regierten von Anfang an im Dienste des Königs. In Kriegszeiten wurden diese Führer zu militärischen Befehlshabern oder sie stellten dem König Schiffe und Männer zur Verfügung.

Auf der nächstniedrigeren Stufe der Sozial-ordnung, über den freien Bauern, standen auf den Orkneys die *gæðingar*; in Norwegen die *hauldr*. Sie wurden beschrieben als „Männer, die mit Gütern betraut sind oder sie besitzen". Tatsächlich waren sie Grundbesitzer, deren Gut etwas größer war als die anderen in der länd-lichen Gemeinde. In anderen Gebieten Skandi-naviens wurde dieser Stand mit dem Begriff

lendr maðr bezeichnet. Eine andere Art lokaler Magnaten waren die *sæslumaðr* (Verwaltungs-beamte), die direkt vom Monarchen ernannt wurden und die königlichen Güter verwalteten.

Unterhalb dieser Grundbesitzer, Verwal-tungsbeamten oder Magnaten stand die Mehr-heit der Wikingergesellschaft, die *bondi* oder freien Bauern. Obwohl es mehrere Stufen von *bondi* gab, waren sie zum Großteil Hofeigen-tümer. Ihre oft riesigen Familien existierten in ganz Skandinavien und sie bildeten die Mehr-heit der Kolonisten, die über das Meer auswan-derten. Diese Landarbeiter waren freie Männer, anders als die leibeigenen Kleinbauern im Rest Europas. Zu den *bondi* gehörten, neben Land-besitzern und ihren Pächtern, auch Handwer-ker. Unterhalb der *bondi* bildeten die Sklaven einen beträchtlichen Teil der Bevölkerung. Sie wurden auf Raubzügen in Russland, Deutsch-land oder Nordwesteuropa gefangen genom-men. Obwohl sie die Freiheit erlangen konnten, hatten die meisten keine Aussicht auf Besserung und wurden als Eigentum behandelt.

Unten: Ein skandi-navisches Bauernhaus auf den oberen Som-merweiden in Norwe-gen. Wikingersiedlun-gen waren ähnlich wie dieses Haus gebaut.

Die Landwirtschaft der Wikinger

Die Wikingerwelt beruhte fast ausschließlich auf Landwirtschaft, Fischerei und Jagd. Obwohl Handelsniederlassungen in der Wikingerzeit immer wichtiger wurden, waren der Bauer und sein Land die Hauptstütze der skandinavischen Wirtschaft.

Unten: Mit einem Breitbeil von Hand behauene Schindeln wurden in Wikingerhäusern zum Bau von Wänden verwendet. Rekonstruktion aus der Stadt Hedeby, Dänemark.

Die Wikinger waren an das Land und die Küstengewässer gebunden und ihr Leben wurde vom Wechsel der Jahreszeiten bestimmt. Wenn Wikinger weit entfernt von ihrer Heimat Überfälle verübten, kehrten sie fast immer rechtzeitig zurück, um die agrarischen Hauptarbeiten wie Aussäen oder Ernten zu erledigen. Obwohl Händler, manche Verwalter und religiöse Oberhäupter in den wenigen Wikingerstädten lebten, taten sie das vielleicht nur einen Teil des Jahres, wenn die Märkte geöffnet waren. Die Bevölkerung lebte nahezu ausschließlich in isolierten Höfen und Dörfern.

Obwohl sich Großfamilien und Nachbarn zu religiösen Festen, Hochzeiten oder sozialen Zusammenkünften trafen, verbrachten die meisten Wikinger den Winter in Isolation und bewachten ihre Vorräte an Lebensmitteln und Brennmaterial. In solch nordischen Gegenden hieß das, fast ein halbes Jahr in Kälte und Dunkelheit zu überleben. Kleinere Höfe kämpften oft mit dem Hunger. Diese Härten trieben das Verlangen nach reicher Ausbeute in Übersee an.

Für die Landwirtschaft der Wikinger gibt es allgemeine Feststellungen. Je weiter nördlich ein Hof lag, umso weniger wahrscheinlich lebte er von Getreide. Daher wurde Viehzucht im Norden Norwegens und Schwedens immer wichtiger. Jenseits des Polarkreises lebte eine Hand voll Siedler vom Jagen und Fischen, obwohl man sogar im hohen Norden Norwegens bäuerliche Geräte gefunden hat. Die Fischerei war in den bevölkerungsreichen Küstengebieten und

Seeufern ein wichtiges Element, während Viehzüchter ihre Herden im Sommer meistens auf Bergweiden brachten, um Futter zu sparen.

Es gab ausgeprägte regionale Variationen dieses Grundmusters. Die Bauern in Dänemark hatten üppige Weiden zur Verfügung und pflegten daher Getreidebau und Viehzucht. Im Gegensatz dazu lebten die größeren und ertragreicheren Güter im unwirtlichen Island fast ausschließlich von Viehzucht und importierten den Großteil des Getreides vom skandinavischen Festland.

Land und Meer

In den Wäldern des hohen Nordens (und in geringerem Maß auch weiter südlich) jagten Wikingerjäger Rotwild, Bären, Rentiere, Seevögel, Enten, Seehunde und anderes. Der blühende Pelzhandel schuf Nachfrage nach Tierhäuten, vor allem von Seehund, Bär, Rentier und Walross. In der Wikingerzeit wurde der Pelzhandel zu einem Hauptfaktor der skandinavischen Wirtschaft. Meereselfenbein vom Walross, Walöl und Eiderdaunen waren wertvolle Exportgüter. Händler reisten einmal jährlich die skandinavische Küste entlang, um diese Waren einzusammeln, bevor sie sie im Hochsommer auf den Wikingermärkten verkauften.

Die Landwirtschaft war einfach, aber dem Land gut angepasst. Man züchtete Pferde, Rinder, Schweine und Ziegen, wobei die schwächsten im Herbst geschlachtet wurden. Das Fleisch wurde geräuchert und für die langen Wintermonate eingelagert. Archäologische Funde weisen darauf hin, dass Roggen das verbreitetste Getreide war, daneben gab es Hafer und Gerste, vor allem in Südskandinavien. Es wurden auch Gemüse, etwa Kohl, Lauch und Erbsen, angebaut und die Ernährung durch wilde Beeren, Nüsse und sogar Seegras ergänzt. Ein Großteil davon sollte das Überleben sichern, doch Vieh und Getreide wurden auch zum Verkauf oder Tausch in die wenigen Städte gebracht oder auf regionalen Märkten verkauft.

Neben der Landwirtschaft unterhielten die Wikinger ausgedehnte Handelsverbindungen in ganz Europa und quer durch Russland bis zum Mittelmeer. Marktstädte dienten als Umschlagplätze, aber auch als Stützpunkt für lokale Unternehmer, was für die Entwicklung der skandinavischen Wirtschaft noch wichtiger war. Funde belegen die große Verbreitung des Binnenhandels, bei dem reisende Händler oder Kesselflicker jedes Jahr durch das Land reisten und ihre Waren anpriesen. Ab 975 wurden die ersten skandinavischen Münzen geprägt, doch schon zuvor diente Silber als wichtigstes Tauschmittel, bei Händlern, königlichen Verwaltern und Bauern gleichermaßen in Verwendung. Die Grundlagen der Wikingerwirtschaft änderten sich, als die Städte immer wichtiger wurden; aus einer vorwiegend agrarischen Kultur entstand ein mehr auf den Handel ausgerichtetes System.

Oben: Ein Zimmermann schnitzt mit einer Axt den Pfosten für einen stehenden Webrahmen, der in der rekonstruierten Wikingerstadt Hedeby, Dänemark, verwendet werden soll.

Händler und Handwerker

Die Wikingerzeit wird meist mit den räuberischen Überfällen der Wikinger assoziiert, die zum Großteil zu Beginn des 9. Jahrhunderts stattfanden. Infolgedessen übersehen die meisten Menschen die bleibenden Errungenschaften skandinavischer Händler bei der Errichtung neuer Handelsrouten.

G roßhändler förderten die Entwicklung von städtischen Märkten in der Wikingerwelt zu Zentren, in denen lokale Handwerker ihre Fähigkeiten voll ausschöpfen konnten. Die Tatsache, dass die Wikinger vielmehr Händler als Seeräuber waren, ist erst vor kurzem durch Ausgrabungen wie Hedeby in Dänemark, Kaupang in Norwegen und Birka in Schweden erkannt worden. Wikingerhändler errichteten und unterhielten ein ausgedehntes Netzwerk, das bis Frankreich, zum Mittelmeer und in den Nahen Osten reichte. Obwohl es bereits vor dem 9. Jahrhundert kleinere Märkte in Skandinavien gab, wurde die Wikingerzeit Zeuge der Entwicklung großer Städte. Sie wurden oft auf königliche Initiative gegründet – zum Beispiel Hedeby und Bergen – und stellten lebenswichtige Steuereinnahmequellen dar.

Unten: Mit dieser in Dänemark gefundenen Gussform eines Wikingerschmiedes wurden sowohl christliche Kreuze als auch Thors Hammer geformt.

Zu den wichtigsten Handelswaren gehörten Meereselfenbein, Pelze und Häute aus Nordskandinavien, Sklaven aus Britannien und Russland, Eisen und Bauholz aus Mittelskandinavien und Bernstein aus Dänemark. Die Wikingerhändler tauschten dafür Silber (das begehrteste Importgut), Wein, Keramik, Schmuck und sogar Seide und Gewürze aus dem Nahen Osten oder jenseits davon. Die Archäologie beweist, dass das Skandinavien der Wikinger gut mit Metallwaren aus ganz Europa und Arabien versorgt war, mit Glaswaren aus dem Mittelmeerraum, Töpferwaren aus dem Rheinland sowie Silber- und Goldschmuck.

Die Händler stellten Ausnahmen von der ländlichen Norm der Wikinger dar und ihr Erfolg zeigt sich in der großen Verbreitung von Handelsgütern in ganz Skandinavien. Natürlich war der Handel auch außerhalb der großen Städte wichtig. Wikingerhändler unternahmen Reisen an die Küste und ins Landesinnere, um die isolierten und verstreuten ländlichen Märkte

Marktwirtschaft. Bergleute und Schmiede stellten einen Handwerkszweig dar, der neben den bäuerlichen Gemeinden existierte und die nötigen Werkzeuge produzierte.

Die meisten der regionalen Handwerker, wie Tischler, Silberschmiede und Schiffsbauer, waren vom Handel auf größeren Märkten abhängig, um überleben zu können. Sie waren es, die die Lederwaren, Elfenbeinkämme und Schmuckstücke herstellten, die in Wikingergräbern gefunden wurden. Außerdem bauten sie die Rüstungen, Waffen und Schiffe, mit denen die Wikinger als Seeräuber den Rest Europas angriffen.

Überlieferte Gegenstände lassen darauf schließen, dass die Fertigkeiten der Kunsthandwerker sehr gut ausgebildet waren. Gold-, Silber- und Eisenschmiede, Elfenbein- und Holzschnitzer sowie Bildhauer stellten bereits zu Beginn der Wikingerzeit einzigartige skandinavische Produkte her, obwohl die künstlerische Produktion ihren Höhepunkt im 10. und 11. Jahrhundert erreichte. Angesichts der kriegerischen Natur der Skandinavier überrascht es nicht, dass einige der kunstvollsten Werke als Dekoration von Rüstungen und Waffen gefertigt wurden. Rüstungs- und Waffenschmiede galten als die wichtigsten Spezialisten unter den Kunsthandwerkern der Wikinger.

Es gibt Hinweise darauf, dass Künstler und Handwerker bereits im 11. Jahrhundert in Gilden organisiert waren. Schriftliche Quellen deuten an, dass teilweise komplexe finanzielle Bündnisse geschlossen wurden, wenn Händler und Adelige Kapital für Expeditionen und Handelsunternehmungen zur Verfügung stellten. Die große Verbreitung importierter Ziergegenstände und Waffen zeugt von dem künstlerischen Verständnis der Handwerker und der Händler, die deren wunderschöne Werke verkauften.

Oben: Ein Bernsteinkopf aus der Wikingerzeit. Der besonders in den russischen Fürstentümern begehrte Bernstein wurde vor allem in Dänemark abgebaut.

Links: Ein früher Wikinger Silberanhänger aus dem 6. Jahrhundert. Die Figur stellt eine Walküre dar, die ein Trinkhorn anbietet.

der Region zu erreichen. Diese waren von den Jahreszeiten abhängig, und während der Winter Skandinavien vom Rest der Welt isolierte, brachte der Frühling neue Handelsaktivitäten.

Mittelalterliche Industrie

Ein Gut wurde für die Welt der Wikinger lebenswichtig. Eisen aus den Erzadern in Mittelskandinavien wurde zu Barren geschmiedet, bevor ein Schmied daraus Werkzeuge oder Waffen herstellte. Das Klima schloss die Verwendung von Eisen in Nordskandinavien im Frühmittelalter aus, doch die im Süden produzierten Eisenwaren bildeten die Basis der lokalen

KAPITEL 2

Der Glaube der Wikinger

Der religiöse Glaube der vorchristlichen Wikinger war großteils durch das Land selbst beeinflusst und durch die Präsenz ihrer Vorfahren, die in hunderten Hügelgräbern in ganz Skandinavien begraben lagen. In der Zeit, bevor Skandinavien das Christentum annahm, mussten die Gläubigen ihr traditionelles Bedürfnis nach Nähe zu ihren Ahnen und dem vererbten Grundbesitz ihrer Familie kombinieren mit den Anreizen, die ihnen Naturbeobachtungen und Kulturen boten, denen sie auf Handelsreisen oder Überfällen begegneten. Da-

her durchlief der vorchristliche Glaube im 8. und 9. Jahrhundert eine Transformation, als man die religiösen Vorstellungen an den veränderten Lebensstil anpasste, den die Wanderungen dieser Zeit mit sich brachten.

Der heidnische Glaube der Wikinger war tolerant, pantheistisch und kulturell verbindend. Sie glaubten, dass viele Götter und geringere Gottheiten bestimmte Kräfte hatten, die zu Hilfe gerufen werden konnten, wenn man sich in einer schwierigen Lage befand, etwa bei einem Sturm, bei der Ernte oder einem Angriff. Die

Unten: Grenzsteine liegen verstreut auf einem wikingischen Gräberfeld bei Aarlberg, Dänemark.

Wikinger versetzten das zeitgenössische christliche Europa in Angst und Schrecken, als sie Klöster und Kirchen plünderten, doch das ist kein Beweis dafür, dass es ihnen an spirituellem Glauben mangelte. Für sie waren christliche Gemeinden nicht mehr als reiche Lagerhäuser.

Auf den ersten Blick unterscheiden sich die heidnischen Götter und Glaubenssätze des vorchristlichen Skandinavien stark vom Christentum. Gottheiten wie Odin, Thor und Freyja waren in ein komplexes Glaubensgebilde verwoben, doch viele Themen darin zeigten grobe Parallelen zur neuen Religion. Manche Aspekte, wie etwa das Leben nach dem Tod, Himmel, Hölle und Auferstehung, fanden sich bereits im vorchristlichen Glauben in Skandinavien. Diese Synergie machte es den christlichen Missionaren leichter, die Wikinger davon zu überzeugen, dass der neue Glaube ihrem alten Glauben ähnlich (wenngleich überlegen) war.

Der Wechsel von einer Religion zur anderen zeigte sich vor allem in der Art der Bestattung. Die alte Form, die Toten mitsamt den Gütern zu bestatten, die sie im Leben nach dem Tod brauchten, wurden durch ein einfaches Erdbegräbnis nach christlicher Tradition ersetzt. Gegen Ende der Wikingerzeit war die alte Religion Vergangenheit und die neuen Nationen Skandinaviens waren ein fester Bestandteil der europäischen Christenheit.

Eine ganze Götterfamilie

Die unzähligen Götter der Wikinger hatten bestimmte Eigenschaften und Funktionen, doch alle gehörten zum Göttergeschlecht der Asen das von hoch oben die Sterblichen lenkte. Wie Zeus bei den Griechen, so war Odin die oberste Gottheit. Die anderen Asen halfen ihm bei der Beaufsichtigung der sterblichen Welt, agierten aber auch unabhängig von ihm.

Gegenüber: Dieser Wandteppich aus der Skog-Kirche in Halsingland, Schweden, aus dem 12. Jahrhundert zeigt drei Gottheiten der Wikinger. Links steht der einäugige Odin mit einer Axt und einer Darstellung des Baumes Yggdrasil, von dem er hing. Thor (Mitte) hält seinen symbolischen Hammer in der Linken. Rechts steht Freyja, die durch die Ähre in ihrer Hand für Fruchtbarkeit steht.

Zeitgenössische Dichtung und Prosa, spätere christliche Chronisten wie Adam von Bremen und die mittelalterliche Literatur Islands berichten über die vorchristlichen Götter der Wikinger. Odin war das Oberhaupt der Asen, eine Vaterfigur, wie man sie auch in anderen heidnischen Kulturen findet. In der isländischen *Prosa-Edda* von Snorri Sturluson aus dem 13. Jahrhundert wird Odin beschrieben:

„Odin ist der höchste und älteste der Götter; er lenkt alles, und wie mächtig die anderen Götter auch sind, sie dienen ihm wie Kinder dem Vater; Odin wird All-Vater genannt, weil er der Vater aller Götter ist; er heißt auch Walvater, weil seine gewählten Söhne all die sind, die im Kampf sterben. Für sie ist Valhöll [Walhalla] da."

Walhalla, Walvater und Walküre leiten sich vom altnordischen *valr* ab, was „die im Kampf Gefallenen" bedeutet (und von dem sich das englische „valor", Tapferkeit, ableitet). Odin wurde auch mit Vögeln und Tieren assoziiert, vor allem mit Raben und Wölfen, die Aas fressen. Diese schauerliche Nähe wird durch Odins Verbindung zu Weisheit und Dichtkunst gemildert. Er wurde von seinen Raben Huginn und Muninn (Gedanke und Gedächtnis) begleitet sowie von seinem grauen, achtbeinigen Pferd Sleipnir.

Obwohl Odin der Vater der Götter war, war seine Herrschaft nicht unangefochten. Manche späteren Chronisten beschreiben Thor, den Gott des Donners und des Krieges, als den mächtigsten der Götter, und es gibt Hinweise darauf, dass die Wikinger, wenn sie „der Gott" sagten, Thor und nicht Odin meinten. Sicherlich war Thor für viele Wikingerkrieger der wichtigste Gott, und in Kriegergräbern finden sich häufig dem Thor zugeordnete Schmuckstücke. Jener Gegenstand, mit dem diese kriegerische Gottheit am häufigsten assoziiert wurde, ist Thors Hammer, Mjöllnir. Wenn er geworfen wurde, kehrte er stets in die Hand des Gottes zurück.

Fremde Götter

Den Asen als Hauptgöttern war eine göttliche Stammesgruppe beigeordnet, die Vanen. Sie waren eher eine Gruppe von Außenseitern, denen bei Bedarf gestattet wurde, an himmlischen Angelegenheiten teilzunehmen. Es wird angenommen, dass die Vanen (zu denen die beliebten Gottheiten Freyr und Freyja gehörten) aus Asien stammten und durch Wanderungen und Handel nach Skandinavien gebracht wurden.

Ihr Stammesoberhaupt war Njörd, der Gott des Meeres. Seine Kinder waren Frey, der Gott der Fruchtbarkeit, und dessen Schwester Freyja, die mit Odin vermählt war und ihm half, Seelen zu sammeln. Nach Odin und Thor waren diese Geschwister die meistverehrten der heidnischen Gottheiten Skandinaviens. Odins zweiter Sohn war Baldur. Sein blinder älterer Bruder, Hödur, wurde von Loki, dem „Vater aller Lügen", mit einem Trick dazu gebracht, ihn zu ermorden. Loki wurde mit den Eingeweiden seines Sohnes an einen Felsen gefesselt und ewig mit Schlangengift gefoltert (*siehe Abbildung Seite 79*).

Auf gewisse Art waren die Götter Skandinaviens eine Großfamilie, die den Kern der Wikingergesellschaft widerspiegelte. Die meisten Götter waren irgendwie verwandt; Odin regierte sie wie ein schützender Vater, der seine oft eigensinnigen Kinder beaufsichtigt. Die mythologischen Sagen sind durchsetzt mit Geschichten über Unfrieden, Eifersucht, Vergeltung und Liebe; raue Götter für raue Menschen.

In der Mythologie wird Odin schließlich ermordet und von seinem Sohn Vidar gerächt. Die Kinder Baldurs erstanden auf und bildeten eine neue Generation gottähnlicher Nachkommen, gemeinsam mit den Kindern Odins und Thors, die bis zum Ende der Welt regierten, als der letzte Kampf zwischen Göttern und Menschen einerseits, Riesen und Monstern andererseits stattfand. Diese Götterdämmerung trat nie ein. Stattdessen gaben die Skandinavier einfach ihre Götter auf und nahmen das Christentum an.

Asgard, Walhalla, Yggdrasil

Ein zentraler Glaubensinhalt der Wikinger war, dass jeder Krieger, der tapfer im Kampf fiel, von Odin mit einem Platz in Walhalla, dem ewigen Himmel für Helden, belohnt würde. Dieser Aufstieg garantierte, dass Wikingerkrieger ewig lebten, in einem Winkel von Asgard, im Zentrum des mythologischen Universums.

F ür gläubige Wikinger wurde das Universum, wie sie es kannten, von den Ästen der Weltesche Yggdrasil eingefasst. Dieser große Baum umschloss die Wikingerwelt. An ihm nagten vier Hirsche, und an seinen Wurzeln lag der Drache Nidhögg. Sein Stamm war zum Teil verfault, doch sein weiterer Verfall wurde von drei Wachen (Nornen) verhindert. Der Baum war männlich, voller Leben, Potenz und Magie, und in seinen Zweigen hing Odin in einer Art Selbstkreuzigung und versuchte den Sinn des Baumes und des von ihm gestützten Universums zu verstehen.

Im Zentrum des Universums befand sich Asgard, der himmlische Wohnsitz der Götter. Es lag auf einer Bergspitze über den Wolken, von wo die Götter über die darunter liegende Menschwelt wachten und sie lenkten. Die Welt der Menschen wurde Midgard genannt, die mittlere Erde. Darunter lag Hel, die Heimat der Riesen und Monster, die von den Göttern bis zum letzten Gefecht in Schach gehalten wurden. Die Parallelen zum christlichen Glauben an Himmel und Hölle sind auffällig, doch die Vorstellungen der Wikinger vom Leben nach dem Tod und anderen Welten waren viel konkreter.

Das Schicksal des Kriegers

Wenn ein Wikinger starb, kam er an einen von zwei Orten. Würdige Wikingerkrieger, die im Kampf den Heldentod gestorben waren, wurden von Odin gerufen und stiegen nach Walhalla auf, der Halle der Helden in Asgard. Auf ihrer Reise wurden sie von den Walküren geleitet, den mythischen Kriegsmägden in Rüstung, deren Erscheinen am Himmel einen blutigen Kampf ankündigte. Sterbliche, denen es gelang, den Berg zu erklimmen, auf dem Asgard lag, wurden durch einen schnell fließenden Fluss und das Tor Walgrind, das sich nur für die Auserwählten öff-

Links: Eine Schnitzerei an der Seite einer Holzstabkirche in Urnes, Norwegen, zeigt den Hirsch, der Yggdrasil, die Weltesche, frisst. Stäbe (abgeleitet von *staf*, auch „Säulen") sind dünne, geformte Holzleisten, die Kante an Kante gesetzt werden.

nete, am Betreten gehindert. Die Walküren flogen einfach mit ihren Helden über solche Hindernisse hinweg und setzten sie auf den Stufen vor Walhalla ab. Die Festhalle hatte 540 riesige Tore, und in jedem Tor marschierten 800 Krieger Seite an Seite. Die Dachsparren waren große Speere, und Schilde dienten als Dachschindeln. Hier tafelten die Helden bis in alle Ewigkeit und feierten mit ihren Gefährten und Dienern.

Wer die Auswahl nicht bestand, verbrachte die Ewigkeit in Hel. Der Glaube an Walhalla und Hel wurde von den Wikingern stark gefördert und wirkte als starker Anreiz für Tapferkeit in der Schlacht. Wenn das Universum bei der Götterdämmerung (Ragnarök) zusammenzubrechen drohte, verteidigten diese Krieger Schulter an Schulter mit den Göttern Asgard und Midgard gegen die Mächte Hels.

Im Unterschied zu anderen Religionen beruhte das skandinavische Heidentum auf präzisen Beschreibungen der Welten ihrer Götter, Riesen, Monster und Sterblichen. Zum Teil reflektierte dies die große Nähe der agrarischen Wikinger zum Land selbst, eine Verbindung, die sich auch in der Wahl der heiligen Plätze manifestierte. Man wählte besondere Orte, häufig Naturschauplätze wie Hügel, Seen oder Felsen. Wo sich die heidnischen Wikinger ihren Göttern näher fühlten als anderswo in Skandinavien, finden sich religiöse Verzierungen auf verstreuten Steinen. Manche Orte waren bestimmten Gottheiten geweiht, wovon die Einkerbungen an religiösen Grenzsteinen zeugen.

Zu anderen Zeiten wurde Götterverehrung zu Hause oder bei kommunalen Treffen betrieben, wo die Einheit der Familie und der lokalen Gemeinde durch gemeinsame Anbetung oder Feiern gestärkt wurde. So wie die Götter ab und an in Menschenopfern schwelgten, taten dies auch die Wikinger. Dieser Aspekt schreckte die christlichen Missionare, die gegen Ende der Wikingerzeit nach Skandinavien vorgedrungen waren, mehr als alles andere ab. Doch obwohl der Glaube der Wikinger bizarre Aspekte aufwies, gab es genügend Parallelen zum Christentum, die es den Missionaren ermöglichten, die Wikinger davon zu überzeugen, dass die neue Religion ihrer alten überlegen war.

Ragnarök: Das Ende der Welt

Dass die Welt im Chaos und mit dem Untergang der Götter endet, ist für einen Glauben ungewöhnlich, doch es gibt Ähnlichkeiten mit dem christlichen Tag des Jüngsten Gerichts. Für die Wikinger war Ragnarök eine Art Endkampf zwischen Gut und Böse, in der sich die Götter opferten, um die Menschheit zu retten.

Die Sigurd-Legende (deutsch Siegfried), wie sie in der mittelalterlichen Literatur Islands berichtet wird, schildert, wie sich die Wikinger das Ende der Welt vorstellten. Der junge Krieger verliebte sich in Brünhild (Brunhilde), eine von Odins Walküren. Sie war teils menschlich, teils göttlich; weil sie ihre Kräfte zur Rettung ihres Liebsten eingesetzt hatte, wurde sie zur Strafe von Odin in einen trance-ähnlichen Schlaf versetzt, geschützt von einem Feuervorhang. Sigurd galt als nordischer Held, mächtiger Krieger und Drachentöter. Der Sage zufolge war sein Vater Sigmund zur Zeit der Liebesaffäre bereits nach Walhalla aufgestiegen.

In der Halle der Helden erfährt er, dass Odins Tod durch Fenrir, einen grauen Wolf, in der letzten Schlacht zwischen den Göttern und den Monstern von Hel herbeigeführt würde. Der mittelalterliche isländische Chronist Snorri Sturluson stellte dies so dar:

„Der Wolf wird die Sonne verschlingen ... dann wird ein anderer Wolf den Mond packen und auch er wird großes Unheil anrichten. Die Sterne werden vom Himmel verschwinden ... Der Wolf Fenrir wird frei sein. Das Meer wird ins Land eindringen, weil Midgardsom einen großen Sturm entfacht, der an Land zu kommen droht."

Laut Sage werden Ragnarök und Fenrirs Auftreten von Naturkatastrophen begleitet: vom Einsetzen eines schrecklichen Winters, der drei Jahre andauert, und dem Verfall menschlicher Werte und Moralbegriffe. Krieg, Pest und Flut werden die Menschheit in die Knie zwingen.

In Asgard kündigt Baldurs Tod (*siehe Seite 28*) die Katastrophe an und Loki verbündet sich mit den Riesen. Wenn Sonne und Mond verschlungen sind, nimmt sich der Wolf Fenrir Odin vor. Der Wolf – das Resultat des Bündnisses zwischen Loki und den Ungeheuern aus Hel – tut sich mit Jörmungand, der Weltschlange, zusammen, die sich in Asgard einschleicht, um Unheil anzurichten. Als die Feuerriesen unter ihrem Häuptling Surt die Regenbogenbrücke von Bifröst nach Asgard überqueren, befreit sich Loki und beteiligt sich an der Verwüstung. Den Göttern zur Seite stehen die Einherier, die Helden von Walhalla unter der Führung von Heimdall, dem Wächter von Asgard.

Die Legionen aus Hel kämpfen mit Göttern und Helden um die Vorherrschaft in dieser letzten Schlacht. Odin greift mit seinem magischen Speer Gungnir an, doch Fenrir weicht dem Stoß aus und verschlingt den Vater der Götter. Odin wird sofort von seinem Sohn Vidar gerächt, der Fenrir tötet, aber selbst durch Surts Hand stirbt. Thor tötet Jörmungand, bevor er seinen Verwundungen erliegt. Flammen umschließen Himmel und Erde, und den Göttern wird in den Ruinen von Asgard eine Feuerbestattung zuteil.

Der Zyklus geht weiter

Nach der Zerstörung der alten Ordnung aus Göttern und Menschen setzt die Wiedererrichtung von Leben und Anstand ein. Baldurs Nachkommen erstehen auf, um das Aufgehen einer neuen Sonne, der Tochter der alten, zu begrüßen. Ihnen schließen sich in den Ruinen von Asgard die Kinder Odins und Thors an und sie erbauen ein neues Zeitalter von Göttern und Menschen.

Unten: Darstellungen von Thors Hammer, der in der Tradition der Wikinger eine ähnliche Funktion erfüllte wie das Kreuz im christlichen Glauben, waren in ganz Skandinavien beliebt.

Links: Detail aus dem geschnitzten Portal der Stabkirche von Hylestad, Norwegen. Man sieht, wie Sigurd den Drachen Fafnir bezwingt.

Im versengten Gras von Asgard finden die Kinder die goldenen Spielzeuge der Götter und schaffen mit ihnen Ordnung aus dem Chaos. Auch zwei Sterbliche überleben den Brand und bevölkern die Erde neu, wie Adam und Eva im christlichen Glauben. Es wird angedeutet, dass eine neue Obergottheit, vielleicht Tyr, der fast vergessene Vorgänger Odins, wie Phönix aus der Asche auferstehen wird, um das neue Universum zu regieren. Die Unausweichlichkeit von Apokalypse und Auferstehung hat deutliche Parallelen zum Buch der Offenbarung.

Bestattung und Leben nach dem Tod

Von all den archäologischen Hinweisen, die wir aus der Wikingerzeit haben, sind Begräbnisstätten die reichhaltigsten Informationsquellen. Wie bei den meisten Religionen, so sagt uns die Art, wie eine Kultur mit dem Tod umging, vieles über ihren Glauben und ihre Sitten.

Above: Ein Wikingersteingrab in Form eines Langschiffs inmitten einer Weide auf der Insel Gotland.

In der vorchristlichen Wikingerzeit war es wichtig, sowohl den Ruf des Einzelnen (etwa als großer Krieger) als auch der Familie zu wahren. Das Schlimmste, das einem Wikinger passieren konnte, war ein schändlicher Tod und einen zweifelhaften Ruf zu hinterlassen. Funde aus Gräbern legen nahe, dass die Wikinger an ein Leben nach dem Tod glaubten. Die Toten wurden oft mit den Gegenständen, die sie auf ihrer ewigen Reise benötigten, bestattet. Dazu gehörten Tiere, landwirtschaftliche Werkzeuge, Haushaltswaren, Waffen oder gar ganze Schiffe.

Das reich dekorierte Wikingerschiff im Zentrum der Begräbnisstätte im Hügelgrab in Oseberg, Südnorwegen (*siehe Seiten 48–49*), war mit allen Arten von Haushaltsgütern, Haustieren und sogar Betten angefüllt. Dieser reiche Fund ist ein spektakuläres Beispiel dafür, was in geringerem Maße vom Großteil der Bevölkerung betrieben wurde. Tote für ihre Zukunft auszustatten bedeutete, dass Krieger die Waffen erhielten, mit denen sie an der Seite der Götter bei Ragnarök kämpfen würden, andere dafür die Rangabzeichen ihres Status in der Gesellschaft oder ihres Gewerbes, sodass sie in der Ewigkeit eine nutzvolle Funktion erfüllen konnten.

Schiffe waren bei Begräbnissen ein wiederkehrendes Thema, obwohl der Leichnam selten in einem kompletten Boot bestattet wurde. Verbreiteter war eine Beerdigung, bei der die Steine, die das Grab umfassten, in Form eines

Schiffes mit klar erkennbarem Heck und Bug ausgelegt wurden. Große Gräberfelder mit solchen Schiffsgräbern weisen darauf hin, dass diese Art der Bestattung in Mittelschweden und Südnorwegen sehr verbreitet war und möglichlicherweise die letzte Ruhestätte höherer Ränge der Wikingergesellschaft anzeigen. 960 baute König Harald Blauzahn in Jelling, Dänemark, zwei Hügelgräber auf älteren Steinschiffsgräbern (*siehe Abbildung Seite 39*) und brach somit der Schiffsgrabtradition, unmittelbar bevor er und sein Volk das Christentum annahmen.

Viele mögliche Schicksale

Während manche nordischen Legenden vom Leben nach dem Tod in Hel sprechen, erwähnen andere ein Leben mit toten Ahnen „unter dem Hügel", eine Referenz an die im Land verstreuten Hügelgräber. In den Orten hätten sie ständig ihren Schatten auf das Leben geworfen, da die Wikinger die Hügel als Pforten zu einer dunklen Unterwelt betrachteten. Die Mythologie sagt uns, dass die Skandinavier die „Totengänger" fürchteten (*siehe unten*), und die Sitte, Tote mit Reichtümern zu bestatten, diente auch dazu, die Götter zu besänftigen, damit sie der Seele des Verstorbenen ein besseres Leben gewährten. Was aus ihm wurde, lag in den Händen der Götter.

Man glaubte, dass die Götter neben den Extremen Walhalla und Hel ewige Wohnstätten für die Toten in einer Art Unterwelt unterhielten. Dies war vielleicht die Entsprechung des Fegefeuers, mit Ogern, Monstern, Schlangen und Riesen. Die Unglücklichen, die nach Hel mussten, überquerten den Fluss Gjöl über eine von Garm, dem Hund aus Hel, bewachte Brücke. Dahinter lagen die Hügel der Dunkelheit, die Höhle des Wolfes Fenrir, wo die Luft von dem Gejammer der ewig Verdammten widerhallte. Noch schlimmer war es, wenn ein Wikinger der Übertritt in die Totenwelt verwehrt

wurde und er zum „lebenden Toten" wurde. Besser als Hel war Niflheim, das Land von ewigem Eis und Nebel, und die Glücklicheren gelangten nach Folkvang, der Halle der Freyja.

Die Wikinger glaubten, dass sie bei ihrem Tod Rechenschaft ablegen müssten über ihren Ruf, die Art ihres Todes, ihre Leistungen im Kampf und ihren Charakter. Nach diesen Werten entschieden die Götter über das ewige Schicksal des Verstorbenen.

Der gute Ruf wurde durch die Art der Bestattung gefördert; deshalb gab es die sorgfältig ausgestatteten Gräber, die die archäologischen Ausgrabungen aus der Wikingerzeit dominieren. Ein guter Abschied, ein kunstvolles und teures Begräbnis sowie Respekt als Vermächtnis – nach diesen Idealen strebte jeder Wikinger.

Unten: Dieses Grabreliefs eines Wikingers aus dem 8. Jahrhundert wurde auf Gotland gefunden. Ganz oben sieht man Odin auf seinem achtbeinigen Pferd Sleipnir, der von einer Walküre mit Horn in Walhalla begrüßt wird. Walhalla erscheint links als Gebäude mit Kuppel. Unten sind in einem Langschiff segelnde Helden dargestellt. Vergleichen Sie dieses Fragment mit der Abbildung des Steines auf Seite 87.

35

Mythologie und Poesie

Einen Großteil der skandinavischen Mythologie verstehen wir nur durch den isländischen Chronisten Snorri Sturluson. Seine Bearbeitung alter Mythen bewahrte das reiche Vermächtnis der skandinavischen Mythologie für folgende Generationen. Seine Werke zeigen die Komplexität des vorchristlichen Glauben in Skandinavien.

Gegenüber: In der Sigurdgeschichte röstet Sigurd das Herz des Drachen Fafnir und verbrennt sich den Finger, während der Schmied Regin schläft. Als er das Drachenblut von seinem Finger leckt, gewinnt Sigurd die Fähigkeit, die Vögel zu verstehen. Von ihnen erfährt er, dass Regin einen Verrat plant. Schnitzerei aus der Stabkirche von Hylestad, Norwegen.

Sturlusons *Prosa-Edda* (1220) erzählte alte Mythen in Form der Skaldenpoetik wieder, einer Bardentradition, die zu Beginn der Wikingerzeit entstand (*siehe Seite 86–87*). Er verband sie mit einer Sammlung modernerer Edda-Gedichte.

In den langen skandinavischen Wintern unterhielten reisende Sänger und Erzähler für ein Essen Könige und Adelige mit religiösen Geschichten, die teilweise mit Bezügen zum Alltag durchsetzt waren. Mit dieser Skaldendichtung wurde das komplexe und verwobene Glaubenssystem des heidnischen Skandinavien erklärt und von einer Generation an die nächste weitergegeben. Gegen Ende der Wikingerzeit im 12. Jahrhundert entstanden neue Edda-Gedichte, die sich auf die Taten bestimmter Götter und Helden konzentrierten. Wie die älteren poetischen Versionen der skandinavischen Mythologie verwoben sie sich zu

einer reichen Dichtung über Götter, Helden und die Kämpfe zwischen Gut und Böse. Danach schrieb Sturluson um 1230 die *Heimskringla*, eine Geschichte Norwegens, deren erste Kapitel eine Zusammenfassung der mythologischen Wurzeln der skandinavischen Gesellschaft enthalten (*siehe Seite 90–91*).

Viele Historiker haben Sturlusons Texte in Frage gestellt, weil die Parallelen zwischen den mythologischen Geschichten und dem christlichen Glauben zu offensichtlich wären. Andere meinten, die Mythen wären echt. Sturluson erklärte seinem christlichen Publikum die heidnischen Mythen, indem er meinte, den Heiden hätte es an Spiritualität gemangelt, welche eine göttliche Gabe wäre. Abgesehen von der Kritik stellen diese Werke skandinavische Mythologie als zusammenhängende Einheit dar; es gab zwar von einigen Erzählungen frühere Versionen (wie in der *Voluspá* oder Prophezeiung der Sibylle), doch diese waren unvollständig. Sturluson präsentierte eine ganze Welt von Göttern und Monstern, weit entfernt von simplem Aberglauben. Obwohl es ein Jahrtausend später schwierig zu verstehen ist, wie Menschen diese verflochtenen Mythen akzeptieren konnten, so haben die Bewohner des vorchristlichen Skandinavien ziemlich sicher an Odin, Thor und Freyja geglaubt. Sie waren ebenso überzeugt wie die antiken Griechen von Zeus und den olympischen Göttern. Für diese Menschen war das nicht Mythologie. Es war der Lauf der Welt.

Der Baum des Lebens

Die Wikinger sahen ihre Stellung auf Erden als Teil einer größeren Einheit, und ihr Midgard oder die Mittelerde war nur Teil einer verwobenen Ansammlung von Himmel, Erde und Hölle, die von Yggdrasil, der Weltesche, umfasst wurden. Die drei Wurzeln stützen die drei Ebenen des Universums; die Wurzeln selbst werden von einer Quelle genährt. Die drei Frauen (Nornen), die den Baum bewachen, entscheiden auch über das Schicksal der Menschen. In vielen skandinavischen Dörfern wurde als Symbol ein Baum gepflanzt, um die kommenden Generationen einer Familie mitsamt ihrem Land zu fördern. Die Dichtung sagt nichts darüber, was jenseits

des Baumes liegt, doch Sturluson erwähnt Út-garðr (die Außenwelt), während andere Lieder hier die Welt der Riesen, der Verbündeten der Legionen aus der Unterwelt, sehen.

Das christliche Konzept von Himmel, Erde und Hölle ist ähnlich, doch es hat nicht die Totalität des Konzepts des Wikingeruniversums. Sogar die Vorstellung von einer Apokalypse, in der die Toten wieder auferstehen, findet sich in beiden Religionen. Daher ist es nicht verwunderlich, dass die christlichen Lehren zur rechten Zeit den alten Glauben ersetzen konnten. Für die Dichter, die diese Mythen in der Wikingerzeit nacherzählten, war das Althergebrachte bereits bedroht, als die eher schamanistischen Elemente wie Menschenopfer und Druidenverehrung abgeschafft schienen. Von da an mussten die christlichen Missionare die Skandinavier nur noch davon überzeugen, dass ihr altes Glaubenssystem teilweise noch gültig war, aber eine Auffrischung brauchte. Durch die Ähnlichkeiten wurde diese Aufgabe viel einfacher.

Gegenüber: Ein Paar Harnischspangen aus Gotland in Form von Odins Vögeln. Die übertriebenen Schnäbel und Klauen betonen die Grausamkeit der Raben, die häufig mit dem Odinkult assoziiert waren.

Die Ankunft des Christentums

Während der Wanderungen in der Wikingerzeit kamen skandinavische Seeräuber und Händler mit dem christlichen Europa in Kontakt. Nach und nach fanden Elemente dieser Religion ihren Weg nach Skandinavien zurück. Gegen den Druck der Missionare behielten viele Wikinger ihren Glauben bis weit in das 11. Jahrhundert hinein und wägten die beiden Systeme gegeneinander ab.

Ein geschäftstüchtiger Kunsthandwerker aus dem 10. Jahrhundert aus Trendgården auf Jütland, Dänemark, hinterließ eine Gussform aus Speckstein, mit der er gleich zwei

ganz Skandinavien und Britannien, in geringerem Maß auch in Frankreich, bestand der duale Glaube fort. Manche meinen, dass der Polytheismus der Wikinger die Akzeptanz des Christentums leichter machte, weil der christliche Gott vielen bloß als weitere nützliche Gottheit erschien, die man bei Bedarf anflehen konnte.

Die späte Einführung des Christentums in Skandinavien war zum großen Teil dem barbarischen Charakter der Region zuzuschreiben. Die Wikinger waren nie von den Römern oder Franken erobert worden und sie blieben außerhalb der Grenzen des sicheren, bekannten West-

Oben: Detail aus einem Wandteppich, der den Kampf zwischen Christentum und Heidentum zeigt. Die drei Figuren rechts läuten die Glocken, um böse Wikingergeister und heidnische Götter zu vertreiben. Aus der Skog-Kirche in Halsingland, Schweden.

religiöse Symbole produzieren konnte: ein christliches Kreuz und Thors Hammer (*siehe Abbildung Seite 24*). Dieses besondere archäologische Zeugnis ziegt, dass die beiden Religionen eine Zeit lang nebeneinander existierten, bevor Dänemark Ende des 10. Jahrhunderts offiziell zum christlichen Königtum wurde.

Im 13. Jahrhundert berichten isländische Chronisten über Wikingersiedler, die das Christentum annahmen und ihren Hof sogar Kristnes (Christusort) nannten, aber einige alte Glaubenselemente beibehielten, wie die Verehrung Thors, der in Krisenzeiten angerufen wurde. In

europa. Im 8. Jahrhundert reisten die ersten fränkischen Missionare nach Dänemark. Als Gegenleistung für politische Allianzen mit dem Karolingerreich erlaubten ihnen die dänischen Monarchen, in ihrem Königreich zu predigen. 826 wurde König Harald von Dänemark in Mainz getauft, doch ein Aufstand in seiner Heimat verhinderte, dass er seinen Untertanen den neuen Glauben aufzwang. Vier Jahre später betrat der Missionar Anskar Schweden, hatte jedoch wenig Erfolg. Mitte des 9. Jahrhunderts besaßen die dänischen Handelszentren Hedeby und Ribe kleine Kirchen, doch es verging ein weiteres Jahrhundert, bevor der dänische König Harald Blauzahn schließlich im Namen seines Volkes zum Christentum konvertierte, weil er ein Wunder gesehen hatte. Missionare mussten mit solchen „Methoden" vertraut sein. Der Effekt war jedenfalls dramatisch, weil die neue Religion Anfang des 11. Jahrhunderts bereits fest etabliert war.

Konvertierungen

Anfang des 10. Jahrhunderts reisten angelsächsische Missionare über die Nordsee nach Norwegen und bauten Kontakt zu König Harald Schönhaar auf. Håkon, der Sohn des Königs, wurde im christlichen England unterrichtet, doch 960 verhinderte sein früher Tod die Zwangskonvertierung des Volkes. Stattdessen bekannten sich Norwegen und Schweden innerhalb mehrerer Jahrzehnte Mitte des 11. Jahrhunderts weit weniger dramatisch zum Christentum als Dänemark.

Die Dualität beider religiösen Bekenntnisse blieb offenbar bis zum Ende der Wikingerzeit bestehen. Auch die zwangsweise Annahme des Christentums wurde versucht, mit oft spektakulären Ergebnissen. 997 marschierte König Olaf Tryggvasson von Norwegen in die Region Vizen und erzwang die Taufe der Bevölkerung. Diese Taktik rief jedoch Widerstand hervor und führte schließlich zur Niederlage und zum Tod des Herrschers in einer Seeschlacht (*siehe Seite 91*).

Dies alles gab Skandinavien eine christliche Fassade, doch obwohl die alte Religion zu Beginn des 11. Jahrhunderts die Unterstützung aller skandinavischen Monarchen und des Adels verloren hatte, hielt das einfache Volk vielfach am alten Glauben fest oder kombinierte ihn mit dem Christentum. Die Platten von Wikingergräbern in Middleton, Yorkshire, England, haben die Form von Kreuzen, zeigen aber Krieger mit ihren Waffen, ein Erbe der heidnischen Bestattungen, bei denen der Krieger solche Beigaben in Walhalla brauchte. Trotzdem wurde Skandinavien nach und nach christlich.

In Norwegen stärkte König Olaf Haraldsson (der Heilige) die Annahme des Christentums in seinem Reich, zu dem auch Orkney und Shetland gehörten; Schweden folgte langsam nach. Die Skandinavier hatten von Odin zu Christus gewechselt, ermutigt durch Regenten, die im neuen Glauben ihre Chance sahen, ihre Herrschaft über die Gesellschaft zu verstärken – wie er das auch im Rest Europas getan hatte.

Oben: Die dreiseitige Pyramide, der Jellingstein, wurde von Harald Blauzahn, Dänemarks erstem christlichen König, im Gedenken an seine Eltern über einem älteren Schiffsgrab errichtet. Diese Seite zeigt die Kreuzigung; die anderen ein Bild und eine Inschrift.

Die skandinavische Kirche

Die Christianisierung Skandinaviens brachte Veränderungen in Kultur, Verwaltung und Recht mit sich. Die Kirchen wurde von den Herrschern als stabilisierender Faktor in ihren Reichen gefördert und die christlichen Zentren wurden in den letzten Jahren des Wikingerzeitalters zum Mittelpunkt der Wikingergemeinde.

Zu Beginn des 11. Jahrhunderts war das Christentum in ganz Skandinavien, bis auf die entlegensten Gebiete, etabliert. Alte Sitten, wie Tötung aus Rache, um die Familienehre zu erhalten, wurden verurteilt, ebenso die Überfälle der Wikinger. Der Wechsel von einer Religion, die Tapferkeit im Kampf verherrlichte, zu einer, die eine starke Zentralmacht hatte, musste für manche schwierig gewesen sein, doch diese religiösen Veränderungen setzten zu einer Zeit ein, als die aufkeimenden Nationalstaaten in Skandinavien verstärkte militärische Anstrengungen mit sich brachten.

Die ersten christlichen Herrscher, wie Norwegens Olaf der Heilige (reg. 1015–30), verbanden Kriegertum und eine Politik der religiösen und politischen Stärkung mit leidenschaftlichem

Unten: Die hölzerne Stabkirche in Urnes, Norwegen.

Christentum. Nach seinem Tod in der Schlacht von Stiklestad in Trøndlag (1030) wurden Olaf mehrere Wunder zugeschrieben. Er wurde zur skandinavischen Kultfigur und später heilig gesprochen. Zu dieser Zeit brauchte die Kirche Helden, und viele Kirchen in Britannien, Skandinavien und sogar Russland verehrten Olafs Errungenschaften. Durch die Verbindung mit dem Christentum erhielten die skandinavischen Herrscher Zugang zum diplomatischen und politischen Kräftespiel Resteuropas.

Olafs Halbbruder Harald Hardrade heiratete die Tochter eines Königs von Nowgorod und war mit den Königshäusern von Schweden, Frankreich und Ungarn verwandt. Als König Olaf Sköttkonung 1022 starb, war das Christentum in Schweden fest verankert, und in Skara wurde ein Bistum eingerichtet. Für den Rest des Jahrhunderts blieben Kirche und Staat in Skandinavien eng miteinander verbunden; durch königliche Schenkungen an Land und Geld expandierte die kirchliche Autorität rasch.

Eine neue Moral

Die frühesten Kirchen in Skandinavien waren einfache Holzbauten in der Nähe großer Handelszentren. Bis zum 11. Jahrhundert hatten sie sich bereits zu komplexen Gebäuden entwickelt, die bestimmte architektonische Merkmale gemeinsam hatten und einen charakteristischen Stil aufwiesen. In Hedeby und Trelleborg in Dänemark wurden Stabkirchen gebaut, doch von ihnen ist wenig erhalten bis auf die, die in Brattahlid, Grönland, aus Stein gebaut wurden, oder jene, auf deren Fundamenten später Modifikationen gebaut wurden (Urnes in Norwegen).

Die erhaltenen Überreste weisen darauf hin, dass die skandinavischen Kirchen im 11. Jahrhundert einen einfachen, rechteckigen Grundriss hatten, wobei die quadratische Kanzel am Ende des Hauptschiffs lag. Im folgenden Jahrhundert entwickelten sich daraus die charakteristischen Stabkirchen, die man weit verstreut findet, etwa in Borgund am Sognefjord in Norwegen und in Nowgorod, Russland (letztere weist charakteristische regionale Variationen des Grundmusters auf, *siehe Abbildung Seite 171*). Obwohl sie nur aus Holz gebaut waren, überragten sie weit den Rest der Gemeinde. Gegen Ende des

11. Jahrhunderts wurden die ersten Steinkirchen errichtet. Ein wichtiges Beispiel ist die einfache, aber wunderschöne St.-Magnus-Kathedrale in Kirkwall, Orkney (*siehe Abbildung Seite 137*), die Ende des Jahrhunderts gebaut wurde.

Auf weniger sichtbare Weise beeinflusste das Christentum die Moralbegriffe der skandinavischen Gesellschaft. Es wurde eine neue Form des Schreibens eingeführt und damit kam der Zugang zum kollektiven Wissen der Christenheit, interpretiert von der Kirche und ihren Vertretern. Tatsächlich bewirkte das Christentum die Europäisierung Skandinaviens, und rechtliche, moralische und spirituelle Einflüsse brachten Skandinavien mit dem Rest Europas in Einklang. Der Begriff „Sünde" etwa war den

heidnischen Skandinaviern fremd, doch als zentrale Lehre der Kirche war sie mit dem älteren Konzept der ewigen Verdammung verbunden.

Das Christentum setzte nicht der Wikingerzeit ein Ende, doch es änderte das Bewusstsein der räuberischen Wikinger. Es löschte einige alte Regeln, denen zufolge man Auszeichnung im Kampf suchte, und ermutigte friedliche Einigungen. Durch das Christentum wurde die skandinavische Gesellschaft hierarchischer und organisierter, während immer mehr Wert auf das Gesetz anstelle des Schwertes gelegt wurde. Das Christentum veränderte das Wesen der Wikingerkultur. Mit dem Ende der alten Sitten endeten auch die Überfälle, die Kennzeichen der vorangegangenen Jahrhunderte.

Wikingerschiffe

D as Langschiff wurde zum Symbol für die Errungenschaften der Wikinger und es ist das am einfachsten zu erkennende Schiff des Mittelalters. Mit diesen Schiffen überfielen die Seeräuber die Küstengemeinden in Britannien, Irland und im Fränkischen Reich und versetzten all jene, die sie durch die Nordseenebel herannahen sahen, in Angst und Schrecken.

Diese Schiffe hatten viele Ruder und waren für ihre Geschwindigkeit, die eleganten Linien und ihre Stabilität bekannt. Sie stellten den Höhepunkt einer besonderen Entwicklung im nordeuropäischen Schiffsbau dar. Natürlich waren Langschiffe nicht die einzige Art von Schiffen, die von den Wikingern benützt wurden. Hinter der ersten Welle von Langschiffen kamen stämmigere, höchst robuste Handelsschiffe, die *knorr*, die skandinavische Händler und ihre Waren nach Russland, Westeuropa und noch weiter trugen. Die *knorr* beförderten auch Wikingersiedler und -forscher nach Island, Grönland und sogar Neufundland.

Die im Roskildefjord bei Skuldelev entdeckten Überreste von Wikingerschiffen zeigen, dass es neben den beiden bekannten Typen noch eine ganze Palette von Wikingerschiffen gab.

Sie reichte von kleinen Fischerbooten und *faerings* (Tender) bis zu übergroßen und reich verzierten Drachenschiffen, den Flaggschiffen jener Männer, die die Wikingerwelt regierten. Was diese Schiffe gemeinsam hatten, war der Baustil und die perfekte Balance zwischen Stil und Funktion. Angesichts der Zeit und des verfügbaren Baumaterials waren das die idealen Schiffe für ihren Zweck.

Aus der Welt der Wikinger gibt es ein beträchtliches archäologisches Vermächtnis, doch es überrascht nicht, dass die spektakulärsten Funde die Überreste von Wikingerschiffen sind. Archäologische Entdeckungen wie die Schiffe von Skuldelev und die Aufsehen erregenden Schiffsgräber von Gokstad, Oseberg und anderen Orten geben uns die Chance, die Wikingerschiffe zu erforschen und ihre graziösen Linien und funktionale Perfektion zu bewundern. Durch die Funde waren Archäologen in der Lage, die Wikingerschiffe so zu rekonstruieren, dass wir aus erster Hand erfahren, wie diese Schiffe gebaut wurden, wie man mit ihnen segelte und wie sie den Küstenbewohnern Europas in ihrer Angst vor über 1000 Jahren erschienen sein müssen.

Eine Wikingerhorde trägt ihre Beute aus Vieh, Schmuck und jungen Menschen zusammen, die für den blühenden Sklavenhandel gedacht waren.

Das perfekte Seeräuberschiff

Im 7. Jahrhundert tauchten erstmals Langschiffe auf. Sie sind Abkömmlinge älterer skandinavischer Schiffstypen und wurden zum Symbol des Wikingerzeitalters. Langschiffe trugen nordische Seeräuber und Krieger bis ins Mittelmeer und nach Nordamerika.

Gegenüber:
Eine Rekonstruktion des Gokstadschiffes aus dem 9. Jahrhundert, die im Viking-skiphuset-Museum in Oslo ausgestellt ist.

Unten: Ein grober, aber effektiver Anker der Wikinger, gebaut aus Holz und Stein.

A rchäologische Funde und erhaltene Exemplare vermitteln ein lebendiges Bild von den Schiffen, die eine entscheidende Rolle in der Geschichte der europäischen Schifffahrt spielten. In Nydam, Dänemark, fand man Überreste von langschiffähnlichen Booten aus etwa 350 n. Chr. Diese Prototypen wurden gerudert und hatten keinen Mast. Sie waren in Klinkerbauweise gefertigt, sodass die Außenplanken an mehreren, von einem Kiel ausgehenden Rahmen befestigt waren. Die Planken überlappten, was dem Rumpf große Festigkeit gab.

1920 fand man in Kvalsund, Norwegen, die Reste zweier nordischer Schiffe. Sie stammten aus etwa 700 n. Chr., waren breiter als frühere Modelle und manche könnten einen Mast gehabt haben. Das Segel wurde bei nordeuropäischen Schiffen Mitte des 7. Jahrhunderts eingeführt. Damit konnten sie die Nordsee überqueren oder von Norwegen bis zur fränkischen Küste fahren.

Diese ersten Langschiffe waren Kampfschiffe, obwohl sie auch für den Küstenhandel benutzt werden konnten. Aufgrund von Funden und Darstellungen wissen wir, dass sie etwa 30 m lang und 6 m breit waren. Das kleinste hatte 16 bis 20 Ruder pro Seite, die von je zwei Mann bedient wurden. Größere Versionen hatten 25, 30 oder sogar 40 Ruder. Der letzte Langschifftyp war als *draka* (Drachenschiff) bekannt und diente für gewöhnlich als Flaggschiff für einen nordischen König oder Kriegsherrn. Sie waren der Stolz der skandinavischen Welt. 998 befahl König Olaf Tryggvasson von Norwegen den Bau der *Langen Schlange*, eines 50 m langen Drachenschiffes mit je 34 Rudern. Den Bug zierte ein geschnitztes vergoldetes Schlangenhaupt, das Heck ein Schlangenschwanz. Nicht alle Langschiffe hatten Dekorationen; sie wurden abgenommen, wenn das Schiff nicht in Verwendung war.

Wie groß sie auch waren, alle Langschiffe verbanden bestimmte Merkmale. Sie waren lang, schlank, elegant und hatten einen doppelt bespannten Rumpf in Klinkerbauweise. Obwohl sie gerudert wurden, besaßen sie einen einzelnen Mast mit einem großen, quadratischen Segel. Es bestand aus heimischem Stoff und war durch diagonale Nähte verstärkt. Die Entwicklung des Langschiffes fiel mit der Expansion der Nordländer nach Russland und Westeuropa zusammen; von 800 an trugen sie Wikinger bis zum Mittelmeer. Sie waren vorwiegend aus Eichen- oder Fichtenholz gebaut, das wegen der größeren Festigkeit radial geschnitten wurde.

Erhaltene Schätze

Die gut erhaltenen Schiffsgräber in Südnorwegen zeigen reiche Beispiele. Das Osebergschiff (*siehe Seite 48–49*) aus dem 9. Jahrhundert ist reich verziert und hat ein niedriges Freibord. Es diente vielleicht eher dem königlichen Vergnügen als dem Kampf. Historiker brachten dieses Schiff mit einem *karv* genannten Küstenschiffstyp in Verbindung. Auch wenn es kein echtes Langschiff ist, ist sein Rumpf nach denselben Richtlinien gebaut wie zeitgenössische Kriegsschiffe. Das Gokstadschiff ist größer, und sein Klinkerbaurumpf weist an jeder Seite Löcher für 16 Ruder auf. Es hat einen stärkeren Mast, ein höheres Freibord und konnte offensichtlich lange Fahrten machen. Ein Nachbau dieses Schiffes überquerte den Atlantik in 28 Tagen. Das Gokstadschiff wurde auf das 10. Jahrhundert datiert und war vielleicht ein Mischung zwischen Kriegs- und Handelsschiff.

Nordische Sagas enthalten unzählige Berichte über den Einsatz von Langschiffen. Manchmal wurden sie miteinander zu großen Flößen verzurrt, die als Kampfplattform dienten. Auch wenn die Wikinger Bogenschützen einsetzten, wurde auf See auch Mann gegen Mann gekämpft, und wer die beste Plattform hatte, war

im Vorteil. In den Sagas finden sich Hinweise darauf, dass einige Langschiffe in Bug und Heck Plattformen, genannt *lyfting,* besaßen, die als Kampfdecks benutzt wurden.

Die nordischen Langschiffe zählten nicht nur zu den herausragendsten Schiffen ihrer Zeit, sie waren zugleich eine Sackgasse in der Entwick-lung der Kriegsschiffe. Verbesserungen an der Takelage und die Verwundbarkeit von Ruder-schiffen im Kampf führten dazu, dass sie zwi-schen dem 10. und 12. Jahrhundert ersetzt wurden. So wie die Erfindung der Langschiffe das Zeitalter der Wikinger eingeläutet hatte, so bedeutete ihre Ablösung das Ende dieser Ära.

Das skandinavische Handelsschiff

Isländische Sagas beschreiben das beste Handelsschiff der Wikingerzeit. Doch abgesehen von diesen Quellen, einigen zeitgenössischen Darstellungen und den Frachtschiffen, die man in Skuldelev gefunden hat, wissen wir wenig über diesen Schiffstyp. Er trug die Wikinger zu Forschungs- und Siedlungsreisen und war das Rückgrat des Handelsnetzes der wikingischen Kaufleute.

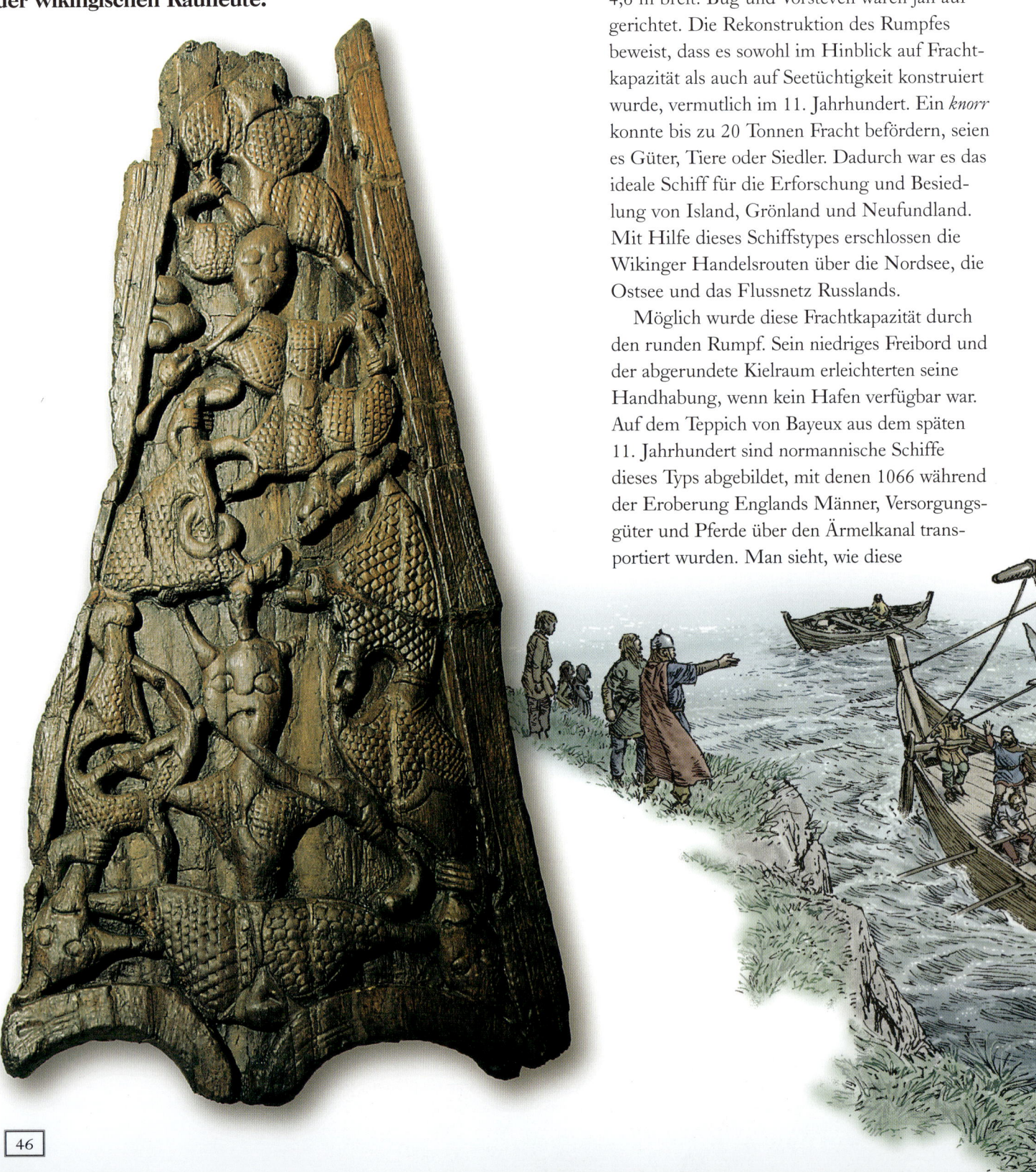

Von den fünf in Skuldelev, Dänemark (*siehe Seite 50–51*), ausgegrabenen Schiffen ist Skuldelev 1 das einzige, das den Bau und die Frachtkapazität eines hochseetüchtigen Handelsschiffes besitzt, wie es in den Sagas als *knorr* beschrieben wird. Es war über 16 m lang und 4,6 m breit. Bug und Vorsteven waren jäh aufgerichtet. Die Rekonstruktion des Rumpfes beweist, dass es sowohl im Hinblick auf Frachtkapazität als auch auf Seetüchtigkeit konstruiert wurde, vermutlich im 11. Jahrhundert. Ein *knorr* konnte bis zu 20 Tonnen Fracht befördern, seien es Güter, Tiere oder Siedler. Dadurch war es das ideale Schiff für die Erforschung und Besiedlung von Island, Grönland und Neufundland. Mit Hilfe dieses Schiffstypes erschlossen die Wikinger Handelsrouten über die Nordsee, die Ostsee und das Flussnetz Russlands.

Möglich wurde diese Frachtkapazität durch den runden Rumpf. Sein niedriges Freibord und der abgerundete Kielraum erleichterten seine Handhabung, wenn kein Hafen verfügbar war. Auf dem Teppich von Bayeux aus dem späten 11. Jahrhundert sind normannische Schiffe dieses Typs abgebildet, mit denen 1066 während der Eroberung Englands Männer, Versorgungsgüter und Pferde über den Ärmelkanal transportiert wurden. Man sieht, wie diese *knorr*-Schiffe beladen werden, während sie vor der Küste ankerten oder auf dem Strand lagen.

1963 baute eine dänische Pfadfindergruppe ein Ladbyschiff (genannt *Imme Gram*). Obwohl es als Langschiff weit von einem *knorr* entfernt war, wurde es als Pferdetransporter getestet. Es stellte sich heraus, dass die Pferde an Bord gebracht werden konnten, während das Schiff in der Brandung lag. Die Frachtkapazität eines Ladbyschiffes ist viel geringer als die eines *knorr*, doch es demonstrierte, wie effektiv das niedrige Freibord der Wikingerschiffe war.

Stark wie Arbeitspferde

1991 baute das Personal des Wikingerschiffsmuseums in Roskilde, Dänemark, die *Roar Ege*, eine exakte Replik des Schiffes Skuldelev 1. Man testete Frachtkapazität, praktische Anwendung und Seetüchtigkeit. Das Schiff war nicht so schnell und wendig wie die großen Langschiffe (das Museum baute auch die *Helge Ask*, eine Replik des kleineren Langschiffs Skuldelev 5), doch es beförderte erstaunlich viel Fracht, war einfach zu segeln und machte sich gut.

Im Inneren eines typischen *knorr* wurden Form und Kapazität bestmöglich genutzt. In der Mitte des Schiffes stand ein einzelner Mast mit einem quadratischen Segel, das auf einer einzelnen Rah aufgezogen war. Der zentrale Frachtraum nahm fast die Hälfte des Schiffes ein; auf erhöhten Plattformen an Bug und Heck befanden sich Ruderbänke, ein Stand für den Steuermann und Ruderluken. Auch wenn Rekonstruktionen nur Mutmaßungen zulassen, so passen sie gut mit zeitgenössischen Abbildungen und archäologischen Funden zusammen.

Die zwei größten Nachteile dieses Modells bestanden darin, dass das Schiff langsam war und weder Besatzung noch Fracht Schutz bot. Wahrscheinlich wurden auf langen Reisen Leinwände über den Frachtraum und das Vorderdeck hochgezogen, doch der Steuermann war gezwungenermaßen den Elementen ausgesetzt. Er hatte das einzige Mittel zur Steuerung inne, abgesehen vom Segel. Wie bei allen anderen großen Wikingerschiffen war an Steuerbord achtern ein großes Steuerruder eingebaut.

Was die Geschwindigkeit betrifft, so berichtete der Wikingerpirat Gauti Tófason, dass er mit seinem Langschiff vier dänische *knorr*s erbeutet hätte und nur durch einen aufziehenden Sturm vom fünften abgehalten wurde. Das *knorr* mag langsam und verwundbar gewesen sein, doch mit ihm schufen die Wikinger Überseekolonien und ein florierendes Handelsnetz. Ohne *knorr* wäre nichts davon möglich gewesen.

Gegenüber:

Schnitzereien auf dem Bug/Heck des Osebergschiffes aus ca. 850 zeigen „Greiftier"-Motive, die an das von Loki angerichtete Unheil erinnern. Detailliertere Erklärungen über die „Greiftier"-Motive in der Wikingerkunst siehe Seite 93.

Unten: Ein *knorr*, ein Handelsschiff der Wikinger, setzt die Segel.

Gokstad, Oseberg und Thune

In den drei norwegischen Hügelgräbern in Oseberg, Gokstad und Thune in der Nähe des Oslofjords fand man die wahrscheinlich am besten erhaltenen und bekanntesten Überreste von Wikingerschiffen. All diese Schiffsgräber enthielten Schiffe mit einer Unmenge an Objekten an Bord, von denen manche zu den feinsten Werken der Wikingerkunst zählen.

Unten: Die Heckansicht der Rekonstruktion des Gokstadschiffes zeigt die wunderschönen Bögen ihres Klinkerbaurumpfes; der geringe Tiefgang machte sie zum idealen Flussräuber- und Transportschiff.

Anfang 1880 grub ein Team norwegischer Archäologen bei Gokstad im Südwesten von Oslo ein Hügelgrab aus. Es war dort als „Königshügel" bekannt und die Ausgrabung wurde initiiert, nachdem Ansässige versucht hatten, das Grab aufzubrechen und seinen Inhalt zu plündern. Am zweiten Tag der Grabung wurde aus dem Lehmboden eine reich verzierte Galionsfigur entdeckt und bis zum Ende des Frühjahrs war buchstäblich ein intaktes Schiff mitsamt Inhalt freigelegt sowie die sterblichen Überreste des Adeligen, der dort begraben lag.

Er war groß, gut gekleidet, um die 50 und in ein Bett in der Mitte des Schiffes gelegt worden. Neben ihm lagen seine Waffen. Das Schiff füllten Gegenstände, die er in der nächsten Welt brauchte: Betten, Geschirr, kleine Boote, ein Schlitten, Spiele und all die Dinge, die ein Schiff dieser Art benötigte. Außerdem war ein Dutzend Haustiere getötet und neben dem Hügel verscharrt worden. Ein Pfau war geopfert und auf das Schiff gelegt worden, bevor der Hügel versiegelt wurde. Aus den Funden datierten die Archäologen die Bestattung um 900, doch es scheint, als ob das Schiff bis zu einem halben Jahrhundert früher gebaut worden wäre.

Das Schiff ist 23 m lang, 5 m breit und aus Eichenholz. Stämmiger gebaut als das Osebergschiff, hatte es an jeder Seite Platz für 16 Ruderer. Auch Kiel und Mast waren robuster und die Seiten um zwei Planken höher. Die Ruderluken konnten geschlossen werden, wenn das Schiff unter Segel fuhr, und der einzelne Mast und das quadratische Segel verliehen ihm eine Geschwindigkeit von bis zu 12 Knoten. Während der Grabungen wurden 64 bemalte Holzschilde gefunden und es scheint, dass sie am Dollbord befestigt gewesen sind. Ende des 19. Jahrhunderts wurde eine Replik gebaut, die 1893 den Atlantik überquerte und die Hochseetüchtigkeit des Designs unter Beweis stellte.

Sakrale Opfer

Das Osebergschiff wurde 1904 in einem Grabhügel in Vestfold gefunden, etwa 30 km nördlich von Gokstad. Das Schiff war Anfang des 9. Jahrhunderts gebaut worden und fast ein Jahrzehnt in Gebrauch gewesen, bevor es eingegraben wurde. Der in diesem Schiff zur Ruhe gebettete Leichnam war der einer reich gekleideten Frau und ihrer Dienerin (geopfert, sodass sie ihrer Herrin im Leben nach dem Tod dienen konnte). Sie starben um 834 und das Opfer umfasste 13 Pferde, drei Hunde und einen Ochsen. Der Lehmboden schützte das Schiff (und die Körper) vor dem Verfall und überlieferte somit ein großes Maß an Wissen.

Das Schiff war ebenfalls aus Eiche, 21,6 m lang und 6 m breit. Damit ist es etwas kürzer als sein Pendant aus Gokstad. Es war mit zwölf Planken in Klinkerbauweise konstruiert und be-

saß sowohl einen Mast als auch 15 Ruderluken pro Seite. Auf dem Achterdeck war an Steuerbord ein Steuerruder montiert – wahrscheinlich ein königliches Vergnügungsschiff für den Oslofjord und daher reich an Tierornamenten. Sein Inhalt war noch üppiger als der von Gokstad: Schlitten, ein vierrädriger Wagen, Betten, ein Webstuhl, Zelte, ein Stuhl, Haushaltswaren und reichlich Schiffsbedarf. Auch Lebensmittel für die Reisenden waren an Bord, für ihre Fahrt durch das Leben nach dem Tod.

Ein drittes Schiffsgrab wurde 1867 in Thune, Østfold, freigelegt. Dieses Schiff ist ein Zeitgenosse des Gokstadschiffes und wurde einige Jahrzehnte nach seinem Bau als Grabschiff benutzt. Auch wenn der Rumpf nicht so gut erhalten ist wie die von Gokstad und Oseberg, trug er doch zum besseren Verständnis der Bauweise dieser Schiffe bei.

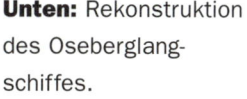

Oben: Detail aus der geschnitzten Verzierung am Osebergwagen, die die Qualen von Gunnar in der Schlangengrube darstellt. Die Abbildung ist voller „Bänder- oder Greiftiere".

Unten: Rekonstruktion des Oseberglangschiffes.

Die Schiffe von Skuldelev

Ende des 10. Jahrhunderts wurden fünf Schiffe als Barriere über den Roskildefjord auf Grund gesetzt, um den Hafen der nahe gelegenen dänischen Hauptstadt vor Angriffen vom Meer aus zu schützen. Die in den 50er-Jahren entdeckten Schiffe wurden gehoben und stellen heute den größten Einzelfund der Wikingerseefahrt dar.

Zur Zeit der Versenkung war Roskilde die Hauptstadt Dänemarks. Sie war umgeben von einem Ring aus Verteidigungsanlagen, darunter Gräben, Wachtürmen und Blockadeschiffen. In den 50er-Jahren beschlossen dänische Archäologen, Berichten über versenkte Holzschiffe in der engen Wasserstraße bei Skuldelev nachzugehen. 1957 ergab eine erste Untersuchung, dass die Schiffe aus der Wikingerzeit stammten und weitere Studien wert waren. Zu dieser Zeit waren die archäologischen Unterwassertechniken noch nicht sehr entwickelt, daher mussten die Forscher Fangdämme um den Fundort errichten und ihn trockenlegen.

Nach der Fertigstellung des Dammes 1962 wurden die Wracks freigelegt. Den Meeresboden im Fjord bedeckte dicker Schlamm, der die Schiffe jahrhundertelang vor dem Verfall bewahrte. Außerdem waren die Schiffe unter genau jenen Felsblöcken fixiert, mit denen sie versenkt worden waren. Das dänische Nationalmuseum barg die fünf Schiffe, konservierte sie und erforschte ihre Struktur. Man stellte fest, dass sie alle in der gleichen Klinkerbauweise wie die Schiffe aus Oseberg und Gokstad konstruiert waren. Es handelte sich um skandinavische Schiffe, die vielleicht von den Wikingern stammten. Über den Rahmen waren Deckbalken gelegt, gestützt von einer Reihe von Querbalken, und alle fünf Schiffe hatten einen Mast in der Mitte. All dies zeugte von einer gemeinsamen skandinavischen Schiffsbautradition; doch was die Forscher noch interessanter fanden, waren die Variationen bei den fünf Skuldelevschiffen.

Reiches Wissen erworben

Obwohl nach der gleichen Methode gebaut, unterschieden sich die Wracks von Skuldelev geringfügig voneinander. Das Basisdesign wurde zur Anpassung an bestimmte Funktionen verändert. Das erste untersuchte Schiff, Skuldelev 1, war ein *knorr*, die Grundform des hochseetüchtigen Handels- und Forschungsschiffes der Wikingerzeit. Mit so einem Schiff entdeckte Leif Eriksson Amerika (*siehe Seite 108–9*). Es war geräumig, stabil und konnte beachtlich viel Ladung aufnehmen. Skuldelev 1 war 15,4 m lang und 4,6 m breit. Es hatte einen runden Rumpf, der an Bug und Heck spitz zulief. Die Frachtkapazität wurde auf etwa 25 Tonnen geschätzt. Die für den Bau verwendete Kombination von Fichten- und Eichenholz weist darauf hin, dass das Schiff in Norwegen gebaut wurde.

Skuldelev 2 war schlecht erhalten, doch die Überreste sprachen dafür, dass es sich um das eindrucksvollste der Blockadeschiffe von Skuldelev handelte. Es war ein großes Langschiff, an die 30 m lang und 4,2 m breit. Mit den je 30 Rudern an jeder Seite gehörte es zu den größten

KATTEGAT
Jütland
Århus
Jelling
Ribe
Odense
Fyn
Lille Bælt
Store Bælt
Roskilde Fjord
Skuldelev
Roskilde
Trelleborg
Ringsted
Sjæland
Skåane
Øresund
Lund
OSTSEE
Lolland
Femer Bælt
Schleswig
Hedeby
DEUTSCHLAND

Langschiffen seiner Zeit, vielleicht ein *draka*, das Flaggschiff eines wichtigen skandinavischen Kriegsherrn oder Führers. Es war aus irischer Eiche gebaut, doch mit Holz aus Dänemark ausgebessert. In seiner besten Zeit mag es eine Rolle bei der nordischen Okkupation Irlands vor der Schlacht von Clontarf (1014) gespielt haben, doch das bleibt nur eine Vermutung.

Skuldelev 3 war von allen Wracks am besten erhalten. Auf 13,7 m Länge besaß das 3,7 m breite, aus Eiche gebaute Schiff an jeder Seite sechs Ruderluken, die es zum kleinen, aber wendigen Piraten- oder Handelsschiff machten. Es gab kein Schiff mit der Bezeichnung Skuldelev 4, doch Skuldelev 5 wurde als *leidangr*, ein lokales Wachschiff, identifiziert. Es war 17 m lang, 2,4 m breit und weist in der Konstruktion so viele Ähnlichkeiten mit Skuldelev 3 auf, dass man annimmt, beide Schiffe stammten aus der gleichen dänischen Werft. Das schlecht erhaltene Skuldelev 6 war wahrscheinlich ein kleines Fischerboot aus Südschweden. Es war 11,6 m lang und 2,4 m breit.

Die Skuldelevwracks können heute in einer eigens zu diesem Zweck gestalteten Ausstellung in der Nähe ihres Fundortes besichtigt werden. Sie stellen eine einzigartige Sammlung von Schiffen dar, aus der wichtiges Wissen über die Schiffsbautechniken der Wikinger gewonnen wurde.

Links: Modell von Skuldelev 3, einem Küstenhandelsschiff.

Unten: Innenansicht von Skuldelev 1, einem hochseetüchtigen Handelsschiff.

Der Bau eines Langschiffes

Es wurde bereits gesagt, dass sich die Wikingerschiffe in Gestalt und Funktion unterschieden, obwohl sie bestimmte Baumerkmale gemeinsam hatten. Aus archäologischen Funden können wir schließen, wie die Schiffsbauer der Wikinger ihre Schiffe konstruierten.

Wann immer verfügbar, war Eichenholz die erste Wahl der Schiffsbauer, obwohl auch andere Holzarten verwendet wurden, vor allem in Norwegen, wo es reichlich Fichtenholz gab. Die Baumstämme wurden mit Keilen radial zerteilt und das Holz sofort verarbeitet, weil frisches Holz leichter zu formen ist. Da die Schiffe offen waren, war es unwahrscheinlich, dass das frische Holz verrottete. Gerade Stämme wurden für die Straken (Planken) genutzt; für Vorder- und Achtersteven bevorzugte man leicht gebogene Stämme.

Der Schiffsbau fand unmittelbar neben dem Baumschnitt statt. Die Wikinger benutzten eine kleine, aber wirksame Auswahl an Werkzeugen.

Die Abbildung eines Schiffsbaus auf dem Teppich von Bayeux und archäologisch Funde zeigen uns, welche Werkzeuge die Zimmerleute der Wikinger benutzten und wie sie verwendet wurden. Äxte und Breitbeile wurden am häufigsten eingesetzt, zum Teilen oder Formen von Holz. Mit Messern, Bohrern, Formeisen und Meißeln wurden Formen verfeinert oder gebohrt, während man mit Hammern und Zangen Eisenbefestigungen und Zubehör bearbeitete.

Erprobte Techniken

Die Konstruktion war relativ einfach. Man benötigte keine richtigen Werften, da die Schiffe auf ebenem Gelände in Meeresnähe gebaut wurden, entweder im Freien oder geschützt in einem behelfsmäßigen Unterstand. Zuerst wurde der Kiel aus einem oder mehreren Holzklötzen ausgelegt. Dann wurden Vorder- und Achtersteven mit Bolzen fixiert und mit Holzpfeilern abgestützt. Damit war die Grundform des Schiffes fertig. Weil es keine gezeichneten Pläne gab, mussten sich die Schiffsbaumeister auf ihre Erfahrung und ihre scharfen Augen verlassen, um Rumpfform und Längen-Breiten-Verhältnis bestmöglich zu gestalten. Beim typischen *knorr* oder bei anderen Handelsschiffen betrug dieses Verhältnis etwa 4:1, ein Langschiff hatte seinem Namen entsprechend eines von 7:1.

Nachdem Bug und Heck eingepasst waren, wurden die ersten Planken (Straken) mit Eisennägeln am Kiel befestigt. Das nächste Plankenpaar wurde überlappend angesetzt, mit Dichtmasse abgedichtet und mit Eisennägeln fixiert. Diese Methode des Überlappens der Rumpfplanken nannte man Klinkerbauweise (*siehe Seite 44–45*); sie war ein typisches Kennzeichen des nordeuropäischen Schiffsbaus in dieser Zeit. Tatsächlich werden in Skandinavien dieselben Prinzipien für den Bau kleiner Boote bis heute angewandt. Mit den weiteren Planken wurde ebenso verfahren, bis die gewünschte Freibordhöhe erreicht war. Mit zunehmender Höhe variierte die Breite der Planken, und die Rumpflinien wölbten sich zuerst nach außen, dann nach oben, bis das Schiff fertig war. Die Skuldelevschiffe haben drei bis sieben Planken pro Seite, das Gokstadschiff hat elf.

Im nächsten Schritt wurden ins Rumpfinnere Stützen eingefügt: Zuerst wurde mit Holzpflöcken eine erste Schicht Bodenplanken an den Straken befestigt; danach ein Binnenkiel, der den Mast stützte, über dem Kiel eingebaut; die Montage mehrerer Winkelprofile diente zur Fixierung der Straken an deren Innenseite. Querbalken (genannt Stringer) verbanden diese Profile, wodurch mehrere D-förmige Streben

entstanden, die meist von einem zentralen vertikalen Pfeiler gestützt wurden. Über dem Frachtraum in der Mitte wurden die Stringer ausgelassen, die auf Langbooten den Ruderern als Bänke dienten. Auf einem *knorr* konnten diese Querbalken eine Deckbeplankung stützen.

Das Ergebnis war ein flexibler, aber belastbarer Rumpf, der nur unter schwierigsten Bedingungen nicht mehr seetüchtig war. Nach dem Bau wurde das Schiff zu Wasser gelassen, mit Mast und Verzierungen ausgestattet und dann auf seine Fahrt vorbereitet. Obwohl das Grunddesign variiert wurde, blieben die Techniken und die Gestaltung, mit denen diese Wikingerschiffe gebaut wurden, über die gesamte Periode gleich, ob das Schiff nun ein Drachenschiff oder ein kleines Fischerboot werden sollte.

Oben: Mit einer Axt wird der Vordersteven eines *faering* (Tender) geformt. Manche traditionellen Schiffsbaumethoden überlebten in Norwegen bis heute.

Wie man ein Langschiff segelt

Durch den Nachbau von Wikingerschiffen waren Historiker und Seeleute in der Lage, die Leistung dieser erstaunlichen Schiffe zu testen. Was man dabei herausfand, liefert uns reichhaltige Informationen darüber, wie die Wikinger mit ihren Schiffen segelten.

Gegenüber: Ein nachgebautes Wikingerschiff unter Segel.

Unten: Mit gerefftem Segel rudern skandinavische Pfadfinder ein nachgebautes Langschiff. Aus dieser Perspektive sieht man deutlich das niedrige Freibord. Die Ruderluken konnten bei rauer See geschlossen werden, um das Freibord um ein paar Zentimeter zu erhöhen.

In der Wikingerzeit unternahmen Schiffe regelmäßig Fahrten zwischen Skandinavien und den Orkneyinseln, Island und Grönland oder den Färöerinseln und Norwegen. Für diese Seefahrer galten lange Meeresreisen als nicht allzu gefährlich, was darauf hinweist, dass sie übermäßiges Vertrauen in sich selbst und ihre Schiffe setzten. Aus schriftlichen Quellen wissen wir, dass man im Winter für gewöhnlich nicht ausfuhr und dass die Wikinger über Gezeiten, Winde, Wetter, Ankerplätze und die Meere, die sie durchfuhren, Bescheid wussten.

War das Land außer Sicht, konnte man nur primitiv navigieren. Man hatte weder Kompass noch ein anderes Mittel, um Längen- und Breitengrad zu bestimmen. Auf ihren langen Fahrten durch die Nordsee, etwa von Island nach Skandinavien, navigierten die Wikinger stattdessen nach den Sternen. Haupthilfe dabei war der Polarstern, der den Norden anzeigte. Die Wikinger wussten auch, zu welcher Jahreszeit welche Windrichtung vorherrschte, und sie nützten diesen Umstand, um den ungefähren Kurs zu bestimmen.

Auch der Lauf der Sonne war, wenn sichtbar, eine primitive, aber verlässliche Navigationshilfe. Die Sonne zeigte Ost-Westen an, und die Zeit des Sonnenuntergangs gab an, ob man sich auf südlichem oder nördlichem Kurs befand. Ein Großteil dieses Wissens stammte aus der Erfahrung; das Wissens über die Position der Sterne oder Planeten und wie sie sich am Himmel bewegten, wurde von einer Generation an die nächste weitergegeben.

Wirklich hochseetüchtig

Die Hochseetüchtigkeit dieser Schiffe wurde mit der Überfahrt des nachgebauten Gokstadschiffes *Viking* von Bergen nach Neufundland 1893 in weniger als einem Monat unter Beweis gestellt. Der Kapitän (und auch die der späteren Nachbauten) bemerkte, wie sich der Rumpf den Meeresbewegungen anpasste, was die Wirkung der Wellen auf das Schiff verringerte, aber die Notwendigkeit erhöhte, das Wasser auszuschöpfen, das durch die Fugen einsickerte. Dies waren ausgezeichnete Boote, und auch wenn sie zerbrechlich erschienen, machte sie ihre Bauweise geschmeidig und seetüchtig.

Ein Langschiff zu rudern war Schwerarbeit, doch der leichte Rumpf und der geringe Tiefgang sorgten für Schnelligkeit. Ein rekonstruierter *faering* (Tender) bewies, dass auch kleine Boote sieben Knoten erreichen konnten, und größere Repliken von Langschiffen wie des Skuldelev 5 fuhren sogar 12 Knoten. Mit kompletter Besatzung konnten solche Geschwindigkeiten mit Schichtwechsel aufrechterhalten werden. Das exakte Tempo unter Segel ist schwierig festzulegen, doch acht Knoten oder mehr sind wahrscheinlich. Durch das einfache quadratische Segel konnte man nur mit einer maximalen Segelstellung von 60° zur Windrichtung fahren. Daher hing die Nutzung der Segelkraft stark vom Wind von achtern ab. Unerwartete Veränderungen konnten die Reise beträchtlich verlängern oder die Ruderer schwer beanspruchen.

Der Kurs des Bootes konnte sowohl mit den Rudern als auch mit dem Segel

adjustiert werden, doch das an Steuerbord auf dem Achterdeck befindliche Ruder war nützlicher. Es reichte weit unter den Kiel, stabilisierte das Schiff im Wasser und wurde über einen außen angebrachten Bolzen gedreht. In seichtem Wasser konnte das Ruder gehoben werden.

Aufgrund seiner leichten Konstruktion hatte das Langschiff eine geringe Verdrängung, wodurch es in sehr flachem Wasser segeln konnte und keine tiefen Hafenbecken brauchte. Dieser Faktor vereinfachte in Kombination mit der Rumpfform die Verladung von Fracht, Männern, Versorgungsgütern oder Tieren am Strand. Außerdem konnten Langschiffe flussaufwärts weit ins Landesinnere vordringen und Wikingerpiraten überall landen, wo es ihnen beliebte. Als Angriffsschiffe waren sie perfekt, als Frachtschiffe äußerst vielseitig. Dass die Nachbauten dieser Schiffe auch jene Seeleute beeindrucken, die sie heute segeln, zeigt, wie fortgeschritten und ihrer Umgebung angepasst sie waren.

Mittelalterliche Erfindungen

Drei Jahrhunderte lang blieben die Wikingerschiffe nahezu unverändert. Nach dem 11. Jahrhundert verschwand das Langschiff langsam und die Handelsschiffe der Wikinger wurden durch größere europäische Schiffe ersetzt. Trotzdem kann gezeigt werden, dass dies ein evolutionärer Prozess war, der die Schiffe der Wikingerzeit mit ihren mittelalterlichen Nachfolgern verband.

L angboot und *knorr* waren nicht die einzigen Schiffe des Wikingerzeitalters. In den Sagas wurden Langschiffe definiert nach den „Räumen", die sie hatten, ein anderes Wort für die Ruderplätze. Das Gokstadschiff hatte 16 Luken (oder Räume) pro Seite, doch es gab noch größere. Dies waren die *draka* oder Drachenschiffe, die als die Flaggschiffe ihrer Zeit dienten. *Ledung*-Schiffe waren ständige königliche Schiffe und Teil einer stehenden Flotte. Sie wurden von *skeid* oder *draka* angeführt, die bis zu 32 „Räume" hatten, doch es gab auch Mons-

Unten: Ein Anker aus der späten Wikingerzeit. Obwohl auch hier ein mit Holz eingefasster Stein verwendet wird, ist dieser Anker sehr viel weiter entwickelt als der auf Seite 44.

terdrachenschiffe. Die *Ormen Lange* von Olaf Tryggvasson hatte 34 Ruder pro Seite; in den Sagas werden noch größere Schiffe erwähnt.

Doch diese großen Schiffe sprengten den Rahmen der damaligen Schiffsbautechnologie. Holzschiffe mit über 45 m Länge waren fragil und hatten nicht die Robustheit kleinerer Langboote. Langschiffe stellten in Bezug auf das Design eine Sackgasse in der Kriegsschiffsentwicklung dar. Verbesserungen an der Takelage und die generelle Verwundbarkeit von Ruderschiffen im Kampf führten schließlich zwischen dem 10. und 12. Jahrhundert zum Verschwinden der Langschiffe. Sie konnten auch nicht so viele Kämpfer aufnehmen wie die Handelsschiffe der Postwikingerzeit. Auf dem Teppich von Bayeux bestand die Invasionsflotte von Wilhelm dem Eroberer aus Langschiffen und *knorr*s. Die Frachtschiffe für Soldaten, Pferde und Militärgerät werden ohne Ruderer dargestellt, jedoch unter Segel. Einige werden mit erhöhter Heckplattform dargestellt, wie das *lyfting* auf manchen skandinavischen Langschiffen; daraus entwickelte sich später der Achterdeckaufbau.

Evolutionäres Design

Die nordeuropäischen Frachtschiffe des 12. Jahrhunderts waren Abkömmlinge des *knorr*, doch sie wiesen gegenüber dem traditionellen Design so viele Verbesserungen auf, dass der ältere skandinavische Schiffstyp dagegen veraltet wirkte. Der beste Beweis dafür stammt von erhaltenen Münzen und Siegeln. Das *knorr* entwickelte sich sehr langsam. Mit zunehmender Größe rundete sich ihr Rumpf, und das Deck wurde voll beplankt zu einem geschlossenen Frachtraum. Solche Schiffe dienten als Truppentransporter, Kriegs- und Frachtschiffe.

Auf zwei Siegeln aus der englischen Stadt Hastings sieht man kleine Holzschiffe in Klinkerbauweise mit zeitgenössischen Aufbauten auf dem Heck, manche an Bug und Heck. An der Mastspitze war eine Plattform angebracht, die als Ausguck oder Kampfplatz fungierte. Ende des 12. Jahrhunderts wurde das Steuerruder von Steuerbord nach achtern versetzt. Zusammen mit dem neuen Bugspriet wurden die Schiffe dadurch unter Segel weitaus wendiger.

1962 wurden vor Bremen, Deutschland, die Überreste eines Schiffes aus ca. 1329 entdeckt. Dieser als Kogge bekannte Schiffstyp war die Standardform jener Schiffe, die im späteren Mittelalter in nordeuropäischen Gewässern fuhren. Koggen werden mit den geschäftigen Häfen Norddeutschlands assoziiert und sind auf den Siegeln von Hansehäfen abgebildet. Ähnliche Schiffe wurden in ganz Europa eingesetzt, was durch Hafensiegel und Illustrationen belegt ist. Zu ihren Kennzeichen gehörten ein fassförmiger Rumpf mit fixem Heckaufbau, ein überdachter Frachtraum und ein einzelner Mast mit quadratischem Segel. Der Freibord war sehr hoch, das Steuerruder lag achtern und Vordersowie Achtersteven waren stark geneigt.

Obwohl in erster Linie ein Frachtschiff, konnte die Kogge durch Kampfplattformen an Bug und Heck in ein Kriegsschiff verwandelt werden. Ihr Design wurde in den folgenden zwei Jahrhunderten weiter entwickelt; das Heck wurde größer (und fix), das Vorderdeck kleiner, doch die lineare Veränderung vom skandinavischen *knorr* zur mittelalterlichen Kogge kann noch immer nachvollzogen werden – eine klare Entwicklungslinie, die die Schiffe des 8. mit denen des 13. Jahrhunderts verbindet. Kriegsschiffe waren nunmehr befestigte Handelsschiffe. Während das Langschiff der Wikinger aus dem Blickfeld verschwand, passte sich das *knorr* weiterhin an fast alle Seefahrtsbedürfnisse Nordeuropas im Mittelalter an.

KAPITEL 4

Die Seeräuber

Im letzten Jahrzehnt des 8. Jahrhunderts überquerten Wikinger die Nordsee und landeten auf der heiligen Insel Lindisfarne vor der Nordostküste Englands. Anschließend wurde das Kloster auf der Insel durch „Plünderung und Gemetzel" zerstört. Dies markierte einen Wendepunkt in der europäischen Geschichte. An diesem Tag vor 1200 Jahren begann eine 30-jährige Schreckensherrschaft, die die Küstenstädte Europas verwüstete und die fragile Wirtschaft ihrer Königreiche ruinierte. An einem gewissen Punkt drohten diese gewaltsamen Invasionen die christliche Kirche in Nordwesteuropa auszulöschen, und die Einwohner, die ängstlich auf das Meer hinausblickten, müssen geglaubt haben, das Ende der Welt sei gekommen. Für viele war es so.

Den ersten Angriffen auf küsten- und flussnahe Klostersiedlungen folgten Überfälle auf isolierte Dörfer, dann auf Städte. Diese Wikinger waren nur die Vorhut. Immer größere Flotten trafen ein, um zu plündern und später zu kolonialisieren. Was als Angriffsserie von Skandinavien aus nach Süden und Westen in Richtung Europa begonnen hatte, war Anfang des 10. Jahrhunderts zur kulturellen Wanderbewegung und zum Eroberungsfeldzug geworden.

Die Wikinger errichteten blühende vorgelagerte Außenposten auf den Shetland- und den Orkneyinseln, den Western Isles und auf der Isle of Man. Während sie die Klostergemeinden an der keltischen Seite der britischen Inseln heimsuchten, erreichten die Angriffe das Herz des Fränkischen Reiches. Die unter Karl dem Großen einst so mächtigen Franken waren nicht in der Lage, die Wikinger von der Eroberung eines beachtlichen Teils ihres Landes abzuhalten. Der Widerstand der Franken wurde erst stärker, als die lokalen Kriegsherren die Verteidigung selbst in die Hand nahmen und damit den Grundstein für das Feudalsystem legten.

Die Angriffe waren effektiv und weitreichend. Sie veränderten die Landkarte Europas und beendeten eine Ära relativen Friedens und Wohlstands. Kelten, Sachsen und Franken kämpften um das Überleben und konnten kaum einen abgestimmten Gegenschlag organisieren. Mehr als 100 Jahre lang hatten die Wikinger freie Hand in einem buchstäblich verteidigungslosen Kontinent. Sie nutzten die einzigartige Chance.

Überfälle der Wikinger auf Westeuropa zwischen dem späten 8. und dem 11. Jahrhundert

- Karolingerreiche
- Moslemstaaten
- → erste Überfälle
- → Hauptangriffe
- → späte Überfälle

BOTT-NISCHER MEER-BUSEN

GOLF VON FINNLAND

Ladoga-see

NORWEGEN

Kaupang

SCHWEDEN

Birka

DÄNEMARK

Hedeby

Hamburg

Wollin

Elbe

Oder

OSTFRANKEN
Ostfränkisches Königreich

REICH

Main

Donau

KÖNIGREICH ITALIEN

Venedig

ADRIA

Pisa
Livorno

KORSIKA

Rom

SIZILIEN

Wikingerangriffe auf England, 793–860

- Königreich Northumbria
- Königreich Wessex

STRÆCLED WALAS (Strathclyde)

NORÞHYMBRE (Northumbria)

Lindisfarena (Heilige Insel/Lindisfarne) — 793

794 — In Gyrwum (Jarrow) · Uiræmutha (Wearmouth)

796

MÆNIG (Isle of Man)

IRISCHES MEER

MON (Anglesey)

Chester

Eoforwic ceaster (York)

NORD-SEE

NORDWALES

MIERCE (Mercia)

LINDESSE (Lindsey)

ca. 860

841

841

OST-ANGLIA

Merscware (Marschman)

854
834
851
842

Contwaraburh (Canterbury)

853–4
850

Sceapig (Isle of Sheppey)
854–5

841

Pedridanmutha (Mund des R. Parret)

BEARRUCSCIR

Basingstoke

MITTEL-SACHSEN OST-SACHSEN

Lundenburh (London)

SUÞRIGE

ca. 850

795
845

843

851

Carrum (Carhampton)

SUMORSÆTE

WILSÆTE

Wintanceaster (Winchester)

SÜDSACHSEN

CANTWARE

Hrofesceaster (Rochester)

850

850–1

Wiggadon (Weare Giffard?)

DEFENASCIR

DORNSÆTE

Dorchester

Hamtun (Southampton)

Tenet (Insel Thanet)

WEST-WALES

Hengestesdun (Hingston Down)

Port (Portland)

840

840

850

Sondwic (Sandwich)

ca. 795

838

ÄRMELKANAL

BYZANTINISCHES REICH

Die Ankunft der Wikinger

Der Großteil des 8. Jahrhunderts war für Europa eine relativ friedliche Periode, doch gegen Ende dieser Zeit nahten die Langschiffe bedrohlich heran. Eine Zeit lang begnügten sich die Wikinger mit den Britischen Inseln. Am 8. Juni 793 wurde das Kloster auf Lindisfarne angegriffen. In den nächsten 30 Jahren veränderten die Überfälle die politische Landkarte Britanniens für immer.

Der angelsächsische Geistliche Alcuin berichtete dem König von Northumbria: „Nie zuvor war in Britannien ein solcher Schrecken erschienen, wie wir ihn vom heidnischen Volk erlitten, noch war es denkbar, dass ein solcher Übergriff vom Meer her gemacht werden könnte." Doch das war erst der Anfang. Die

Überfälle auf Northumbria dauerten bis zum folgenden Jahr an, als ein norwegisches Überfallkommando Schiffbruch erlitt und getötet wurde.

Tatsächlich scheint es heute wahrscheinlich, dass die Wikinger bereits 789 auftauchten, da die *Angelsächsische Chronik* von der Sichtung dreier Schiffe bei Portland im Ärmelkanal berichtet (*siehe Seite 62*). 792, dem Jahr vor dem Überfall auf Northumbria, verstärkte der angelsächsische König Offa die Verteidigung von Kent, weil sein Reich von „heidnischen Seeleuten" bedroht wurde. Dies muss sich auf die Wikinger bezogen haben, doch ob sie Dänen oder Nordländer (Norweger) waren, ist unbekannt. Der Angriff auf Lindisfarne war daher nicht das erste Erscheinen der Wikinger in englischen Gewässern, doch er war der erste schwere Überfall.

794 berichtete ein irischer Mönch über die „Verwüstung aller britischen Inseln durch die Heiden". Das waren die Wikinger. Im Jahr darauf plünderten sie das schottische Kloster auf Iona und landeten in Skye. Bereits so früh dürften die Wikinger Außenposten auf Orkney und den Western Isles errichtet haben. Diese Bedrohung schwächte das Land der Pikten zu einer Zeit, als es durch eine Invasion der Schotten von Dál Riada bedroht wurde, die letzte Phase eines Krieges um die Vormacht, der Generationen gedauert hatte. Die Schotten wurden in die Defensive gedrängt und die Bedrohung ihrer Küsten mag sie dazu angestiftet haben, die Übernahme der piktischen Königreiche zu vollenden, aus denen Schottland werden sollte.

Apokalyptische Invasoren

798 wurden die Hebriden, die noch nicht unter nordische Herrschaft gefallen waren, verwüstet und die Iren unternahmen die ersten Überfälle auf Ulster. Um 800 waren die Wikinger im Begriff, die Nord- und Westküste Schottlands zu kontrollieren. Ihre Stützpunkte in Orkney waren gut gelegen, um Irland oder die Westküste der Britischen Inseln anzugreifen oder Northumbria und die piktische Küste. Funde auf den Orkney- und den Shetlandinseln zeigen, dass Besiedelung und Annektion der In-

seln vor dem 9. Jahrhundert stattfanden. Diese Datierung wird von den Berichten über das erste Auftauchen der Wikinger vor den Inseln gestützt, die in isländischen Sagas erzählt werden und indirekt auch in der *Orkneyinga Saga*.

Für die Mönche in den keltischen und angelsächsischen Klöstern Britanniens und Irlands erfüllten die Angriffe einfach die Prophezeiung des Jeremia aus dem Alten Testament: „Aus dem Norden wird Böses hereinbrechen über alle Einwohner des Landes." Es waren schlechte Omen gemeldet worden, daher war diese düstere Einstellung nur allzu verbreitet. Der ehrenwerte Bede selbst hatte seine Besorgnis über die Zukunft Northumbrias 731 in seiner *Historia Ecclesiastica* ausgedrückt. Für britische Christen war es das „sechste Zeitalter der Welt", das von „Johannes bis zum Jüngsten Gericht" dauerte, bei dem „Jesus Christus kommen wird um die Lebenden und die Toten und die Welt zu richten". Die Wikinger waren bloß ein weiterer Vorbote des Untergangs.

Dieser Pessimismus schien durch die Plünderung von Lindisfarne gerechtfertigt, die als „Angriff auf Körper und Seele des christlichen England" gesehen wurde. Wenn die Geistlichen gewusst hätten, dass die Wikinger nur wenige hundert Meilen nördlich Winterbasen errichtet hatten, hätten sie mehr Grund zur Sorge gehabt.

Oben: An der Ostküste Englands erinnert noch manches an die Wikingerangriffe. Auf diesem Schild, das Besucher in dem kleinen Ort South Walsham in Norfolk willkommen heißt, sieht man vor der Kirche einen Wikingerkrieger und ein Langschiff.

Gegenüber: Ein Runenstein aus Schweden enthält Bilder von Seeräuberlangschiffen unter Segeln.

Angriff auf Lindisfarne und Iona

Mit den Überfällen auf die Klöster auf Lindisfarne und Iona begann eine Serie von Angriffen, die die frühchristliche britische Kirche fast zerstört hätten. Innerhalb von vier Jahren sollten die Angreifer zurückkehren, um die heiligsten Stätten auf den Britischen Inseln zu plündern.

Unten: Die Abtei auf der Insel Iona wurde Anfang des 20. Jahrhunderts an der Stelle des ursprünglichen Klosters, das 563 vom hl. Columban gegründet worden war, wiedererrichtet. Das alte Kloster wurde ein Zentrum für keltische Missionsreisen nach Schottland und in das angelsächsische Nordengland. Die Gemeinde überlebte die Wikingerüberfälle im 8. und 9. Jahrhundert nur knapp.

Die *Angelsächsische Chronik* berichtet vom ersten Erscheinen der Wikinger in englischen Gewässern vor der Küste von Essex, das damals von König Beorthic regiert wurde:

„Im Jahre 789 trafen drei seltsame Schiffe in Portland an der Südküste von England ein und Beaduheard, der Statthalter des Königs von Wessex, lief aus um sie zu treffen. Er nahm nur eine Hand voll Männer mit sich, in der fälschlichen Annahme, die Fremden wären Händler ... Sie töteten ihn ... Dies waren die ersten Schiffe der Dänen, die in das Land der Engländer kamen.“

Dasselbe Manuskript berichtet im Juni 793, dass „heidnische Barbaren Gottes Kirche auf Lindisfarne durch Plünderungen und Mord zerstörten“. Lindisfarne war ein Symbol für die christliche Kirche im angelsächsischen England. Das Kloster stand an der Grenze zwischen römischer und keltischer Kirche und wurde von beiden Zweigen des christlichen Glaubens beeinflusst. Angelsächsische Herrscher und Adelige spendeten Geld und religiöse Metallgegenstände, um sich die Gunst der Mönche und des Allmächtigen zu sichern. Daher war das Inselkloster ein Hort des Reichtums der Frühkirche. Der Großteil der Mönche verbrachte die Tage mit Gebet, der Aufzeichnung und Illustration von Manuskripten und predigte das Wort Gottes. Sie lebten von der Bewirtschaftung der Inselhänge und der Fischerei in den umliegenden Gewässern.

Dieses friedliche Leben in Autarkie und Spiritualität erfuhr an jenem Junimorgen, als die Wikingerpiraten von der Nordsee aus zuschlugen, ein abruptes Ende. Die Mönche wurden erschlagen oder vertrieben, das Kloster geplündert und dann in Brand gesetzt. Die Wikinger empfanden dies nicht als Sakrileg, da sie den christlichen Gott nicht verehrten. Es war nichts Schlimmes, einen der heiligsten Orte der Christenheit zu zerstören. Nachdem die Beute auf die Langschiffe verladen war, zogen die Wikinger ab, lange bevor die lokalen Adeligen ihre Kräfte sammeln und zu Hilfe kommen konnten. Für die Engländer stellte das eine beispiellose Gräueltat dar, sogar zu einer Zeit, als Mord und Verstümmelung an der Tagesordnung standen.

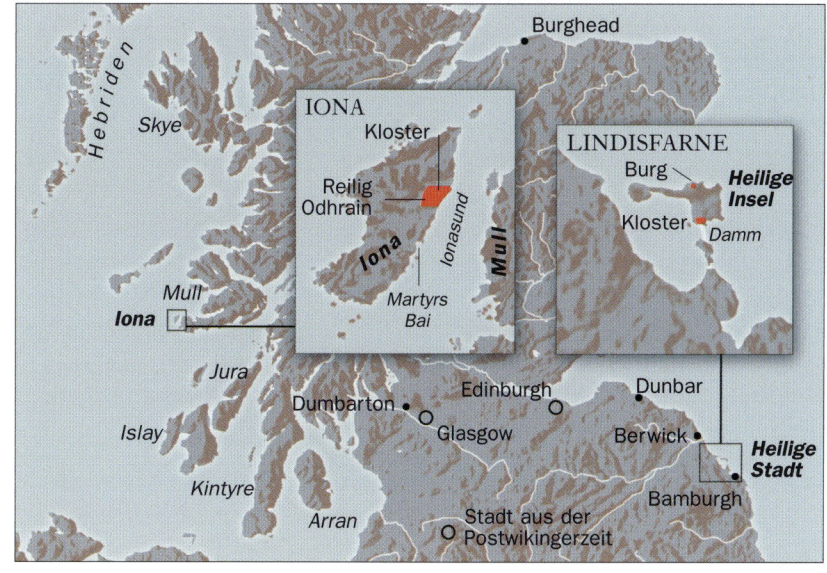

Furchtbare Barbarei

Die Klöster dieser Zeit waren für die Wikinger leichte Beute. Aufgrund der kostbaren Kultobjekte stellten sie für Plünderer eine Verlockung dar. Noch dazu waren viele nahe der Küste gebaut, denn da es kaum Straßen gab, war es einfacher, das Wort Gottes per Boot als zu Fuß zu verbreiten. Innerhalb weniger Jahre fielen noch andere Klöster den Nordländern zum Opfer.

Für die Kelten in Irland und Schottland waren die Angreifer schreckliche Heiden, und sogar die erst kürzlich konvertierten Angelsachsen verstanden nicht, wie ein Volk derart barbarisch sein konnte. Doch obwohl die Wikinger durch die Überfälle des 8. Jahrhunderts für ihre Zerstörungswut berüchtigt wurden, war ihre Kultur genauso hoch entwickelt wie die Kultur der Inseln, die sie angriffen.

Das keltische Schottland erlebte den ersten Angriff 795, als die Klosterinsel Iona geplündert wurde. Die Kirche war 563 vom hl. Columban gegründet worden und sie überstand den Überfall nur knapp. Es war bloß der erste von drei Angriffen innerhalb von nur einem Jahrzehnt (795, 802 und 806). In Wales wurden die kleinen Klöster in Carmarthen, Llancarfan, St. Davids und Llanwit geplündert, ebenso die englische Siedlung in Jarrow. Das keltische Irland wurde 795 erstmals überfallen, im selben Jahr, in dem auch Iona angegriffen worden war.

Das Massaker an der Einwohnerschaft des Klosters auf Iona 825 markierte das Ende dieser Phase der Zerstörung, und die Angreifer machten den nordischen Siedlern Platz. Die Klöster standen nun teilweise unter dem Schutz von weltlichen Wikingerherren – gegen entsprechende Bezahlung. Es spricht für den Glauben dieser frühen christlichen Mönche, dass sie stets zurückkehrten, ihre Zufluchten wieder aufbauten und ihren Glauben in dieser gottlosen Zeit bewahrten.

Oben: Ein kleines Boot liegt umgedreht am Strand der Heiligen Insel (Lindisfarne). Das hier 635 vom hl. Aidan gegründete Kloster wurde das erste Ziel der Wikingerangriffe. Heute stehen dort nur noch die Ruinen eines Klosters aus dem 13. Jahrhundert.

Angriffe auf Irland

Als relativ kleines Gebiet war Irland besonders anfällig für die Überfälle der Wikinger. In der ersten Hälfte des 9. Jahrhunderts nahmen Größe und Zerstörungskraft der Wikingerüberfälle ständig zu. Nach der Verwüstung der Landschaft kehrten die Nordmänner nach Irland zurück, um die Insel zu erobern und zu besetzen.

Gegenüber: Keltische Kreuze und ein runder Turm in den Ruinen des Klosters von Clonmacnoise, das vom 7. bis zum 12. Jahrhundert aufblühte. Es wurde wiederholt geplündert und gebrandschatzt, von den Wikingern, irischen Einheimischen und von Anglonormannen, bis es schließlich 1552 von den Engländern zerstört wurde.

Zunächst wurde Irland nur gelegentlich überfallen, von einem Schiff oder ein paar Seeräubern. Der erste gemeinsame Angriff fand 795 auf Rechru (Rathlin Island, nördlich des heutigen Dublin) statt. Das Ausmaß der Angriffe war für die fragile Wirtschaft des entzweiten Landes verheerend; sie zerstörten nach und nach die Küstengemeinden, weil die Menschen landeinwärts flohen. Es kam noch schlimmer. Die *Annalen von Ulster* berichten von 820:

„Das Meer spie Fluten von Fremden nach Erin aus, sodass kein Hafen, kein Landeplatz, keine Festung, ... keine Burg gefunden werden konnte und es unter Wikingern und Piraten unterging."

Das Tempo der Angriffe hatte sich deutlich erhöht und die Seeräuber begannen, über Flüsse wie den Shannon ins Landesinnere vorzustoßen, um das Land ins Herz zu treffen. Die großen keltischen Klöster in Clonfert, Kells und Armagh wurden geplündert und sogar Clonmacnoise im Zentrum Irlands wurde ausgeraubt.

830 legte man noch mehr zu. 831 nahm ein Wikingerkommando den König von Louth gefangen und zwei Jahre später wurde Derry in Ulster angegriffen, eine Siedlung, die zuvor für zu groß gehalten worden war. Noch im selben Jahr wurden die Klöster von Lismore und Clondalkin in der Nähe von Dublin eingenommen. Wie in England, so wurde auch die keltische Kirche von Irland durch die Angriffe in die Knie gezwungen.

Keine wirksame Verteidigung

Der König von Ulster, Connaught, Munster, Meath und Leinster versuchte den Spieß umzudrehen, doch vergeblich. Obwohl zum Schutz der Küsten runde, befestigte Türme errichtet wurden, waren diese Stellungen ohne die Unterstützung einer mächtigen Flotte und Armee leicht zu überwinden. Es war unmöglich, die gesamte Küste zu verteidigen und die Wikinger hatten den Vorteil der Mobilität und der Überraschung. Wenn irische Kräfte eintrafen, hatten die Wikinger bereits geplündert und waren auf ihre Schiffe zurückgekehrt. 836 verzeichnen die *Annalen von Ulster* als erste Beute der Wikinger das südliche Brega. Von nun an häuften sich die Überfälle, und die Streitkräfte waren groß genug, um ganze Landstriche zu plündern. Im selben Jahr berichten die *Annalen*, dass es „eine äußerst grausame Verwüstung aller Länder von Connaught durch die Heiden" gegeben habe.

836 fielen die Wikinger in das Gebiet um Lough Neagh ein und plünderten Königreiche und Klöster. Doch sie raubten nicht nur Städte und Abteien aus. Es war jene Periode, in der Wikingerführer Turgeis die Herrschaft über Ulster übernahm und Außenposten an der Küste anlegte. 840 besaß er bereits befestigte Stützpunkte, in denen nordische Angriffstrupps den Winter verbringen konnten, ohne nach Skandinavien zurückkehren zu müssen. Es wurden auch Sklavenmärkte errichtet, auf denen skandinavische Händler Gefangene kaufen konnten, was den Angreifern die Probleme ersparte, die das Verschiffen von Sklaven mit sich brachte.

Die *longphoirts* waren kleine Küstenfestungen; die erste davon befand sich in Dubh-Linn (Schwarzer Teich), das sich bald zu einer blühenden nordischen Kleinstadt, dann zur Stadt entwickelte. Den Wikingern dienten die Winterstützpunkte als Umschlagplätze und Burgen, von denen aus sie tief in das Herz Irlands vorstießen. Sie unterwarfen dieses Gebiet, wie die *Annalen von St. Bertin* 847 verzeichnen:

Irland, 795–850

ATLANTIK

ULSTER

Larne

Bangor

Armagh

CONNAUGHT

IRISCHES MEER

Kells

MEATH

Clonmacnoise

Clonfert

Kildare

Dublin

Limerick

LEINSTER

MUNSTER

Waterford

Wexford

Cork

Gebiete größerer Wikingersiedlungen

„Nachdem sie viele Jahre den Angriffen der Wikinger ausgesetzt waren, leisteten die Iren Tribut an sie. Die Wikinger haben sich bereichert, ohne dass eine Insel Gegenwehr leistete, und haben sie besiedelt. "

In dieser Phase sah man Irland nicht mehr als Ort zum Plündern, sondern als Gebiet, um sich anzusiedeln. In der zweiten Hälfte des 9. Jahrhunderts entspann sich zwischen Iren, Dänen und Norwegern ein Kampf um die Vorherrschaft über die Insel. Anstatt sie auszurauben, wollten die Norweger sie als Quelle des Wohlstandes und der Macht schützen. Irland war leicht zu plündern gewesen. Seine Kolonialisierung war jedoch eine ganz andere Geschichte.

Die großen Angriffe der Dänen

Die meisten Wikinger, die die Küsten des keltischen Schottland und Irland heimsuchten, waren Nordländer (Norweger). Diejenigen, die das angelsächsische England verwüsteten, waren Dänen. 789 wurden drei Wikingerschiffe vor Dorset gesichtet. Zehn Jahre später waren die Angriffsflotten zehnmal so groß und 850 erschienen 300 Langschiffe vor der Küste der Sachsen.

Unten: Auf diesem Bilderstein aus Gotland sieht man oben einen Schwertkampf zwischen Kriegern mit Helm und Rundschild. Unten macht ein Wikingerlangschiff klar zur Landung.

A ls Erstes überfielen die Wikinger Northumbria, eine Region im angelsächsischen England. Sie waren wahrscheinlich Nordländer, die von ihren neuen Winterlagern auf den Orkney- und Shetlandinseln südwärts vordrangen. Obwohl die historischen Quellen keine genauen Angaben über die Lager der Wikinger enthalten, unternahmen zur gleichen Zeit (ca. 793) die ersten Dänentrupps Vorstöße im Südosten Englands. Erst drei Jahrzehnte sollten sie in großer Zahl wiederkehren.

Doch Stärke ist relativ und es besteht kein Zweifel, dass die dänischen Langschiffe in dieser Zeit die englische Küste in kleinen Gruppen angriffen. Doch die Angriffe blieben sporadisch bis etwa 835, als ein konzertierter Feldzug begann. Die *Angelsächsische Chronik* vermerkte: „In diesem Jahr verwüsteten die Heiden Sheppey." Im Jahr darauf wehrte König Ecgberht von Westsachsen (Wessex) einen Angriff von 35 Schiffen auf Carhampton in Somerset ab; zwei Jahre später wurde ein weiterer großer Überfall in Cornwall zurückgeschlagen.

Der geschäftige Hafen Southampton in Wessex wurde zwischen 840 und 850 attackiert. Die *Angelsächsische Chronik* meint, dass die Angriffe jedes Jahr an Größe und Härte zunahmen. Es schien, als ob die Dänen die Verteidigung der Sachsen testeten. Sie verlagerten den Schwerpunkt ihrer Vorstöße von Cornwall (wo sie teilweise von der keltischen Bevölkerung unterstützt wurden) nach Osten in Richtung Sussex und Kent, dann nach Ostanglien. 842 „gab es ein großes Gemetzel in London… und Rochester".

Obwohl die Dänen Winterlager an der fränkischen Küste auf der anderen Seite des Kanals errichtet hatten, legten sie erst 850 den ersten befestigten Stützpunkt in Thanet im Südosten Englands an. Damit begann die ständige Präsenz der Dänen im Land. Innerhalb von fünf Jahren wurde auch Sheppey zur dänischen Hochburg. Als die Zahl der Dänen zunahm, entwickelten sich die Überfälle zu einem groß angelegten Sturm auf die angelsächsischen Königreiche Englands. 865 landete ein „heidnischer Haufen" unter der Führung der Brüder Ivar (Yngvarr), Ubbi und Hálfdan in Ostanglien. Der Überlieferung nach waren sie die Söhne des Wikingerhäuptlings Ragnar, der vom angelsächsischen König von Northumbria gefangen genommen, in eine Höhle geworfen und von Schlangen zu Tode gebissen worden war.

Wachsende Bedrohung

Zu dieser Zeit lag Northumbria im Bürgerkrieg, doch die Kontrahenten legten ihren Zwist bei, um die dänischen Invasoren gemeinsam zurückzuwerfen. Ivar marschierte nach York und nahm die Stadt ein. Seine Wikinger besiegten 867 die Sachsen, wobei die beiden königlichen Kontrahenten getötet wurden. Da sich nun York in dänischer Hand befand und Northumbria kurz vor der Einnahme stand, festigten die Dänen rasch ihre Eroberungen und errichteten einen dänischen Staat im Nordosten Englands. Dies war nur der Beginn eines Feldzugs, der England für ein Jahrhundert spalten sollte.

Der sächsische König von Mercia wehrte 869 einen dänischen Angriff ab; danach kehrten Ubbi und Ivar in den Süden nach Ostanglien zurück. Dort besiegten sie die Sachsenarmee von König Edmund und exekutierten ihn. Der Tod eines christlichen Herrschers durch die Hand der Heiden wurde als Märtyrertod gesehen, weshalb Edmund heilig gesprochen wurde. Das Martyrium des hl. Edmund bildete später eine christliche Motivation für den angelsächsischen Widerstand, doch im Moment konnte nichts den Vormarsch der Dänen stoppen.

Der Schwung hielt an. 870 führte Halfdan seine Wikinger nach Wessex, wo sie Reading einnahmen. Von der befestigten Stadt aus kämpften sie um die Herrschaft über Südengland. Die *Angelsächsische Chronik* berichtet:

„…in diesem Jahr wurden neun Schlachten geschlagen gegen die Horden im Königreich südlich der Themse, und der Bruder König Alfreds und die Grafen und des Königs Gefolgsleute wehrten häufige Angriffe ab, die nie gezählt wurden."

Unter König Æthelred und seinem Bruder Alfred erwies sich Wessex als härterer Brocken. Bei der Schlacht von Ashdown (871) hielten die Brüder dem Ansturm der Wikinger stand. Nach Æthelreds Tod fiel Alfred ein Jahr später die Krone zu. Die Wikinger befanden, dass sich weiteres Vordringen nicht lohne, und strebten Frieden an. Für den Moment waren die verbliebenen angelsächsischen Königreiche sicher, aber ebenso das neue dänische Reich in England.

Unten: Obwohl die Nordsee klein ist, kann hier das schlimmste Wetter der Welt herrschen. Wegen ihrer relativ geringen Tiefe erzeugen die Winde gigantische Wellen, die sogar für die moderne Schifffahrt problematisch werden können. Dies hielt die Wikinger nicht davon ab, mit ihren Langschiffen bei jedem Wetter zu segeln, um an die Küsten von England, Schottland, Irland und Frankreich zu gelangen.

Einhebung des Danegeldes

Bis 870 hatten die dänischen Wikinger ein neues Königreich in Nord- und Ostengland gebildet. Während Städte wie York unter der Vorherrschaft skandinavischer Händler aufblühten, waren Dänen und Sachsen in einem erbitterten Kampf um die Macht im angelsächsischen England verstrickt.

Oben: Dieser goldene Anhänger wurde von Kriegern mit einem Band um den Hals auf der Brust getragen, um den Träger magisch zu schützen. Er ist hier etwas größer als in Realgröße abgebildet (Durchmesser 10 cm).

N ach der Eroberung der Gebiete, die zusammen als Danelag (früher Northumbria, Anglien, Mercia) bekannt wurden, sandte Ivar der Beinlose König Guthrum zum Angriff auf Wessex aus, dem größten noch verbliebenen angelsächsischen Königreich in England. 877 nahmen Guthrum und seine Verbündeten Exeter an der Westgrenze von Wessex ein. Sie forderten Tribut als Gegenleistung für Frieden. Dieses Schutzgeld, das die sächsischen Könige regelmäßig – auch noch im 9. und 10. Jahrhundert – zahlen mussten, nannte man Danegeld (wörtlich: dänisches Geld).

Nicht nur der sächsische Adel musste Danegeld zahlen. Jeder, der zahlen konnte, aber nicht wollte, wurde Opfer brutaler Vergeltung. Der Brauch der Wikinger, Steuerverweigerern die Nase aufzuschlitzen, führte zu dem Aus

druck „durch die Nase zahlen". Die Zahlung sollte den Landhunger der Wikinger stillen, doch für Guthrum war das nur der Anfang seines Eroberungsfeldzuges. Er stationierte eine Angriffsflotte vor der Küste von Wessex, während er mit seiner Armee südwärts marschierte, um sich mit ihr zu vereinigen. In dieser Zangenbewegung wurden die Sachsen festgesetzt. Im Januar 878 nahm Guthrum Chippenham ein und überwinterte dann in Wessex. Er hob Danegeld ein und lebte von seiner Beute.

Der Sachsenkönig Alfred der Große (Reg. 871– 99) wurde von der Invasion, die sein Land teilte, überrascht. Während sich die Dänen konsolidierten, errangen die Sachsen zu Ostern 878 in Devon einen Sieg, der Alfred hoffen ließ. Er strebte eine Entscheidungsschlacht mit den Wikingern an. Im Mai trafen die beiden Armeen in Ethandun aufeinander und Alfred siegte. Der Kriegsherr der Wikinger unterwarf sich Alfreds Forderungen, die unter anderem die Bestimmung enthielten, dass Guthrum und 30 seiner Kommandanten getauft würden. Guthrum nahm zum Zeichen der Konvertierung den christlichen Namen Athelstan an.

Die beiden Führer unterhielten sich nach der Unterzeichnung des Vertrags von Wedmore noch lange. Dann zogen sich die Wikinger zur Überwinterung nach Chippenham zurück. Zu Beginn des nächsten Jahres führte Athelstan seine Männer zurück in das dänische Ostanglien. Dort demobilisierte er seine Armee, um das Land zu bewirtschaften und so die Stellung der Dänen in diesem Teil von England zu festigen.

Unruhige Koexistenz

Athelstan hatte im Vertrag von Wedmore zugesagt, Wessex friedlich zu verlassen und zur Bestätigung Geiseln hinterlassen. Die Konvertierung des Wikingerführers veränderte das Verhältnis zwischen Wikingern und Sachsen, weil die religiösen Differenzen wegfielen und die Kirche ein Minimum an Kontrolle über die Angelegenheiten beider Königreiche erhielt.

Obwohl der Vertrag Übergriffe der Wikinger auf Wessex nicht völlig beendete, so verhinderte er doch größere Feldzüge. Stattdessen sorgten mehrere englische Könige durch die Entrich

tung von Danegeld für friedliche Verhältnisse. Dies ging weiter, bis Æthelred („der Unberatene") die Sachsen im Danelag zum Aufstand aufwiegelte. Dieser führte zu einem neuen Krieg zwischen Wikingern und Sachsen.

Die größte Leistung Alfreds des Großen war, das Überleben des angelsächsischen Volkes zu sichern, doch sein Vertrag garantierte auch, dass mehr als die Hälfte des angelsächsischen England bis ins 11. Jahrhundert unter Wikingerherrschaft blieb. Beide Seiten kämpften um die Sicherung ihrer Grenzen, und Alfreds letzte

Feldzüge dienten der Verteidigung von London und Essex. Nach Alfreds Tod setzte Edward der Ältere (Reg. 899–925) die entschlossene Verteidigung der englischen Gebiete fort. Er konnte sogar die dänische Grenze vom mittelenglischen Mercia an den Humber zurückdrängen. Der Kampf sollte wieder aufflammen, doch in der Zwischenzeit mussten beide Seiten miteinander auskommen, um ihre Wirtschaft und militärische Kraft für die nächste Runde zu stärken. Das schändliche Danegeld zu zahlen war immer noch besser als ein ungeplanter Krieg.

Das Danelag

Zwei Jahrhunderte lang blieb der Großteil Englands ein Wikingerstaat. Trotz norwegischer Enklaven an der Westküste regierten die Dänen, und das Königreich hieß Danelag. Die Macht seiner Könige beruhte auf militärischer Stärke, skandinavischer Besiedelung und der Unterjochung der ansässigen Sachsen.

York war 866 eine geschäftige angelsächsische Stadt, die enge Handelskontakte mit Händlern in Friesland (heute Holland) geknüpft hatte. Da Friesland bereits an die Wikinger gefallen war, als die dänischen Wikinger unter Ivar dem Beinlosen York eroberten, gehörten ihm nun beide Enden einer wichtigen

Märkte (Derby, Leicester, Lincoln, Nottingham und Stamford) des Wikingerreiches fallen.

Im 9. Jahrhundert verlief die Grenze zwischen Sachsen und Wikingern diagonal über Britannien; sie erstreckte sich vom Mersey im Westen nach Maldon in Essex an der Ostküste und verlief teilweise entlang der Watling Street, der alten Römerstraße. An dieser Linie bauten die Sachsen eine Reihe von Befestigungsanlagen, um sie unüberwindbar zu machen.

Nördlich dieser Linie fehlte es den Danelag-Wikingern an politischer Einheit oder militärischer Stärke, um den Bau der sächsischen Festungen zu verhindern. Angriffe auf diese Stellungen scheiterten fast immer, doch die

Oben: Aufgrund ihres geringen Tiefgangs konnten Langboote auch kleinste britische Flüsse zur räuberischen Einhebung von Steuern befahren.

Wirtschaftsverbindung. Unter den Dänen wurde York zu einem der florierendsten Märkte der Wikingerwelt. Händler strömten in die Stadt, sodass York um 1000 „mit den reichsten Händlern, vor allem Dänen" voll war. Es war der ökonomische Stützpfeiler des Danelag, und wenn die Stadt fiel, würden auch die Fünf

Sachsen nutzten sie, um von hier aus Feldzüge in das dänische Territorium zu unternehmen. Im Zuge der Besiedelung und des Aufbaus des Handels schienen die Wikinger ihre Angriffslust zu verlieren. Außerdem war klar, dass es bei den Sachsen nicht mehr viel zu plündern gab. 886 wurde die Grenze vertraglich fixiert und beide Seiten verfolgten ab nun ihre eigene politische Entwicklung.

Krieg in ganz Britannien

Im Westen wurden die norwegischen Vorstöße nach Danelag zur nordisch-irischen Invasion. Die Konflikte zwischen Nordländern und Dänen schwächten die Position der Wikinger weiter, bis die Vereinigung des sächsischen Mercia und Wessex unter König Athelstan (Reg. 925-940) eine Bedrohung darstellte, die die Norweger nicht ignorieren konnten. Vorübergehend wurde eine Allianz zwischen Nordländern, Walisern, Schotten und Iren gebildet, doch in der entscheidenden Schlacht bei Brunanburgh (937) siegten Aethelstans Sachsen, und als der König seine nominelle Suzeränität über die Sachsen von Northumbria errichtete, war Danelag an zwei Seiten abgeschnitten. Es sah so aus, als ob die Sachsen den Kampf um England gewinnen würden, und als sie York 959 zurückeroberten, schienen die Dänen dem Untergang geweiht.

Doch nach Aethelstans Tod wendete sich das Blatt. Drei Könige von Wessex hatten die Wikinger nicht im Griff, und mit der Thronbesteigung von Edgar dem Friedfertigen (Reg. 959-75) kam die sächsische Offensive zum Erliegen. 980 beraubte die Konvertierung des dänischen Königs Harald Blauzahn (*siehe Seite 38–39*) die Sachsen des religiösen Motivs für den Krieg mit den Dänen; eine neue Wikingerwelle stärkte die Verteidigung der Fünf Märkte. Ein Vorstoß der Wikinger bei Maldon führte zur Schlacht zwischen neu angekommenen Wikingern und Sachsen. Die Niederlage der Engländer wurde in einem der großen Epen der angelsächsischen Literatur, *The Battle of Maldon*, besungen.

Da die Dänen wieder überlegen waren, waren die Sachsen gezwungen, abzuwarten und Danegeld zu zahlen in der Hoffnung, die Wikinger würden ihrem Land fernbleiben. Doch die Schutzgeldzahlungen brachten nur Aufschub. Nach 990 trat König Olaf Tryggvasson von

Norwegen auf, ein Alliierter des Königs Sven Gabelbart von Dänemark. Sie hatten nicht mehr Überfallkommandos, sie hatten Armeen; gut bewaffnet, gut geführt und gut ausgebildet. Nur ein politischer Streit zwischen den beiden Königen und die Konvertierung König Olafs retteten Wessex und Mercia vor der Zerstörung.

Die dänischen Angriffe wurden zu Lande und zu Wasser fortgesetzt, ebenso die Forderungen nach Danegeld. Nach einem letzten, gescheiterten Feldzug akzeptierte das angelsächsische England, dass die Dänen bleiben würden. Von da an begannen die beiden Völker zu verschmelzen, was in den Jahrhunderten seit der Ankunft der Wikinger an den sächsischen Küsten unmöglich gewesen war.

Dichte der Wikingerbesiedelung in England zwischen 875 und 950

● Ortsnamen skandinavischen Ursprungs

━━ Südgrenze des Danelag

STRATHCLYDE

Lindisfarne ●

NORTHUMBRIA

NORDSEE

Nordische Besiedelung, 900–950

Isle of Man

Dänische Besiedelung, 875

York ●

Dänische Besiedelung, 876

Nordische Besiedelung, 901

IRISCHES MEER

Anglesey

Lincoln ●

Dänische Besiedelung, 879

The Wash

Chester ●

DÄNISCH-MERCIA

OSTANGLIEN

FÜRSTENTUM RHODRI

Severn

ENGLISCH-MERCIA

DYFED

MORGANWG

Cirencester ●

Thames

London ●

Sheppey

Thanet

● Bristol

Canterbury ●

Sandwich ●

KÖNIGREICH WESSEX

● Winchester

Wight

ÄRMELKANAL

Die Krise der Franken

Die Angriffe der Wikinger auf die Britischen Inseln waren nur ein Vorspiel gewesen. Auf der anderen Seite des Kanals lag ein viel reicheres Königreich zum Plündern bereit. 845 bildeten Wikingerenklaven an der fränkischen Küste Stützpunkte für einen Feldzug, der die Grundfesten der europäischen Kultur erschüttern sollte.

Rechts: Gotische Reliquienbüste von Karl dem Großen, dem Gründer des Fränkisch-Karolingischen Reiches. Karl bezeichnete sich selbst als *Carolus Magnus*, daher die Bezeichnung „Karolingisch". Deshalb sind die Begriffe „karolingisch" und „fränkisch" austauschbar.

E in Bruder aus dem Kloster St.-Germain-des-Prés in der Nähe von Paris beschrieb die Krise der Franken: „Im Jahr des Herrn 845 durchbrach die riesige Armee der Nordmänner die Grenze der Christen." Das Erscheinen der Wikingerarmee vor den Toren von Paris war eine brutale Verwirklichung der Prophezeiung des Jeremias, der sagte, dass das „auserwählte Volk" göttliche Strafe aus dem Norden erwarte.

Das Karolingerreich war durch den Bürgerkrieg nach dem Tod von Ludwig I. dem Frommen (Reg. 814–40) ruiniert. Die Verwüstungen hatten bereits Jahre zuvor begonnen, als die Dä-

nen unter König Godfred 810 in Friesland einfielen, das damals Teil des Frankenreiches war. Obwohl diese Invasion kaum mehr als ein Überfall war, war sie sehr lukrativ und die Dänen kehrten zehn Jahre später zurück. 820 wurde ein groß angelegter dänischer Angriff auf die friesische Küste zurückgeschlagen. Die Wikinger mussten sich also anderswo umsehen.

Es waren vielleicht die gleichen Dänen, die noch im selben Jahr in der Seinemündung auftauchten, doch abermals erwies sich die lokale Verteidigung als zu stark und die Angreifer zogen sich zurück. Eine Zeit lang schien es, als würden sich die Dänen mit der sanfteren englischen Küste zufrieden geben, doch 834 kehrten sie zurück und plünderten das friesische Dorestad, die wichtigste Prägestadt der Karolinger. Ludwig I., der Sohn Kaiser Karls, teilte sein Land zwischen seinen drei Söhnen auf, und ab 829 wurden die fränkischen Königreiche durch ständige Kriege zwischen den Brüdern geschwächt. Dies gab den Wikingern ihre Chance.

Ludwig erbaute eine Kette von Burgen zum Schutz der friesischen Küste und unterhielt ein stehendes Heer in Nijmegen, bereit, jede Wikingerinvasion zurückzuschlagen. Seine Söhne waren nach seinem Tod zu sehr mit ihren Streitig-

Vorstöße der Wikinger in den westlichen Teil des Karolingischen Reiches im 9. Jahrhundert

NORD-SEE

Dorestad
Utrecht · Nijmegen
Walcheren · Duisburg
Antwerpen · Asselt · Rhein
· Köln
· Aachen

OST-FRÄNKISCHES REICH

Rouen
· Bayeux
Seine · Reims · Verdun
Jeufosse · Paris · Metz
St-Germain · St-Maur-des-Fossés
Melun
Chartres · Orléans · Sens · Troyes

BRETAGNE

BURGUND

Angers · Tours
Noirmoutier · Nantes
WESTFRÄNKISCHES REICH
Poitiers
Loire
Limoges · Lyon
Saintes

Karolingische Königreiche 888

Winterlager der Wikinger

Bordeaux

Rhône

PROVENCE

Nîmes · Arles
Toulouse · Camargue (Region)

KÖNIGREICH ASTURIEN UND LÉON

MITTELMEER

ÄRMELKANAL

keiten beschäftigt, um sich um die Seeverteidigung des Reiches zu kümmern.

Ein Reich wird überrannt

841 segelten die Wikinger das erste Mal die Seine hoch, plünderten Rouen und griffen das Kloster Jumièges an. Im Jahr darauf kehrten sie zurück, um von den Städten an der Seine Danegeld einzufordern. Quentovic wurde verwüstet, vielleicht weil sich die Bewohner weigerten zu zahlen. Auch die Errichtung dreier stabiler Königreiche aus den Ruinen des Karolingerreiches 843 konnte die immer heftigeren Angriffe der Wikinger nicht stoppen.

Am schlimmsten traf es das karolingische Gebiet von Karl dem Kahlen (Reg. 843–77) im Westen, wo bereits das Seinetal verwüstet worden war. 845 wurde die Plünderung von Paris nur durch die Zahlung von

7000 Pfund Silber verhindert. Doch solche Konzessionen führten bloß zu weiteren Angriffen und höheren Forderungen. In den nächsten zwei Jahrzehnten war kein Flusstal im Westfränkischen Reich vor den Wikingern sicher. Ende der 850er-Jahre fuhren sie sogar das Rhônetal hinauf und überwinterten an der Mittelmeerküste. 851 taten die Wikinger dies im Seinetal und innerhalb weniger Jahre errichteten sie ständige Siedlungen an der Loire, als sie Nantes und 853 auch Tours angriffen.

Im Jahr darauf wurde Blois attackiert, doch Orléans und Poitiers hielten stand. Zumindest auf lokaler feudaler Ebene wuchs der Widerstand gegen die Wikinger an. Karl der Kahle schien nach wie vor unfähig, sein Reich zu verteidigen. Der westliche Teil davon blieb ein Vierteljahrhundert nach dem Tod Ludwigs I. Zentrum der Verwüstungen, und auch wenn sich einige Gebiete widersetzten, hatten die Wikinger anderswo freie Hand. Ab 865 ließen die Angriffe langsam nach, da die Wikinger

Unten: Eine Stanzform, die man zur Herstellung von Helmbeschlägen benutzte. Sie zeigt zwei Wikingerkrieger mit Helmen, auf denen Eber zu sehen sind. Diese Tiere werden Freyr zugeordnet.

zunehmend in Konflikte innerhalb Englands und Irlands und in die dänisch-norwegische Rivalität verwickelt wurden. Als sie zurückkehrten, war ihre Zahl noch größer und einige hatten nicht bloß das Ziel, zu plündern, sondern zu erobern.

Vor den Toren von Paris

Die meisten Wikingerangriffe trafen das Westfränkische Königreich Mitte des 9. Jahrhunderts, doch Überfälle entlang der Flüsse im Osten wurden bei den dänischen Abenteurern immer beliebter. Die Westfranken genossen eine kurze Atempause, bis die Wikinger 879 an die Seine zurückkehrten. Diesmal war ihr Ziel Paris, das Juwel der fränkischen Krone.

Gegenüber: Von der Seineinsel Vernon aus griffen die Wikinger 845 Paris an; daraufhin zahlte ihnen Karl der Kahle, der König der Westfranken, für den Abzug 7.000 Pfund Silber. Das Danegeld wirkte, hielt die Nordländer jedoch nicht von der Normandie fern.

D as Westfränkische Königreich von Karl dem Kahlen wurde durch die Wikinger fast zerstört, doch auch die Länder seiner Brüder weiter im Osten blieben nicht verschont. Das mittlere Reich von König Lothar (Reg. 840– 55) wurde durch den Rhein geteilt und im Osten floss die Elbe durch das Gebiet von Ludwig dem Deutschen (Reg. 843–76). Beide Flüsse dienten den Wikingern als Wasserwege für Angriffe. Während die Stadtbewohner an Seine und Loire ein kurzes Jahrzehnt des Friedens genossen, weil die Wikinger anderswo beschäftigt waren, litt der Rest des Karolingischen Reiches weiter.

845 führte ein großer Überfall unter König Horik von Dänemark zur Zerstörung Hamburgs. Sechs Jahre später kehrten die Dänen zurück und plünderten entlang der Elbe. 858 war die Weser dran; Bremen wurde erst ausgeraubt, dann in Brand gesteckt. Ein weiterer großer Angriff fand 862 statt, doch die starke Verteidigung des Grafen von Sachsen, des mächstigsten deutschen Kriegsherrn im Norden, ersparte den Ostfranken das Schlimmste.

Das mittlere Königreich blieb relativ unbeschadet, bis auf die friesische Küste, wo Lothar versäumt hatte, die Verteidigungsanlagen seines Vaters instand zu halten. Dorestad und die Region Batavia wurden geplündert, doch nach Lothars Tod, als das Reich von seinem Sohn Lothar II. (Reg. 855–69) regiert wurde, kam es noch schlimmer. 863 griff eine große Wikingerstreitmacht die alte Kaiserstadt Xanten am Rhein an. Sie erreichte Neuss, eine Tagesreise vor Köln, bevor sie durch Bestechung zum Umkehren gebracht wurde.

Solche Zahlungen hielten die Barbarei im mittleren Königreich in Grenzen. Der ältere Lothar übergab dem vertriebenen dänischen König Harald die Insel Walcheren in der Scheldemündung als Wohnsitz. Als Gegenleistung unterließ Harald weitere Überfälle auf das Land seines Wohltäters. Ein ähnliches Abkommen wurde 850 mit Haralds Neffen Roric geschlossen, dessen Angriffe auf Friesland mit der Schenkung von Dorestad mitsamt Hinterland belohnt wurden. Diese Übereinkunft trug viel zur Sicherheit des mittleren Reiches bei, doch den Westfranken nützte sie wenig.

Der Feind wird abgewehrt

Nach einem friedlichen Jahrzehnt kehrten die Wikinger 868 zurück. In der Zwischenzeit waren einige fränkische Städt besser befestigt worden und Orléans wehrte in diesem Jahr sogar einen Wikingerangriff ab. Auch an der oberen Loire und der oberen Seine wurde die Verteidigung verstärkt und so waren die Franken vorbereitet, als die Wikinger zurückkehrten. Doch dadurch wurde die Küstenregion vernachlässigt. Bordeaux und Nantes wurden Geisterstädte. 879 ruderten 40.000 Wikingerkrieger in 700 Schiffen die Somme und die Seine flussaufwärts und besetzten Flandern. 882 kam es zum Angriff auf Köln und Trier.

Drei Jahre später zogen die Wikinger nach Paris. Hier überspannten befestigte Brücken den Fluss und stoppten ihren Vormarsch. Ein erster Angriff an der nördlichen Stadtmauer wurde zurückgeschlagen. Die Angreifer entschlossen sich unüblicherweise zur Belagerung der Stadt. Im Frühjahr 883, als sich die Wikinger auf einen letzten Angriff vorbereiteten, traf Prinz Karl der Dicke aus dem Ostfränkischen Reich mit Verstärkung ein und vertrieb sie. Es war ein militärisches Patt. Während die Wikinger das Gebiet rund um die Stadt plünderten, verstärkten die Franken die Befestigungen. Als die Wikinger erkannten, dass sie die Initiative verloren hatten, zogen sie in Richtung Bretagne ab, wo sie 891 besiegt und vernichtet wurden. Obwohl die Überfälle weitergingen und es Wikingerenklaven an der Seine und in Friesland gab, hatten die Franken den Wikingersturm überstanden.

Beute aus der westlichen Welt

**Als die Wikinger zu ihren Angriffen die Nordsee über-
querten, trafen sie auf einige der reichsten Klöster des
keltischen Schottland und Irland sowie im sächsischen
England. Gold, Silber, Münzen und Schmuck fielen ihnen anheim und in dieser Beute befanden sich einige
der wunderbarsten Kunstwerke des Frühmittelalters.**

Bevor die Wikinger vor der Küste der
Britischen Inseln eintrafen, waren Kirchen und andere religiöse Orte zu Lagerhäusern des Reichtums geworden. Sowohl die
keltische als auch angelsächsische Kultur brachte wundervolle kunsthandwerkliche Objekte aus
Edelmetallen und anderen Materialien hervor
und die meisten davon waren durch den christlichen Glauben inspiriert. Man fand an solchen
Orten Holz- und Bronzeschreine für die Gebei-
ne von Heiligen, vergoldete Statuetten oder re-

ligiöse Figuren, illuminierte Manuskripte in
juwelenbesetzten Umschlägen sowie Bischofs-
stäbe, und all das wurde Beute der Seeräuber.

Aus Irland stammte besonders reiche Beute.
Auf der Insel hatte vor der Ankunft der Wikinger mehr als 300 Jahre lang Friede geherrscht.
Die keltische Kirche hatte von der Förderung
durch weltliche Herrscher gelebt sowie von der
Macht über immer mehr Land, Menschen und
Eigentum. Angesichts der wenigen Städte bildeten die keltischen Klöster die Eckpfeiler der
irischen Kultur und wurden daher zum Verwah-
rungsort für die Reichtümer des Landes.

Als die Wikinger 795 Irland erreichten, stellten sie fest, dass die Klöster wahre Fundgruben
waren, und machten sich daran, die Gemeinden
zu plündern. Die Beute wurde oft eingeschmolzen und dann in Langschiffen nach Skandinavien gebracht. Es ist ein Beweis für die

Effizienz der Wikinger, dass etwa die Hälfte aller erhaltenen keltisch-irischen Kunstgegenstände aus dem späten 8. und frühen 9. Jahrhundert heute in skandinavischen Museen zu finden ist. Die Beute blieb über 1000 Jahre in der Heimat der Wikinger, häufig als Grabbeigaben an Orten wie Oseberg und Birka.

Meister der Erpressung

Die Erpressung von Danegeld wurde im 9. und 10. Jahrhundert zur lukrativen Einkommensquelle. Die Einhebung eines Tributs war sehr praktisch, denn die Angreifer erkannten sehr wohl, dass eine geplünderte und ausgelöschte Stadt in Zukunft keine Einkünfte mehr bringen würde. Überraschenderweise wurden in Skandinavien nur wenige fränkische oder sächsische Münzen gefunden. Der Münzschatz von Hon, Norwegen, aus dem 9. Jahrhundert enthielt karolingische Silbermünzen und angelsächsischen Schmuck, doch das ist eine Seltenheit.

Allerdings wurden keltische, angelsächsische und fränkische Münzschätze der Wikinger in Großbritannien oder Irland sehr häufig gefunden. Die Schatzkiste von Cuerdale zum Beispiel wurde 903 von einem Wikingertrupp versteckt und enthielt über 7.000 Silbermünzen – darunter ein großer Anteil aus dem Karolingerreich. Auch ein anderer, am Ufer des Ribble in Lancashire, England, entdeckter Schatz enthielt viele Münzen. Das Ribble-Silber ist irischen Ursprungs und wurde wahrscheinlich am Flussufer vergraben, nachdem die Wikinger 902 aus Dublin vertrieben worden waren.

Es scheint, als ob jene Münzen (Gold und Silber), die nach Skandinavien gelangten, eingeschmolzen wurden, entweder für den Tauschhandel oder als Rohmaterial, aus dem die Wikinger ihre eigenen Kunstwerke formten. Für die Wikinger war der Tausch gegen Geld alltäglich, doch in Dänemark, Schweden oder Norwegen wurde nationale Münzprägung erst im 11. Jahrhundert eingeführt. Das bedeutete, dass Silber nur nach Reinheit und Gewicht bemessen wurde. Unter diesen Umständen war das Einschmelzen von Edelmetallen eine vernünftige Option für die Plünderer.

Die Beute umfasst nicht nur Gold, Silber oder religiöse Kunstobjekte. Ganze Dörfer oder Klostergemeinschaften wurden als Gefangene verschleppt, um entweder als Geiseln gegen Lösegeld getauscht oder als Sklaven in Skandinavien verkauft zu werden. Die Sklavenmärkte in den Handelsstädten der Wikingerwelt florierten, sogar in Russland und Deutschland. Gegen einen geringen Betrag wurden die armen Sklaven in Knechtschaft und harte Arbeit verkauft. Die Wikinger ruinierten fast das ökonomische und soziale Leben jener Gebiete, die sie plünderten, und löschten beinahe den christlichen Glauben aus, indem sie die religiösen Zentren systematisch zerstörten.

Gegenüber: Dieser in Schweden gefundene Münzschatz zeigt die Weitläufigkeit der Wikingerfahrten, da die Münzen vorwiegend byzantinisch und islamisch sind. Das wahrscheinlich am weitesten gereiste Objekt war eine kleine Buddhafigur auf einer Lotosblüte. Sie war im 6. Jahrhundert in Indien geschaffen worden und muss von Händler zu Händler entlang der Seidenstraße weitergereicht worden sein, bevor sie schließlich mehr als 8.000 km entfernt auf der schwedischen Insel Helgö landete.

Links: Dieser schwedische Münzschatz wurde von einem Bauern in einem Feld in der Nähe von Visby auf der Insel Gotland gefunden.

Von Räubern zu Herrschern

Nach dem Vertrag von Wedmore festigten die frisch getauften Dänen ihre Besitzungen in England. Was nun folgte, war die Schaffung eines anglodänischen Staates, der durch die zunehmend friedliche Koexistenz zweier früherer Feinde geformt wurde.

Oben: Begräbnisstätte der Wikinger in Lindholm Høje, Dänemark. Dort befinden sich 628 Gräber, von denen 200 mit in Form eines Schiffes ausgelegten Steinen markiert sind.

A lfred der Große, der König von Wessex, eroberte Ende des 9. Jahrhunderts einen großen Teil des Danelag zurück (*siehe Seite 66– 69*). Die Wikinger wurden langsam in ihre Hauptstadt York zurückgezwungen, die 959 an die Sachsen fiel. Während dies geschah, waren die Dänen damit beschäftigt, ein skandinavisches Reich aufzubauen, das nach dänischen Regeln organisiert und regiert wurde. Es galt in jeder Hinsicht als Ausdehnung des dänischen Kernlandes. Weil es der dänischen Krone beträchtliche Einkünfte einbrachte, interessierten sich die Könige aktiv für seine Verteidigung.

878 umfasste das Danelag etwa 65.000 km² mit einer Hand voll größerer Orte, wie York und Lincoln, und bevölkerungsreiche, fruchtbare Flusstäler, wie an Humber oder Trent. Wie viele Dänen in das Danelag auswanderten, ist unbekannt. Manche Gelehrte meinen, es waren wenige, weil die Dänen nur die herrschende Adelsschicht bildeten – nachdem sie die Angelsachsen vertrieben hatten – und den Rest der englischen Sozialordnung unangetastet ließen.

Andere sind der Ansicht, dass im 9. und 10. Jahrhundert eine Massenwanderung von Dänemark in das Danelag stattgefunden hat und dass sich diese Siedler in allen Schichten mit der sächsischen Bevölkerung vermischten. Dies scheint realistischer, weil es durch linguistische Hinweise gestützt wird. Die Dänen, die sich in Frankreich niederließen, übernahmen bald die französische Sprache, doch jene im Danelag behielten ihre Sprache bei. Hunderte Ortsnamen in diesem Teil Englands enden auf -by (z. B. Grimsby, Whitby, Kirby, Selby und Derby) und es gibt andere in der ganzen Region. Dänische Wörter hielten Einzug in die englische Sprache – *happy*, *wrong*, *scant*, *low*, *anger* und viele andere. Die Anhänger dieser Theorie argumentieren, dass eine aristokratische Elite niemals solchen Einfluss auf die Sprache gehabt haben könnte, doch es dauerte Jahrhunderte, bis sich der Einfluss von Nachbarn, Bauern und Händlern auf diese Weise in der Sachsensprache niederschlug.

Dänen und Sachsen vermischten sich und nahmen Elemente der jeweils anderen Kultur an, bis sie zu einem Ganzen verschmolzen. Natürlich wird es bei diesem Prozess Spannungen gegeben haben. In einem zeitgenössischen Text beklagten die sächsischen Chronisten, dass sich ihre dänischen Nachbarn die Haare wuschen und kämmten, um „die Keuschheit der englischen Frauen zu überwinden"!

Basis des englischen Rechts

Die Dänen brachten auch ihr eigenes Rechtssystem nach England, zu dem geschriebene Gesetze (eine Entwicklung der ungeschriebenen Gesetze aus Dänemark), ein Gerichtssystem und sogar Verfahrensregeln gehörten. Es legte das Prinzip der Verhandlung vor einer Jury fest, und ein Gesetzeswerk aus dem Danelag berichtet, dass eine Jury aus 12 Gefolgsadeligen (Thane) bestand, die einen Eid auf heilige Reliquien schworen, dass sie unvoreingenommen entscheiden würden. Es enthielt auch die Anweisung:

> „*Lass das Urteil darauf beruhen, worauf sich die Thane geeinigt haben. Wenn sie uneins sind, lasse das gelten, was acht von ihnen gesagt haben.*"

Dies waren die ersten Bestimmungen über Geschworenensysteme und Mehrheitsentscheidungen. Diese Prinzipien sind heute in den meisten modernen Rechtssystemen enthalten.

Die Angelsachsen eroberten das Danelag Mitte des 10. Jahrhunderts zurück, weil die Dänen zu sehr in ihre Streitigkeiten mit den Norwegern (und mit ihrem eigenen Reich in Dänemark) verwickelt waren, um Streitkräfte in England zu stationieren. Dies änderte sich gegen Ende des Jahrhundertes, als Æthelred der Unfertige (Reg. 978–1016) den englischen Thron bestieg. Eine neue Generation norwegischer Angreifer (deren berühmtester Olaf Trygg-

vasson war) traf mit einer neuen Einstellung der Dänen zusammen, und die mangelnde militärische Bereitschaft der Angelsachsen unter Æthelred war eine Einladung zu neuen Angriffen auf England. Æthelred reagierte nicht mit Krieg, sondern mit Besänftigung und kaufte sich von den Wikingern frei. Wie immer ermutigte sie das nur, in größerer Zahl zurückzukehren. Doch dieses Mal waren die Wikinger nicht Seeräuber. Sie waren dänische Könige, die dazu ansetzten, ganz England zu erobern.

Unten: Der Gefesselte Teufel am Kreuz in Kirkby Stephen, Cumbria, im Nordwesten Englands ist in Wahrheit Loki, der nach Baldurs Tod mit den Eingeweiden seines Sohnes gefesselt wird. Loki verkörperte Betrug und Täuschung.

KAPITEL 5

Wikingerkunst und Literatur

Links: Detail aus einer Schnitzerei an einem der im Schiffsgrab bei Oseberg gefundenen Schlitten. Skandinavische Kunstobjekte aus dem 5. bis 7. Jahrhundert – also vor der eigentlichen Wikingerzeit – wurden in mehreren Grabstätten in Schweden und auf der Insel Gotland gefunden. Die früheste Form echter, von Historikern anerkannter Wikingerkunst ist nach dem fantastischen Schiffsgrab von Oseberg am Oslofjord, Norwegen, benannt. Es wurde auf 834 datiert. In dem Schiff wurden viele komplizierte Schnitzarbeiten, wie dieser Schlitten gefunden.

D ie Wikinger wurden lange Zeit als primitive Barbaren dargestellt: Heiden, die an Kunst, Kultur oder geschriebenem Wort kein Interesse hatten, sondern nur an Vergewaltigung und Plünderung. Dies wird den frühmittelalterlichen Skandinaviern nicht gerecht. Obwohl sie die lateinische Schrift des christlichen Europa erst gegen Ende der Wikingerzeit vollständig übernahmen, hatten sie ihre eigene Form einer groben, aber effektiven Schrift.

Die überlieferten Wikingersagas (Sagen) sind die geschriebene Version traditioneller mündlicher Geschichten. Sie berichteten über die mythologischen Wurzeln der Wikinger, die historische Abstammung ihrer Ahnen und die Taten dieser Zeit. Diese Sagas, von denen die meisten im 13. Jahrhundert schriftlich niedergelegt wurden, geben uns einen unbezahlbaren Einblick in die kulturelle, politische und ökonomische Entwicklung Skandinaviens in der Wikingerzeit. Sie helfen uns bei der Interpretation archäologischer Funde, indem sie einen Bezug zwischen diesen Artefakten und der Religion, den Menschen oder den Ereignissen der Wikingerära herstellen.

Darüber hinaus versetzen uns die Sagas in die Lage, zu verstehen, was die Wikinger dazu veranlasste, die Küsten Europas zu plündern, Handelsreisen tief in die russische Wildnis zu unternehmen oder über unbekannte Ozeane zu neuen Ländern zu segeln. Die Wikingersagas sind Fenster zur Vergangenheit und für die mittelalterliche Geschichte einzigartig.

Neben dem geschriebenen Vermächtnis hinterließen die Wikinger ein künstlerisches Erbe in Form von reich dekorierten Gebrauchsgegenständen, Kleidungszubehör und Waffen. Die Phasen der skandinavischen Kunst in der Wikingerzeit können anhand der unschätzbaren Objekte identifiziert werden, die die Wikinger mit ihren Toten begruben oder an geheimen Orten versteckten. Auf diese Weise ist uns vieles bis heute erhalten geblieben.

Die Runenmeister

Die Wikinger hinterließen kaum schriftliche Aufzeichnungen, abgesehen von der Skaldendichtung des 13. Jahrhunderts, die aber nach den Wikingern datiert. Dafür versahen sie Waffen, Schmuck und Gedenksteine mit ihren Runen, den geheimnisvollen stäbchenähnlichen Zeichen, die als ihr schriftliches Alphabet fungierten.

Unten: Die dänischen Runen sind wegen der ersten sechs Zeichen als *Futhark* bekannt. Mit jedem Zeichen war ein Wort verbunden. Diese differierten jedoch regional und veränderten sich im Lauf der Zeit. Neue Zeichen wurden hinzugefügt, als sich die Wikingersprache weiterentwickelte. Runen wurden zu Worten gruppiert, doch jede Rune hatte auch selbst eine bestimmte Bedeutung (siehe unten) – eine Frühform der Kurzschrift.

Einer Wikingerlegende zufolge gab Odin, das Oberhaupt der alten Götter Skandinaviens, den Menschen das Runenalphabet als Geschenk. Er war zugleich Gott der Dichtkunst, des Wissens und der Geheimnisse, und seine eigene Kenntnis der Runen soll von einem noch höheren Wesen stammen. Auf seiner Suche nach Wissen hing Odin neun Tage und neun Nächte in dem vom Wind zerzausten Lebensbaum. In dieser Zeit eignete er sich das Wissen um die Runen an, das er später an die Sterblichen, die er lenkte, weitergab. So weit die Legende. Die wahren Ursprünge des Runenalphabets sind etwas komplizierter.

Runen wurden bereits den Griechen und Etruskern in der Bronzezeit zugeschrieben, obwohl es keine Hinweise darauf gibt, dass die Entwicklung eines Alphabets in Südeuropa an die bronzezeitlichen Einwohner Skandinaviens weitergegeben wurde. Runenfunde in den italienischen Dolomiten aus dem 1. Jahrhundert v. Chr. legen nahe, dass es keltische Vorfahren für das Runensystem der Wikinger gegeben hat.

Man vermutet, dass germanische Wanderstämme das Alphabet in den folgenden vier Jahrhunderten nach Skandinavien brachten.

In dieser Zeit dürften ähnliche Runenschriften auch in anderen heidnischen germanischen Regionen verwendet worden sein. Im 9. Jahrhundert war die Runenschrift jedenfalls als Form der Kommunikation in der Wikingerwelt etabliert und unterschied sich von anderen Runen in germanischen Gebieten, einschließlich des angelsächsischen England oder Frieslands, wo man ebenfalls frühe Runeninschriften fand.

Rudimentäres Alphabet

Das Basisalphabet aus 16 Runen ist nach seinen ersten sechs Zeichen als *Futhark* bekannt. Ein einzelner Buchstabe heißt *Rune*. Jede Rune hatte sowohl eine Bedeutung als Buchstabe als auch einen ganz spezifischen Inhalt. Diese Inhalte dürften sich regional und zeitlich unterschieden haben und es gibt tatsächlich Hinweise, dass die Bedeutung der Runenschriften bis zu einem gewissen Grad variierte.

In der verbreitetsten Form (bekannt als das dänische *Futhark*) scheint die doppelte Bedeutung der Symbole allgemein verständlich gewesen zu sein. Zum Beispiel kann die erste der 16 Runen als Buchstabe F mit anderen Zeichen zu einem Wort kombiniert werden, doch sie kann auch alleine stehen, wenn sie etwa das Wort „Vieh" darstellen soll.

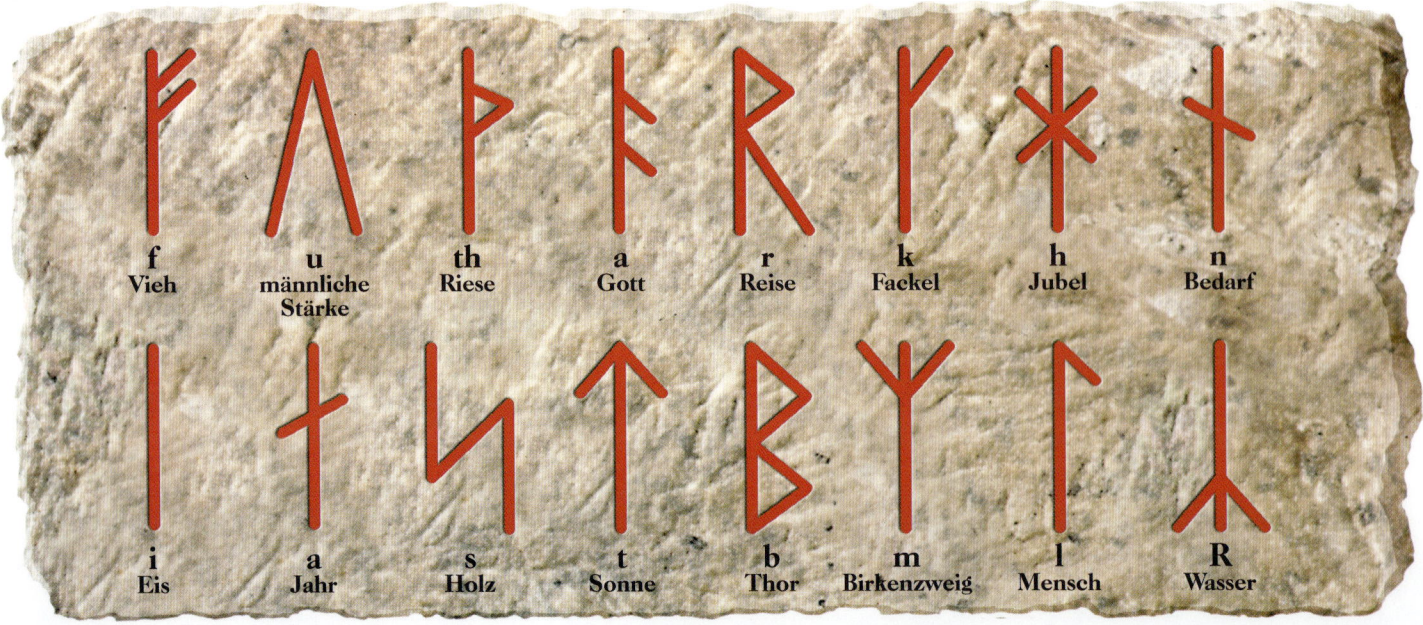

f	u	th	a	r	k	h	n
Vieh	männliche Stärke	Riese	Gott	Reise	Fackel	Jubel	Bedarf

i	a	s	t	b	m	l	R
Eis	Jahr	Holz	Sonne	Thor	Birkenzweig	Mensch	Wasser

Die „Stutzrunen" des norwegisch-schwedischen Runenalphabets unterschieden sich leicht von der allgemeinen Form. Anscheinend wurden mit der Entwicklung der Wikingersprache neue Symbole für Buchstaben eingeführt, die bei den ursprünglichen Runen fehlten. Zuvor hatten Runenschreiber (oder Runenmeister) eines der älteren Zeichen durch ein neues ersetzt, wodurch einige Runen äußerst schwer zu entziffern sind. Desgleichen wurde der Buchstabe *n* vor einem Konsonanten ausgelassen, was das Lesen der Inschriften noch schwieriger macht – außer der Leser ist ein ausgebildeter Runenmeister. Wenn die Runen nicht in Holz, sondern in andere Oberflächen eingeritzt wurden, waren die Beschränkungen durch die Holzmaserung kein Thema mehr, und man konnte Kurven ziehen, um das Schreiben zu beschleunigen. Daher haben Inschriften auf Knochen, Stein oder Metall oft abgerundete Linien.

Es war ein einfaches Alphabet, das sich eher für das Schnitzen in Holz oder Stein eignete als für das Schreiben. Sogar die Winkel der Linien waren so gestaltet, dass sie durch die Maserung nicht verdeckt würden und nur schwer zu lesen gewesen wären. Obwohl der Schreibstil umständlich war, insbesondere für längere Botschaften, konnte man dafür überall schreiben: auf Steine, Bäume oder Gebäude. Einige Runeninschriften sehen aus wie Graffiti, wie etwa im Maeshowe-Grabmal auf den Orkney-

inseln, wo ein Wikingerabenteurer die Schönheit seiner Freundin Ingjeborg preist. Obwohl nur wenige Holzgegenstände mit eingeritzten Runen erhalten sind, gibt es eine Fülle von Runeninschriften auf Grabstätten und Gedenksteinen, die uns einen Einblick in die verlorene Sprache der Wikinger geben. Aus diesem Grund ist es den Forschern gelungen, die meisten Geheimnisse der Runen zu entschlüsseln.

Oben: Das „Graffito" in Maeshowe. Nicht alle Runeninschriften der Wikinger rühmen Kriegertugenden. Diese Steininschrift auf Mainland, Orkney-inseln, liest sich eher wie ein Liebesbrief.

Links: Zentraler Ausschnitt aus einem Runenstein aus Mariefred, Schweden, aus dem 11. Jahrhundert. Die Runen in der Schlange preisen einen schwedischen Wikinger, der auf der Suche nach Ruhm fern der Heimat starb.

Steinskulpturen der Wikinger

Jahrhundertelang hatten die Gotländer behauene Stein-monumente produziert, die die Taten ihrer Vorfahren dokumentierten. Anderswo in Skandinavien waren sol-che Steine bis zur Ankunft des Christentums unbekannt. Ab dem 11. Jahrhundert wurden Steinskulpturen und Runeninschriften zum herausragendsten künstlerischen und schriftlichen Vermächtnis der Wikingerzeit.

A uf der Insel Gotland wurden Gedenk-steine mit Szenen aus der skandinavi-schen Mythologie verziert, mit den epischen Legenden von Göttern und Sterblichen, die sich

später zur vorchristlichen Religion der Wikin-ger entwickelten. Dass sie auch die Taten ihrer Vorfahren darstellten, liefert uns einen der selte-nen Hinweise auf das Leben in Skandinavien zwischen dem 5. Jahrhundert und dem Ende der Wikingerzeit. Über 400 solcher Steine liegen über die Insel verstreut; davon sind 30 groß, kunstvoll bearbeitet und schön dekoriert – ein Reichtum an Informationen für Gelehrte.

Auf dem Ardre-Stein vom Beginn der Wi-kingerzeit sehen wir zum Beispiel einen ge-knüpften Ring aus „Greifbestien", der Szenen von der Ankunft eines Wikingerkriegers auf Odins Ross in Walhalla umgibt. Darunter stellte der Künstler Szenen aus der skandinavischen Sagenwelt dar, etwa Sigurd in der Werkstätte des Schmieds, zusammen mit seinem Schutz-herrn Thor, dem Kriegsgott, der nach der Welt-schlange fischt. Natürlich trägt der Stein auch eine klar erkennbare Darstellung eines Wikin-gerschiffes voller Krieger, die zur Zeit des Kün-stlers eben begannen, die Schatzkammern des Christentums zu plündern.

Mit dem christlichen Einfluss in Skandina-vien verbreitete sich auch die gotländische Tra-dition, Gedenksteine zu errichten, auf dem Festland. Sie waren häufig mit Runen bedeckt, mittels derer moderne Gelehrte bestimmen, wer den Stein aufstellen ließ und warum. Außerdem waren die meisten im Kunststil ihrer Zeit gestal-tet, vor allem in den späten Ringerike- und Ur-nesstilen *(siehe Seite 98–99)*. Wie bei einem Großteil der Wikingerkunst wurde auf be-stimmte Konventionen geachtet, wie die Einbe-ziehung von mythologischen oder fantastischen Tieren, die auf typisch skandinavische Weise zu Bändern verlängert und zu dekorativen Mus-tern verschlungen wurden.

Einer der am besten erhaltenen Gedenksteine ist jener aus Jelling, mit dem der Eltern von König Harald Blauzahn *(siehe Abbildung Seite 39)* von Dänemark gedacht wird. Der dreiseiti-ge Stein wurde ihnen von ihrem Sohn gewidmet und ist sowohl ein Symbol des neuen christli-chen Glaubens in Dänemark als auch eine Ver-körperung der Kunst der späten Wikingerzeit. Auf ihm ist ein großes Tier dargestellt, das mit einer großen, im zeitgenössischen Urnesstil gefertigten Schlange kämpft, sowie eine Kreuzigung. Eine Runeninschrift an den Rändern des Monolithen beschreibt detailliert die Eltern des frisch konvertierten christlichen Monarchen.

Signale der neuen Religion

Ähnliche Steine tauchten bald überall auf und mit ihnen kann man die Ausbreitung des Christentums in Skandinavien verfolgen. Besonders feine Exemplare wurden in Skårby in Südschweden, Ringerike in Südnorwegen und Lingsberg in Mittelschweden gefunden. Der Alstad-Stein aus Ringerike war mit Szenen aus der vorchristlichen Sigurdlegende geschmückt und namensgebend für den Ringerikestil. Missionare versuchten oft, die vorhandenen Mythen zum besseren Verständnis der christlichen Botschaft zu nutzen; die großen Steine könnten ein Mittel der Interpretation gewesen sein, das die Heiden verstehen konnten.

Christliche Symbole wurden auf Gedenksteinen immer verbreiteter, ebenso

Runeninschriften. In manchen Fällen erzählen sie von den Wikingern selbst, wie der Stein in Lingsberg, der berichtet, dass der Wikinger Ulfrik (dessen hier gedacht wird) „zwei Goldzahlungen in England nahm". Obwohl tausende dieser Runensteine aus der späten Wikingerzeit in ganz Skandinavien existieren, findet man sie am häufigsten in Mittelschweden. Sie tauchten auch in Kolonien auf.

Einige Sprüche sind denkbar prosaisch. Ein Exemplar aus Lincoln, England, berichtet: „Thorfast machte einen guten Kamm." Der St.-Pauls-Stein in London verkündet: „Ginni und Toki ließen diesen Stein aufstellen." Andere, für Historiker brauchbarere Steine erzählen von den Taten jener Wikinger, die Länder in Übersee eroberten oder in Russland und im Frankenreich Handel trieben.

Gegenüber: Der verzierte Gedenkstein aus Funbo, Schweden, stammt aus dem 9. Jahrhundert. Er zeigt Runen im Körper einer schlangenartigen Bestie, ähnlich der auf Seite 83 abgebildeten Schlange.

Unten: Detail des Sanda-Gedenksteins aus Mittelschweden aus dem 10. Jahrhundert. Man sieht eine Auswahl an Wikingern, mythischen Tieren inklusive „Greifmonstern" und skandinavischen Gottheiten; darüber verläuft eine Runeninschrift.

Skaldendichtung

Runeninschriften bezeugen, dass die Wikinger Werte wie Verwandtschaft, Heldentum, Ehre, Ehrlichkeit und Tugendhaftigkeit schätzten. Skaldische Verse – die Form der Dichtkunst in Runeninschriften und in den späteren isländischen Sagas – verehrten dieselben Ideale.

Gegenüber: Dieser behauene Grabstein aus Gotland aus dem 8. Jahrhundert weist jene Form der poetischen Darstellungen auf, von denen die Skaldendichtung inspiriert wurde. Viele Steine zierten ähnliche Abbildungen (man vergleiche das auf Seite 35 abgebildete Fragment). Ganz oben sieht man Odin, der auf seinem achtbeinigen Ross Sleipnir auf Walküren zureitet, die ihn in Walhalla begrüßen. Der Mittelstreifen enthält ein Langschiff und Krieger, und ganz unten erkennt man Loki und seine Frau Sign sowie Thor und Hymir die nach der Midgardschlange fischen.

D ie Grundform der Skaldendichtung auf Runensteinen beruhte auf einfachen Stabreimen. Der Begriff selbst kommt vom isländischen Wort *Skald*, das Dichter bedeutet. Von den Grenzen der Steinbearbeitung befreit entwickelte die Dichtkunst in Island komplexere Formen. Die gesammelten Prosaerzählungen und Gedichte werden Sagas genannt.

Diese kunstvolle Wikingerdichtung aus dem 13. Jahrhundert ist die geschriebene Version der zuvor ungeschriebenen Dichtung der Wikingerzeit. Wandersänger unterhielten im Winter mit heroischen Gedichten über Legenden, Historie, große Taten, Männer, Tugenden und Kämpfe. (Für die Angelsachsen war ein *Skald* ein skandinavischer Hofsänger.) Die Skaldendichtung gibt einen seltenen Einblick in Kultur und Gesellschaft der Wikinger sowie in ihre Ethik.

Die Skaldengedichte variieren in der Länge von Einzeilern (kurz genug für einen Runenstein) bis zu längeren Lobreden, die vermutlich verfasst wurden, um dem Adeligen, der den Sänger anheuerte, zu gefallen. Die meisten Skalden waren gebildete Isländer, die die Welt der Wikinger bereisten, um an den Höfen zu unterrichten und zu singen. Andere gehörten zum Haushalt von Königen, Prinzen oder Jarls, wo sie deren Taten für die Nachwelt aufzeichneten und sie an Winterabenden rezitierten.

Manche Vorträge waren extrem lang, etwa die *Drápa*: Gedichte mit einem Chor oder Refrain, die den höchsten königlichen Schirmherren vorbehalten waren. Kürzere Skaldengedichte, die *Flokkr*, berichteten über die Taten weniger edler Klienten oder über die Ereignisse bei einem bestimmten Feldzug oder Überfall. Mit anderen Gedichten wurden bestimmte Gönner geehrt oder nach ihrem Tod besungen.

Natürlich mussten die Skaldengedichte ihrem Auftraggeber gefallen, weshalb sie für nicht sehr exakt gehalten werden. Sie liefern jedoch eine Zusammenfassung der Ereignisse dieses Zeitalters und der Tugenden, die die Wikinger für am wertvollsten hielten.

Komplexe Versformen

Die Skaldendichtung verwendet eine festgesetzte Bildersprache (genannt *Kennings*), die als eine Art Kurzschrift fungiert. Der *Baum der Walküre* war zum Beispiel ein Krieger, der im Kampf standhielt wie ein Baum. Die Zuhörer, die mit Alliteration und *Kenneling* in den Gedichten vertraut waren, hatten keine Probleme, die Verworrenheiten in dieser Poesie zu enträtseln.

Skalden hatten noch andere Konventionen. Jedes Gedicht folgte einem bestimmten Muster oder *Dróttkvæt*. Jede Strophe bestand aus acht Zeilen und jede Zeile aus sechs Silben. Davon waren drei lang und drei kurz, doch die Reihenfolge ihres Auftretens konnte von Zeile zu Zeile variieren. In jeder geraden Zeile mussten sich zwei lange Silben reimen und in jeder ungeraden Zeile mussten sich zwei teilweise reimen, indem sie auf dem gleichen Konsonanten endeten, aber unterschiedliche Vokale enthielten. In einer geraden Zeile mussten zwei lange Silben mit demselben Laut beginnen, der mit der ersten langen oder kurzen Silbe der folgenden Zeile einen Stabreim bilden musste.

Klarerweise war die Komposition eines Skaldengedichts eine komplizierte Aufgabe und begabte Dichter wurden hoch geschätzt und gut entlohnt. Das *Dróttkvæt*-System machte zwar das Dichten schwierig – vor allem wenn das Gedicht länger als ein paar Strophen war. Doch zugleich konnten sich die Sänger dadurch die Worte dieser ungeschriebenen Meisterwerke leichter merken. Ebenso wie die einzelnen Gedichte, so mussten sich auch die *Flokkr* oder die noch längeren *Drápa* an eine bestimmte Abfolge halten, die aus Einleitung, Mittelteil und Schluss bestand. Zu den längsten gehörte auch ein Chor oder Refrain, der Gruppen von Strophen voneinander trennte – wie die Kapitel eines Buches. Die Skaldendichtung zeigt, dass der Adel in der Wikingerwelt komplizierte und kultivierte Unterhaltung schätzte. Sie enthüllt eine neue Facette eines komplexen und dynamischen Volkes, die sonst verloren gegangen wäre.

Die isländischen Sagas

Als die Skandinavier daran gingen, das zuvor ungeschriebene Vermächtnis ihrer Wikingerahnen aufzuzeichnen, schufen sie eine Vision von einem Heldenzeitalter. Wenn uns die Wikinger heute etwas überlebensgroß erscheinen, liegt das vor allem an der Art, wie sie sich selbst und wie ihre Nachkommen ihre Leistungen darstellten.

Gegenüber: Sumburugh Head an der Südspitze der Shetlandinseln, in der Nähe der Wikingersiedlung Jarlshof. Die isländischen Sagas helfen uns zu verstehen, welche historischen Ereignisse an für die Wikingerzeit so wichtigen Orten wie den Shetlandinseln stattfanden.

D ie Skaldendichtung war fast ausschließlich ein isländisches Phänomen. Als diese Gedichte und Erzählungen im 12. und 13. Jahrhundert schriftlich niedergelegt wurden, bezogen sich die isländischen Chronisten bloß auf ihre eigenen kulturellen Wurzeln und zeichneten die Geschichten auf, die seit Generationen

bis zu ihnen weitergegeben wurden. Daher stammt der Großteil der epischen skandinavischen Prosa und Dichtung aus Island, obwohl es andere skandinavische Exemplare gibt (aus Norwegen und Dänemark).

Unsere Kenntnis der Wikinger beziehen wir aus zwei Quellen: den Kommentaren jener Völker, die den Wikingern bei Überfällen oder Eroberungen begegneten, und den Sagas. Als die Sagas verfasst wurden, waren die Wikinger bereits Geschichte. Skandinavien war kaum mehr als eine entlegene Region Europas, dessen wahres politisches und kulturelles Zentrum im Süden lag. Daher waren die Wikinger bereits Sagenfiguren, Symbole eines vergangenen Zeit-

Rechts: Regin der Schmied schmiedet Sigurds geborstenes Schwert neu. Detail aus einer Schnitzerei in der Stabkirche in Hylestad, Norwegen.

alters von Helden, mächtigen Schlachten und großen Taten. Mittelalterliche Chronisten nahmen die skaldische Prosa für bare Münze, ohne ihre historische Authentizität zu hinterfragen. Durch diese Leichtgläubigkeit ist unser Eindruck von den Wikingern nun direkt von den Saga- und Skaldenschreibern gefärbt.

Daher ist es fast unmöglich, Fakten und Fiktion in den isländischen Sagas zu trennen. Historische Abhandlungen, die nur darauf basieren, müssen notwendig verzerrt sein. Es bleibt auch unklar, wo die von den alten Skalden tradierten Wörter enden und die rekonstruierten Teile beginnen, mit denen spätere isländische Chronisten Lücken füllen wollten. Trotz dieser Einschränkungen liefern die Sagas den modernen Gelehrten die beste Einsicht in die Wikinger und ihre Zeit.

Es gibt verschiedene Arten von Sagas, doch die Skaldendichtung ist, obwohl verwandt, eine eigenständige Form. Vermutlich wurden viele Skaldengedichte von Sagaschreibern wortgetreu niedergeschrieben, weil sie für spätere Generationen zu kompliziert waren, um verstanden und wiedergegeben zu werden. Verzerrungen verursachten nur die Skalden mit übertriebenen Darstellungen ihrer Herren. Leider enthalten die meisten dieser komplexen, eleganten Gedichte wenig von historischem Wert. Detailliertere Informationen müssen wir aus den epischen Erzählungen der isländischen Sagas beziehen.

Fenster zur Wikingerkultur

Die *Konungasögur* (Königsagas) wurden erstmals in Island Mitte des 12. Jahrhunderts niedergeschrieben. Sie behandeln die skandinavische Geschichte und beschreiben das Schicksal von Königtümern und Reichen, vor allem von Dänemark, Schweden und Norwegen. *Heimskringla*, *Gesta Danorum* und *Orkneyinga Saga* sind die wichtigsten Beispiele für diese Form. Ein anderes Beispiel, die *König Harald Saga* von Snorri Sturluson, war ein Zusatz zu den Sagas der dänischen Könige und liefert uns ausgezeichnete Einblicke in Politik und Kriegsführung der Wikinger im späten 11. Jahrhundert.

Die *Islendingasögur* (Familiensagas) wurden im 13. Jahrhundert geschrieben und handeln von den Fehden isländischer Siedler sowie den Taten von Entdeckern, Abenteurern oder Räubern. Die wichtigsten Vertreter dieser Art sind die *Saga von Halldor Sorrason* und *Njals Saga*.

Oft sehr detailliert beschreiben sie Leben, Liebe und Leiden in der Wikingergesellschaft.

Die dritte Gruppe bilden die *Fornaldarsögur* (Mythologische oder Heldensagas), die die skandinavische Mythologie beschreiben, und die Edda-Dichtung, die in Konkurrenz zur Skaldendichtung (*siehe Seite 36*) entstanden ist. Sie wurden im 14. Jahrhundert geschrieben und liefern uns detaillierte Beschreibungen der Wikingergötter, wie Odin, Thor, Freyr und Freyja. Diese Sagas sind für Historiker am wenigsten interessant, aber heute am weitesten bekannt.

Die Königssagas

Unter den mittelalterlichen Texten Skandinaviens gibt es zwei große Werke, aus denen wir das meiste Wissen beziehen, das wir über jene Männer haben, die Skandinavien und mehr beherrschten. Sie verfolgen die Spuren von Königen, Prinzen und Dynastien und geben Einblick in den politischen und militärischen Rahmen.

D ie *Heimskringla* (Königschronik) wurde vom isländischen Chronisten Snorri Sturluson um 1230 in Altnordisch verfasst. Die *Gesta Danorum* (Feste der Dänen) schrieb der dänische Geistliche Saxo Grammaticus um 1300 in Latein. Beide basieren auf älteren Darstellungen in Prosa und Poesie, die von früheren Chronisten aufgezeichnet worden waren. Beide wurden in unterschiedlichem Stil und aus sehr unterschiedlichen Gründen verfasst.

Snorri Sturlusons Meisterwerk weist den knappen Stil der zeitgenössischen isländischen Literatur auf. Seine erzählerischen Fähigkeiten reflektieren zum Teil die älteren Skalden- und Edda-Überlieferungen, in denen die Ereignisse realistisch, aber ausgeschmückt geschildert wurden, um die Spannung der Zuhörer (später Leser) aufrechtzuerhalten. Der Isländer ist der bekanntere der beiden Schreiber, weil sein Stil dem modernen Geschmack besser entspricht.

Im Gegensatz dazu hält sich Saxos Text stark an lateinische Vorbilder, in denen Rhetorik, römische Moral und militärische Werte das skandinavische Thema überlagerten. Mit anderen Worten, *Gesta Danorum* wurde nicht für ein skandinavisches, sondern ein lateinisches Publikum geschrieben und war für die Ausbildung politischer Ambitionen gedacht. Die Ahnen der dänischen Herrscher sind als Männer von heldenhaftem Format nach römischem Vorbild dargestellt, um deren Ansehen in Europa zu heben. Man sollte *Gesta Danorum* als Historie sehen, die der Zeit, in der sie verfasst wurde, angepasst ist. Sie dürfte aber ihr Wikingerthema relativ genau betrachten, wenn man die Einschränkungen von Saxos Stil und seine Motive in Betracht zieht. Leider ging das Originalmaterial, auf das sich Saxo bezog, verloren, sodass wir heute seine Version mit den älteren Skaldengedichten nicht mehr vergleichen können.

Rechts: Die Wikinger waren große Erzähler, und die Lebensgeschichte der authentischen Person Olaf Tryggvasson (auch Sankt Olaf) erlaubte lebhafte Ausschmückungen. Im Flateyjarbok, die isländische Sammlung von Sagen aus dem 14. Jahrhundert, ist Tryggvassons Tod in der Schlacht von Stklestad abgebildet (links), und rechts sehen wir zwei seiner legendären Heldentaten.

Geschichten von Königen

Olaf Tryggvasson, der norwegische König aus dem späten 10. Jahrhundert, ist ein gutes Beispiel für Sturlusons Heldenporträts in der *Heimskringla*. Sein Image als „meistgefürchteter Wikinger" seiner Zeit ist zum Großteil dem isländischen Verfasser zuzuschreiben. Es ist schwierig, zwischen prächtigen Ausschmückungen und Fakten zu unterscheiden. Zum Beispiel wurde Olafs königlicher Vater getötet, als Olaf ein Kleinkind war; das Kind und seine Mutter flohen aus Norwegen, wurden jedoch von Piraten gefangen. Das Kind wurde in die Sklaverei

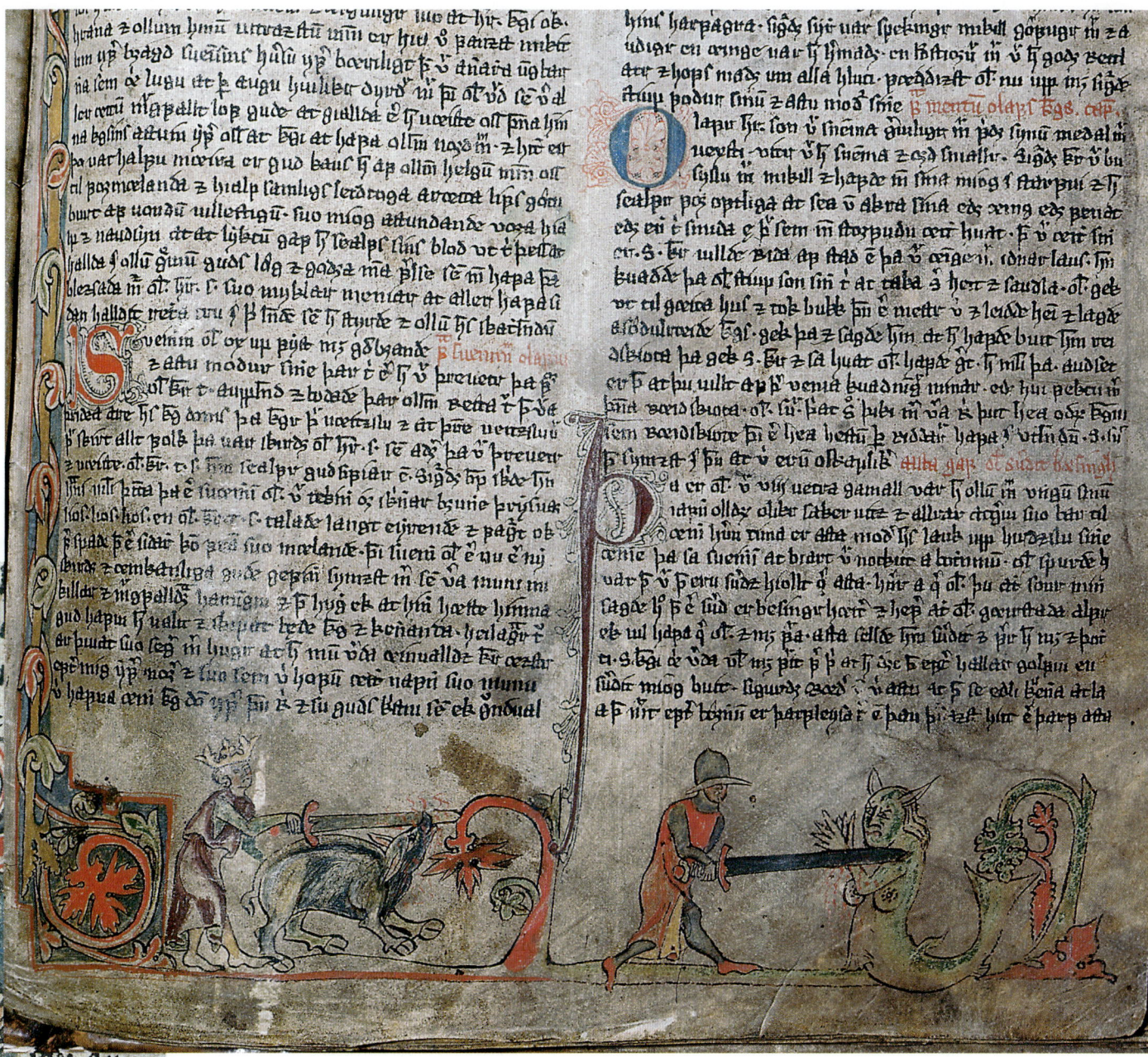

verkauft, konnte jedoch den Piraten töten und wurde von einem König der Rus adoptiert. Als Erwachsener versammelte der junge Held seine Anhänger, verbündete sich mit den Dänen und führte sie zu einem Feldzug nach England.

Während des Kampfes traf Olaf einen Einsiedler, der ihm weissagte, dass seine Anhänger rebellieren würden. Der vorgewarnte Olaf konnte die Revolte niederschlagen und nahm dafür den christlichen Glauben des Eremiten an. Dann holte sich Olaf die Krone von den Usurpatoren, die seinen Vater getötet hatten, und zwang seine Untertanen zu konvertieren. Fünf Jahre später wurde der König durch den Verrat seiner Frau von einer schwedischen Übermacht auf See angegriffen. Als er das Ende kommen sah, sprang er über Bord und ertrank.

Diese Erzählung enthält Elemente, die durch andere Quellen bestätigt werden können, doch klarerweise sind die Berichte von seiner Konvertierung, den Großtaten in seiner Kindheit und der letzten großen Schlacht ausgeschmückt worden, um die Geschichte spannender zu machen. Fakten und Fiktion zu trennen ist so gut wie unmöglich, und die Gelehrten haben nur Snorris Bericht über König Olaf, sonst nichts. Alles, was wir tun können, ist, die Geschichten von Saxo und Snorri mit einer gewissen Skepsis zu betrachten, während wir die mythischen, romantischen und heroischen Handlungsfäden, die die Sagaschreiber eingearbeitet haben, genießen. Schließlich ist das die Art, wie die Wikinger eine Geschichte erzählen; wie könnte ihre Geschichte besser erzählt werden?

Wikingerkunst und Verzierung

Die Vitalität, die die Wikinger bei ihren Überfällen, Eroberungen und Entdeckungen an den Tag legten, zeigt sich auch in ihrer Kunst. Ihre Werke sind meist durch sorgfältig entworfene Verzierungen gekennzeichnet, was auf uralte skandinavische Traditionen zurückgeht.

Rechts: Dieser Anhänger (oder Amulett) zeigt einen Mann, der einen gehörnten Helm trägt und ein Schwert sowie zwei Speere hält, vermutlich ein Priester des Odinkultes. Er stammt aus dem 9. Jahrhundert und wurde im Grab einer Frau in Uppland, Schweden, gefunden.

Unten: Ein Paar dänischer Goldfibeln mit eleganter Filigranarbeit aus dem 10. Jahrhundert

Die komplexe Ornamentik der skandinavischen Kunst kann bis ins 5. Jahrhundert zurückverfolgt werden, lange vor der Wikingerzeit. Gleichzeitig wurden Einflüsse eroberter Völker absorbiert. Die energische Wikingerkunst verschmolz Überliefertes und Neues zu einem dynamischen, eigenständigen Stil – Symbol einer unruhigen Zeit. Die künstlerische Entwicklung ging bis zur Ankunft des Christentums weiter. Nach dem kurzen Aufblühen heidnischer Kultur verschwand die skandinavische Kunst als einzigartiger Stil. Christliche Künstler zogen es vor, den neuen romanischen Stil zu kopieren, der zum einigenden kulturellen Symbol des christlichen Europa geworden war.

Wikingerkunst ist keine „feine Kunst" von hoch entwickelter visueller Darstellung. Wie ihre physischen und zeitlichen Nachbarn, die Kelten, malten die Wikinger kaum. Ihre Kunst ist fast ausschließlich angewandte Kunst – Verzierungen und Schnitzereien auf Alltagsgegenständen wie Waffen, Werkzeugen oder sogar Langschiffen. Metallbearbeiter, Juweliere und Zimmerleute dekorierten Gebrauchsobjekte so dynamisch, dass sie uns in ihrer funktionalen Schönheit heute noch in Erstaunen versetzen. Die Wikinger liebten Ausschmückungen, die Würde und Farbe in ihr Leben brachten.

Es gibt nicht allzu viele erhaltene Exemplare der Wikingerkunst. Wir müssen uns mit einer kleinen Zahl Gräber und Zufallsfunde begnü-

gen. Informationen über Stoffe und Kleidung sind noch seltener, da diese ebenso wie viele Holzgegenstände zerfallen sind. Bestimmte zentrale Funde, wie die gut erhaltene und umfassende Kollektion künstlerischen Materials aus dem Schiffsgrab von Oseberg, legen nahe, dass die Wikingerkunst viel reichhaltiger war, als andere Spuren vermuten lassen. Der Osebergteppich zum Beispiel ist ein nahezu einzigartiges Exemplar textiler Dekoration in der Wikingerwelt.

Das „Greiftier"-Motiv

Das Christentum wurde ein weiterer einschränkender Faktor. Die christlichen Begräbnispraktiken veränderten die Wikingertradition der Grabbeigaben radikal. Die meisten skandinavischen Artefakte aus dem 9. und 10. Jahrhundert stammen aus vorchristlichen Gräbern. Wie das Osebergschiff gehörten die meisten Grabstätten Adeligen, und ihr Reichtum deutet darauf hin, dass Kunst in der Wikingerkultur eine wichtige Rolle spielte. Ihre Künstler schufen Meisterwerke – ein Vermächtnis aus dekorierten Schiffen, Pferdegeschirren, Waffen, Betten, Wagen und Schmuck.

Mit der Verdrängung des Heidentums durch das Christentum in der späten Wikingerzeit wird unser Wissen über Bestattungen immer spärlicher. Die in ganz Skandinavien vergrabenen Schätze geben wenig Hinweise, da sie im Allgemeinen von Kelten und Franken gestohlen waren. Zum Glück gibt es künstlerische Erzeugnisse in den Märkten und Städten der Wikingerwelt, und auch das Christentum brachte eine neue Kunst mit sich in Form von Steinkreuzen und Skulpturen. Als Kunstform war die Bildhauerei zuerst auf die Ostseeinsel Gotland beschränkt. Verzierte Gedenksteine ehrten Tote, wichtige Ereignisse und Schlachten, doch zugleich waren sie die letzten Spuren eines einzigartigen, ausschließlich wikingischen Stils.

Kunsthistoriker teilten die Wikingerzeit in sechs verschiedene Stile ein, doch ein gemeinsamer Faktor verbindet sie. Das „Greiftier", eine Kreatur, deren Pfoten sich selbst, andere Wesen oder die sie umgebenden Grenzen umschlingen, war eine künstlerische Konstante im gesamten

Wikingerzeitalter. Sie tauchte in den Schnitzereien in Oseberg auf und wurde noch in christlicher Zeit verwendet. Dieses dynamische Bild scheint den Wikingern gefallen zu haben. Es kann als passende Repräsentation des vitalen Volkes gesehen werden, das Europa kolonialisierte.

Unten: Auf der vereinfachten Zeichnung des Stevens des auf Seite 46 abgebildeten Osebergschiffes ist das Motiv der „Greiftiere" gut zu erkennen. Dieses Exemplar ist ungewöhnlich, weil es Menschen statt Tiere darstellt. Auch in älteren Kunstwerken (**links**) mit abstrakterer Gestaltung ist das „Greiftier"-Motiv zu finden, wie bei der Kreatur am unteren Ende der Brosche. Das Schmuckstück im Vendelstil aus Aker, Norwegen (7. Jahrhundert), trägt Glasschmelzarbeiten (Cloisonné) mit Edelsteinen.

93

Frühe Wikingerkunst

Es ist unmöglich, die sechs wichtigsten Stile der Wikingerkunst exakt zu datieren, und zwei oder drei Stile könnten zeitgleich existiert haben. Doch die Historiker haben einen groben Zeitraster erstellt, der auf Grabfunden wie dem reichhaltigen Schiffsgrab von Oseberg beruht, das dem ersten Stil seinen Namen gab.

Unten: Detail aus einer Schlittenstütze aus dem Schiffsgrab von Oseberg. Das Flechtwerk ist mit Metallbeschlägen verziert.

Der Oseberg- oder Broastil reichte vom späten 8. bis in die Mitte des 9. Jahrhunderts. Der Borrestil überlappte dessen Ende um etwa zehn Jahre und überdauerte die Phase der Wikingerkolonialisation und -eroberungen bis Mitte bzw. Ende des 11. Jahrhunderts. Das macht diese künstlerische Periode zur längsten in der Wikingerzeit. Der erstgenannte Stil (benannt nach dem Schiffsgrab in Oseberg am Oslofjord und der Begräbnisstätte in Broa auf Gotland) umfasste im Wesentlichen Schnitzkunst und komplizierte Bronzearbeiten; den Borrestil kennzeichnen Metallbearbeitungen, speziell von Gold und Silber.

Das Oseberggrab (datiert um 834) barg einen Reichtum an Holzschnitzereien. Die Dekoration des Grabschiffes selbst sowie die Wagen, Betten, Schlitten und Werkzeuge stellen einen der reichhaltigsten vorchristlichen Gräberfunde in Skandinavien dar. Die Designs sind Werke von Meistern, und die meisten enthielten „Greiftier"-Ornamente. Am beeindruckendsten sind zwei Pfosten mit Drachenköpfen. Der erste (*siehe Abbildung Seite 116*) trägt dreidimensional geschnitzte Tierornamente, die von verwickelten Lebensformen wimmeln. Diese kraftvolle, spektakuläre Schnitzerei ist eines der bekanntesten Werke der Wikingerkunst. Sie stellt den Beginn einer einzigartigen Periode in der Entwicklung der skandinavischen Kunst dar, auch wenn Tierornamente zu dieser Zeit bereits ein jahrhundertealtes skandinavisches Motiv waren.

Im Gegendaz dazu ist der zweite Drachenkopfpfosten insgesamt dezenter (*siehe Abbildung Seite 6*). Der Kopf selbst ist relativ realistisch geschnitzt; der Hals wird aus einem komplizierten Muster aus überlappenden Tieren geformt, doch Gesicht, Kiefer und Augen sind lebensecht dargestellt. Die Kunstfertigkeit, mit der dieses Werk geschnitzt ist, trug dem Künstler bei Historikern den Spitznamen „Akademiker" ein.

Eine andere spektakuläre Schnitzarbeit aus Oseberg ist der große Wagen, auf dem sich windende Schlangen mit heroischen Menschen, Göttern und mystischen Tieren dargestellt sind. Die prächtigen Schnitzereien weisen auf eine versuchsfreudige, kraftvolle und dynamische künstlerische Periode hin. Leider haben wenige andere Holzobjekte überlebt, anhand derer wir den Osebergstil mit späteren Stücken vergleichen oder den Wechsel von einem Stil zum nächsten nachvollziehen können.

Einen ähnlichen dekorativen Stil weist die Sammlung vergoldeter Bronzezaumzeuge aus Broa auf. Verzerrte Tiere umranken und umschlingen sich in den Verzierungen, doch den Rahmen bilden größere Tiere, deren Pfoten den Metallrahmen ergreifen – archetypische „Greiftiere", ähnlich denen auf den Pfosten aus Oseberg.

Kunst für alle

Der nun folgende Borrestil ist gekennzeichnet durch feine Goldschmiedekunst, wobei die exquisite Kollektion der in dieser Zeit in Dänemark produzierten filigranen Broschen und Ornamente am bemerkenswertesten ist. Der Stil ist nach bronzenen Zaumzeugen benannt: Gebrauchsobjekten, die vermutlich teurere Gold- oder Silberobjekte kopierten. Trotzdem weisen die Stücke einen neuen, feineren Kunststil auf; zarte überlappende und filigrane Werke sowie der Zusatz kleiner Einlegearbeiten aus Edelmetallen verbinden sich zu einigen der schönsten Artefakte aus der Wikingerzeit.

Während die „Greiftiere" beliebt blieben, kam mit den „Ringketten", wie sie auf den goldenen Sporen aus dem Kloster Værne zu sehen sind, eine neue Form des Flechtens in die skandinavische Kunst. Sie mündeten in das Profil von Tieren und deuten möglicherweise auf

fremden Einfluss hin. Der Borrestil erstreckte sich über nahe zu 150 Jahre und wurde auch neben späteren Kunststilen beibehalten.

Besonders bemerkenswert an diesem Stil ist, dass auch Objekte aus gewöhnlichen Metallen hergestellt wurden. Bei Objekten wie den Borre-Zaumzeugen wurde das Filigrandesign von Gold- oder Silberbroschen oder dekorativen Gegenständen in vereinfachter Weise reproduziert. Sie konnten an eine größere Anzahl an weniger wohlhabenden Herren verkauft werden. Obwohl manche Historiker diese weniger exklusiven Objekte als zweitklassig bewerten, zeigen sie den wachsenden Wohlstand in der Wikingergesellschaft an, den Handel und Überfälle einbrachten.

Oben: Die komplizierte Filigranarbeit an diesen Goldsporen ist typisch für den Borrestil.

Hohe Wikingerkunst

Der als Jellingstil bekannte Kunststil überlappte mit der volksnahen Borrephase und dauerte ein Jahrhundert an. Er war durch Metallarbeiten gekennzeichnet und produzierte einen Nebenzweig: den relativ kurzlebigen Mammenstil, der Mitte des 10. Jahrhunderts einsetzte.

Unten: Die eingearbeiteten Ornamente auf diesem Silberbecher, der in Thyras Hügelgrab bei Jelling im Zentrum von Jütland, Dänemark, gefunden wurde, ist zum Maßstab für den als Jellingstil bezeichneten Wikingerkunststil geworden.

Der Jellingstil bezog seinen Namen von den Ornamenten auf einem Silberbecher, der bei der Ausgrabung im nördlichen königlichen Grabhügel bei Jelling, Dänemark, gefunden wurde. Der Hügel ist vermutlich die Grabstätte König Gorms von Dänemark und datiert um 958. Der Stil selbst umfasst einen Zeitraum von etwa 880 bis 985, die Hochzeit der Wikingereroberungen und -expansion.

Der Becher steht auf einem kleinen Sockel und ist rundum mit einer S-förmigen Spirale aus Kreaturen verziert. Diese sind verzerrt, sodass ihre Körper zu umschlungenen Bändern werden, durchbrochen von Ovalen, die ein geripptes Muster auf dem Schwanz ergeben. Der Kopf des Tieres zeigt ein typisches Merkmal des Stiles: er ist fast immer im Profil dargestellt, mit abwärts gerolltem Unterkiefer (Schnörkel). Ein weiteres Charakteristikum ist die Stirnlocke oder ein Zopf, der für gewöhnlich zu einem der sich windenden Bänder der Dekoration wird.

All diese Merkmale zeigt der Jellingbecher. Die gewundenen Tiere ähneln denen auf älteren Broa-Metallarbeiten aus der Osebergperiode und demonstrieren damit, dass dies ein traditionelles Wikingermotiv war. Besonders interessant ist, auf welche Weise das frühere Broadesign aus dem 9. Jahrhundert zu einem hoch entwickelten, eigenständigen dekorativen Werk transformiert wird. Es erinnert auch an die keltischen Schlingen, die die Wikinger auf den religiösen Objekten, die sie aus Irland und Schottland geraubt hatten, finden konnten.

Auch wenn sich Kunsthistoriker sträuben, einen spezifischen Einfluss zu bestätigen, so ist die Ähnlichkeit mit der angewandten Kunst der Kelten in dieser Zeit auffällig. Wikingerkünstler hatten sicherlich di-

rekten Kontakt zu den Herstellern der keltischen Metallarbeiten. Ein Versteck mit aufwendig verzierten Silberbroschen, das in Skaill auf den Orkneyinseln gefunden wurde, wurde auf ca. 950 datiert. Die Broschen weisen nahezu das gleiche Tiermotiv wie der Jellingbecher auf, doch die Tiere sind noch verworrener und haben Ranken, die aus den Tieren selbst entspringen. Sie wurden als frühe Darstellung im Mammenstil, der darauf folgte, gesehen, doch sie zeigen auch die keltischen Einflüsse auf piktische Kunstwerke, die vor der Ankunft der Wikinger auf den Orkneys produziert wurden.

Ähnliche Stücke im Jellingstil wurden an anderen britischen Fundstellen ausgegraben, was vermuten lässt, dass der Stil besonders in den Kolonien beliebt war. Außerdem wurden spektakuläre Beispiele für diesen Stil in Norwegen (in Tråen), in Dänemark (in Søllested) und in Schweden gefunden; obwohl er also vielleicht in Skandinavien weniger populär war, war der Jellingstil in der gesamten Wikingerwelt bekannt.

Ein neuer Realismus

Der Mammenstil entwickelte sich aus der vorangegangenen Jellingperiode, mit der er überlappte. Manche Kunsthistoriker weigern sich, die beiden zu unterscheiden, weil sie meinen, dass der eine nur eine Ableitung des anderen sei, kein eigenständiger Stil. Der Mammenstil ist durch massivere Tiere gekennzeichnet. Sie

sind weniger verzerrt und scheinen realistischer abgebildet als in den traditionellen Jellingdarstellungen.

Noch charakteristischer ist die Einführung von Blattwerk in der Gestaltung. Während man in Jellingwerken kleine Ranken findet, entwickelten sich diese in der Mammenperiode zu komplexen, ausgedehnten und gewundenen Blattmustern. Als mögliche Inspirationsquelle der wikingischen Metallarbeiten wurde der Einfluss der Akanthusblattdekoration, die zur gleichen Zeit in der karolingischen Kunst populär war, vermutet. Der Stil wurde nach der verzierten Streitaxt benannt, die in Mammen auf der dänischen Halbinsel Jütland gefunden und auf etwa 970 datiert wurde (*siehe Abbildung Seite 122*). In die Eisenaxt ist ein Blattmuster aus Silberdraht eingelegt, in das überraschend detailliert das Gesicht eines bärtigen Mannes und ein Vogel eingearbeitet sind. Diese Detailliertheit ist ein weiteres Merkmal dieses Stils. Er ebnete den Weg für die erstaunlich komplizierten Metall- und Steinmetzarbeiten, die ein Symbol für die skandinavische Kunst in der späten Wikingerzeit darstellen.

Unten: Diese symmetrische Brosche mit zwei Tieren auf jeder Seite eines „Donnersteins" (Thorfigur) ist typisch für den Mammenstil. Sie wurde in einem Grab bei Birka, Uppland, in Schweden gefunden.

Späte Wikingerkunst

Zwischen Ende des 10. und Mitte des 12. Jahrhunderts traten die beiden letzten Phasen der Wikingerkunst auf. Der Ringerikestil ist großteils eine Fortsetzung des Mammenstils, doch der Urnesstil ist etwas anderes. Er stellt das letzte Aufflackern unabhängiger skandinavischer Kunst dar, die Rückkehr zu älteren Traditionen.

Gegenüber oben: Die Wetterfahne aus Söderla hat die Form eines Viertelkreises, der ein kompliziertes Muster aus Blattwerk und Ranken enthält, die einen Drachen im Zentrum umschlingen. Ein kleineres Tier verbeißt sich in den Fuß des Drachen, ein weiteres wickelt sich um seinen gebogenen Schwanz. Der Hirsch obenauf ist dreidimensional geschnitzt; er trägt Wirbeln, die die Beinmuskeln anzeigen.

Rechts: Grabstein aus der St.-Pauls-Kathedrale in London, England, mit einem Drachenrelief im Ringerikestil. Aus der Herrschaft von König Knut.

Gegenüber unten: Ein silberner Armreif im Urnesstil aus Hornelund, Dänemark (ca. 10. Jahrhundert)

Ringerike ist eine Region in Norwegen nördlich von Oslo. Dort wurden mehrere dekorierte Steine gefunden, einschließlich des bekannten Alstad-Steins. Der vorletzte Stil der Wikingerkunst, den dieser Stein repräsentiert, ist nach diesem Gebiet benannt. Der Ringerikestil begann zu der Zeit, als sich das Christentum über Skandinavien ausbreitete und die Errichtung behauener Steinplatten oder Monumente alltäglich wurde. Verziert sind sie mit Szenen aus Vögeln, Hunden und Reitern sowie klobigen Blätterspiralen. Tatsächlich wurden die Blätterarrangements aus dem Mammenstil zum Hauptmerkmal der Ringerikeperiode, die ab dem Ende des 10. Jahrhunderts etwa 90 Jahre dauerte.

Die vergoldete bronzene Schiffswindfahne aus Söderla in Schweden ist ein ausgezeichnetes Beispiel für angewandte Kunst im Ringerikestil. Der Drache und die anderen Tiere kämpfen miteinander und dieses Kampfthema findet sich auch auf anderen Ringerikewerken. Ein behauenes Steinmonument in der St.-Pauls-Kathedrale in London stammt aus der gleichen Zeit und zeigt einen anderen Drachen, umschlungen von einem anderen Tier, das entweder kämpft oder ihn soeben besiegt hat. Als man den Londoner Fund 1852 entdeckte, bemerkten Archäologen Spuren der originalen Malerei auf dem Stein, was vermuten lässt, dass Wikingerkunst aus dieser Periode ziemlich sicher nicht einfärbig war. Er wurde unter König Knut dort aufgestellt und zeigt, dass Wikingerkunst in den dänischen Provinzen in England und auch in Skandinavien verwendet wurde.

Umschlungene Tiere

Der Urnesstil stellt die letzte Entwicklung der unabhängigen Wikingerkunst dar und führt den Ringerikestil fort. Die beiden Stile überlappten

Auch der geschnitzte Maeshowe-Drache aus Orkney (*siehe Karte Seite 132*) ist ein schönes Beispiel für den Urnesstil. Hier sieht man einen Drachen, der dem Ringerike-Stein in St. Paul ähnelt, als Mittelstück eines Urnesmusters aus

etwa 50 Jahre in der zweiten Hälfte des 11. Jahrhunderts, doch im Urnesstil finden wir noch verschlungenere Ranken. Die Blätter des Ringerikestiles wurden verbannt; stattdessen beruht die Schönheit des Designs auf dem Wechselspiel zwischen verschlungenen Linien und Ranken, von denen viele nicht aus einem Blattmuster, sondern aus Tieren entspringen.

In mancher Hinsicht ist dies eine Rückkehr zu früheren Wikingerstilen, als verzerrte Bestien einander umschlangen und einfache Rankenmuster bildeten. Ein frühes Beispiel für den Urnesstil ist die im schwedischen Lilla Valla gefundene Silberschale, die auf 1050 datiert wird, den Beginn der Urnesperiode. Die Schale ist mit einem einfachen Gitter aus verschlungenen Tierschwänzen verziert, das in den vergoldeten Rand eingelegt ist. Zu den aufwändigeren Exemplaren gehört eine kleine Silberbrosche aus Lindholm Høje, auf der aus einem einzelnen Tier eine elegante Schneckenverzierung wird.

Die Schnitzarbeiten an der wikingischen Holzkirche in Urnes in Zentralnorwegen (*siehe Abbildung Seite 30*), die eines der Hauptbeispiele für die verwickelten und zierlichen Kunstwerke dieser Phase darstellen, gaben dem Stil seinen Namen. Sie zeigen einen Hirsch oder ein windhundartiges Tier, das in das Bein eines anderen Tieres beißt, und das Paar ist in ein Netz aus Ranken verschiedener Stärke verwoben. Wieder ist der Kampf zwischen Tieren ein beliebtes Motiv, eine Rückkehr und Weiterentwicklung der „Greiftiere", die die gesamte Wikingerzeit künstlerisch überdauerten.

verschlungenen Linien, die aus ihm hervorgehen. Langsam ließ die Verbreitung dieser Muster nach, als die religiöse Kunst im romanischen Stil adaptiert wurde und die Ausbreitung der Kirche in Skandinavien begleitete. Das Ende des Urnesstils bedeutete das Ende einer jahrhundertealten unabhängigen Kunsttradition in Skandinavien.

KAPITEL 6

Erforschung der nördlichen Meere

Von jenen Wikingern, die im letzten Jahrzehnt des 8. Jahrhunderts nach Westen über die Nordsee fuhren, kamen einige nicht um zu plündern, sondern um zu siedeln. Sie sollten mit Familien und Hausrat zu den neuen Wikingerstützpunkten auf den Hebriden, den Orkney- und den Shetlandinseln zurückkehren, um die Chance zu ergreifen, die ihnen die Wanderungen der Wikinger boten. Die ersten „Landsucher" fanden vertraute Landschaften vor, die sich jedoch besser für die Bewirtschaftung eigneten als Skandinavien, und sie konnten ihre neue Inselheimat ohne Probleme besiedeln. Als sich die nordische Herrschaft über die Inseln festigte, wurden sie zu echten Außenposten des Wikingerkönigreiches Norwegen.

Andere schlugen eine südlichere Richtung ein, um Kolonien in Irland, Südwales, Nordengland, Friesland, in der Normandie und im Loiretal zu errichten. Ihre Ankunft führte in den bereits besetzten Gebieten zu Spannungen mit den Einheimischen und ihren Nachbarn. Außerdem gerieten die Invasoren in Konflikt mit anderen Wikingern, als die Norweger und die Dänen um die Vorherrschaft in Teilen Englands und Irlands kämpften. Diese Wikinger kamen eher als Eroberer denn als Kolonisten; sie brachten das Wikingerrecht und die Autorität der skandinavischen Könige mit.

Für die nachfolgenden Generationen der „Landsucher" wurden die neuen Gebiete bald so begrenzt und eng wie die skandinavische Heimat, aus denen sie zu entkommen gehofft hatten. Einige Nordländer könnten in Irland von früheren Reisen irischer Mönche zu weit entfernten Ländern im Norden gehört haben.

Eine Hand voll wikingischer Siedler setzte Segel und begab sich auf die Suche nach jungfräulichem Land im Nordatlantik. Auf diese Weise wurden die Färöerinseln, Island und Grönland entdeckt und besiedelt. Von dort fuhren Wikingerforscher weiter in das Labradormeer und gründeten Kolonien an der Westküste Grönlands, wobei sie weit in das Eismeer vorstießen, wo sich heute die Davisstraße befindet. Diese entlegenen Kolonien nutzten die Wikinger als Ausgangspunkt für eine Reise, die sie zum amerikanischen Kontinent führen sollte. Entgegen bestehenden Ansichten wurde Amerika fünf Jahrhunderte vor Christoph Columbus entdeckt und die Überreste der wikingischen Siedlungstätigkeit in Neufundland bezeugen ihre große Leistung.

Manche Historiker meinen, dass die „Trauben", die Vinland zu seinem Namen verhalfen, von Leif Eriksons Wikingern weit südlich von Neufundland vorgefunden worden sind, vielleicht sogar in Florida. Dies wird heute mit Vorbehalt betrachtet (*siehe Seite 109*).

K A N A D A

BEAUFORT-
MEER

Hudsonbai

*Foxe-
becken*

QUEEN-ELIZABETH-
INSELN

HELLULAND
(Baffin-Land)

Baffinbai

E I S M E E R

M A R K L A N D
(Labrador)

*Melville-
see*

**Leif Eriksson
Thorvald Eriksson
Thorfinn Karlsefni**

*Davis-
Straße*

G R Ö N L A N D

L'Anse aux Meadows

LABRADOR-
MEER

Westliche Siedlung

VINLAND
(Neufundland)

Östliche Siedlung

Kap
Farewell

*Dänemark-
straße*

GRÖNLANDMEER

Jan Mayen

A T L A N T I S C H E R   O Z E A N

Erik der Rote

Reykjavik

ISLAND

Färöerinseln

Shetlandinseln

NORWEGISCHES MEER

N O R W E G E N

Hebriden

Orkneyinseln

Bergen

SCHWEDEN

**Wikingerschiffe
in der unwirtli-
chen Baffinbai**

N O R D -
S E E

DÄNEMARK

OSTSEE

101

Der Antrieb für die Erforschung

Im 9. Jahrhundert war die erste Plünderungswelle vorüber und das Leben in den neuen Kolonien, die den Königreichen Norwegen und Dänemark einverleibt wurden, verlief geordnet. Doch in vielen Wikingern lebte der rastlose Geist weiter und diese Männer entschlossen sich, auf der Suche nach neuem Land, fern der Autorität von Königen und Grafen, in See zu stechen.

Oben: Die Färöer-inseln beheimateten bereits eine Hand voll keltischer Einsiedler-mönche, als die ersten Wikinger von Siedlungen auf den Hebriden, den Orkney- und den Shetland-inseln aus das „gefrorene Meer" überquerten.

Die Gründe für den Ausbruch der Migration Ende des 8. Jahrhunderts sind bis heute nicht völlig klar, doch die begrenzten Ressourcen und die wachsende Bevölkerung in Skandinavien gelten als Hauptgründe für die Entwicklung der Wikinger zu Seeräubern. Dies traf mit einer Stärkung der Zentralmacht in ganz Skandinavien zusammen. Gebiete, die sich selbst regiert hatten, wurden nun von den Territorien der skandinavischen Könige verschluckt.

Es wurde behauptet, dass sich mit zunehmender Ordnung in Skandinavien und in den Wikingerländern Britanniens widerspenstige Elemente entschlossen, sich der königlichen Autorität zu entziehen. Dies ist eine vereinfachte Erklärung für den Antrieb der „Landsucher", die unerforschten nördlichen Meere zu überqueren. Die wahren Gründe müssen noch erforscht werden, also müssen wir für jetzt den Widerstand gegen Autorität als möglichen, doch keineswegs einzigen Faktor akzeptieren.

Das Jahrhundert der Entdeckungsreisen war großteils eine neue Manifestation der rastlosen Energie der Wikinger, die zu den ersten Angriffen auf Britannien geführt hatte. Diesmal war das Ziel der Reisen jedoch Land, nicht Plünderung. Die Bewegung, die die Wikinger bis nach Amerika bringen sollte, hatte eingesetzt, angespornt teils durch Abenteuerlust, teils durch Hass auf königliche Autorität. Wie die amerikanischen Kolonisten 800 Jahr später wollten diese Wikingersiedler nicht von Königen in Übersee regiert werden und einen Großteil ihrer hart erarbeiteten Einkünfte für die Schatzkammern der Könige von Dänemark und Norwegen oder der Grafen von Orkney abtreten.

Zu Beginn des 9. Jahrhunderts war die nordische Macht in den neuen Siedlungen auf den Orkneys, Shetlands und Hebriden sowie auf der Isle of Man fest verankert. Während sich einige Wikinger dieser halbfeudalen Oberherrschaft fügten, entschieden sich andere weiterzuziehen. In Irland berichteten keltische Geistliche von Gerüchten über Länder jenseits des „gefrorenen Meeres" im Norden. Wir können ziemlich sicher sein, dass keltische Mönche bereits die Färöerinseln, vielleicht sogar Island entdeckt hatten. 682 schrieb der irische Mönch Dicuil über eine Inselgruppe (die Färöer), die zwei Tage und Nächte entfernt von der nördlichsten britischen Insel läge. Er fügte hinzu, dass irische Eremiten dort etwa 100 Jahre gelebt hätten, doch heute wegen der „nordischen Piraten" niemand mehr dort wäre, bloß unzählige Schafe und Wildvögel. Die Färöerinseln (altnordisch *Færeyjar*, was „Schafinseln" heißt) sollten zum ersten Sprungbrett der Wikinger für ihre Entdeckungsreisen im Nordatlantik werden.

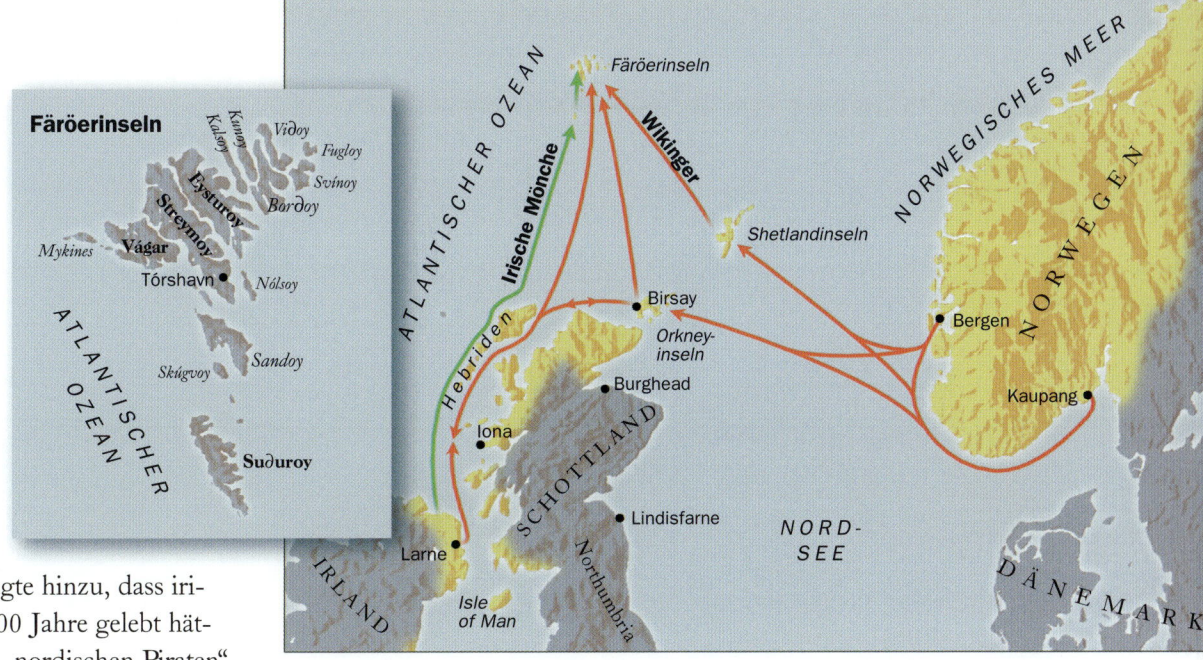

Zuflucht für Geächtete

Die Quellen, die uns über diese frühen Forscher und Siedler berichten, sind die großen mittelalterlichen Sagas, die Jahrhunderte nach den Ereignissen verfasst wurden. Die *Orkneyinga [Orkney] Saga*, die *Færeyinga [Färöer] Saga*, *Eiríks Saga Rauða* (Erik der Rote-Saga) und die *Grænlendinga [Grönland] Saga* zeichnen die Geschehnisse detailliert auf, doch ihre historische Genauigkeit ist schwer nachzuprüfen. Die *Æslendinga [Island] Sagas* liefern eine Reihe von Berichten über Besiedelung und Geschichte der Insel und sind vermutlich die verlässlichsten von allen. Sie berichten, wie der Wikingerhäuptling Nannod um 860 aus Norwegen verbannt wurde und mit einer Bande Desperados „auszog, um sich auf den Färöerinseln ein Heim zu schaffen aus dem Grund, weil er nirgendwo sonst sicher war".

Die Färöer hatten bereits einen Ruf als Zuflucht für jene, die außerhalb des Gesetzes standen, erworben. Als ihn ein Sturm an den Inseln vorbeitrieb, landete Nannod an einer unwirtlichen Küste, an der sich steile, eisbedeckte Berge erhoben. Nannod

nannte die Küste „Schneeland". Etwa zur selben Zeit wurde auch der schwedische Wikinger Gardar Svavarsin nördlich der Orkneys abgetrieben und landete an derselben Küste. Anders als Nannod blieb er dort, um das neue Land zu erkunden, und überwinterte. Er stellte fest, dass es sich um eine Insel handelte, die er nach sich selbst *Gardarsholm* nannte. Das Land wurde als Island besser bekannt und nun folgte ein Sturm von Siedlern, die alle ein Stück von dem neuen Land im Norden in Besitz nehmen wollten.

Unten: Die *Gaia,* ein funktionstüchtiger Nachbau eines wikingischen *knorr*-Schiffes, im Hafen von Reykjavík. Schiffe wie dieses beförderten tausende Wikingerkolonisten und ihre Habe über die nördlichen Meere in ihre neue Heimat.

Land aus feuer und Eis

Einigen dienten die Färöer nur als kurzzeitiger Zwischenstopp auf ihrer Reise, die sie über das „gefrorene Meer" führen sollte. Dahinter lag Island. In den folgenden 100 Jahren machten die ersten Siedler Island zu einer blühenden Wikingerkolonie. Die Insel sollte auch als Basis für die weitere Erforschung des Westens dienen.

Oben: Die Beladung eines *knorr* für eine Entdeckungs- und Besiedelungsreise

Floki Vilgerdarson, ein norwegischer Seeräuber, wird meistens als erster Wikingersiedler auf Island um 860 genannt. Der Name Floki ist vom altnordischen Wort für Packeis abgeleitet. Fasziniert von den Geschichten über neue Länder segelte er von Norwegen nach Shetland, dann zu den Färöern und von dort nach Norden in das „Land aus Feuer und Eis", wie die ersten Siedler Island bald nannten.

Die Sagas berichten, wie er drei Raben als Navigationshilfen einsetzte. Der erste flog nach Süden zu den Färöern. Der zweite, der einige Tage später losgeschickt wurde, weigerte sich das Schiff zu verlassen. Der dritte flog wenige Tage danach nach Westen. Floki folgte ihm, landete an der Westspitze Islands und erhielt den Spitznamen „Raben-Floki". Er ankerte in einem großen Fjord im Nordwesten der Insel und gründete die Siedlung Brei afjord. Doch nach mehreren harten Wintern hatte Floki genug und kehrte zurück nach Norwegen. Er nannte die Insel „Eisland", als Zeichen seines Ärgers über das Scheitern seiner Expedition.

Andere in Flokis Mannschaft waren weniger entmutigt. Thorolf Butter (so genannt, weil er behauptete, dass in Island Butter vom Gras tropfe) führte eine neue Siedlerwelle an. Für landhungrige Norweger verhießen solche Geschichten ein besseres Leben. Dies war jene Zeit, in der König Harald Harfagri Regionen unter die Zentralmacht der Krone zwang, die bis zu diesem Zeitpunkt nahezu frei von äußerer Einmischung geblieben waren. Die isländischen Sagas stellen es so dar: „Er ließ jeden das eine oder das andere tun; sein Gefolgsmann werden oder das Land verlassen." Die Wikinger waren vermutlich nicht die ersten Europäer auf Island. Die *Æslendinga Saga Æslendingabók* (Buch der Isländer) berichtet, dass – wie auf den Färöern – irische Mönche auf der Insel lebten. Doch nach der Landung der Wikinger „gingen sie weg, weil sie nicht darauf vorbereitet waren, hier mit heidnischen Männern zu leben".

Welle der Kolonialisierung

Das *Landnámabók* (Buch der Siedler) erzählt, dass die erste Welle aus 400 Siedlern, ihrem Vieh, keltischen Frauen und ihren keltischen Sklaven bestand. Es scheint so, als ob sie aus Irland oder Schottland kamen und den Berichten

Auf Altnordisch bedeutet „thing" soviel wie „Regierung", „Parlament" oder Beratung; Thingvellir bedeutet „Parlaments- oder Beratungsebene", jenen Ort, wo das thing zusammentrat.

der ersten drei Entdecker folgten. In den folgenden 60 Jahren war Island ein Magnet für Siedler, und die Bevölkerung stieg exponentiell an. Als um 930 das erste Althing (Versammlung) abgehalten wurde, um eine isländische Regierung zu bilden, lebten hier über 20.000 Menschen, eine der größten Wikingersiedlungen.

Die Bauernhöfe in Island waren wie jene angelegt, die die Wikinger in Skandinavien, auf den Orkneys oder den Shetlands zurückgelassen hatten. Ein Hof in Hofstadir in Nordisland ist ein gutes Beispiel: ein zentraler Raum mit einem kleinen Familienzimmer an einem Ende plus Nebengebäude. Die Art von Gehöft wurde von Männern wie Hjorleif gebaut, der seine irischen Sklaven vor seinen Pflug spannte.

Ingolf Arnasuns erstes Anwesen war vermutlich ähnlich, ein Hof, den er in Reykjavík (Rauchige Bucht) erbaute. Diese Stelle wurde

die isländische Hauptstadt und Ende des 10. Jahrhunderts zum blühenden Handelszentrum. Ingolf war typisch für die frühen Siedler. Als Norweger war er vor der Autorität des Königs geflohen und seine Familie wurde wie viele andere zu gebürtigen Isländern, die traditionell als Nachkommen der Wikingersiedler und ihrer keltischen Sklavinnen gelten.

930 versammelten sich die Siedler beim ersten Althing in Thingvellir, etwa 48 km östlich von Ingolfs Anwesen in Reykjavík. Von da an regierte sich Island selbst durch eine jährliche Nationalversammlung. Die einst gesetzlose Kolonie gewann den Anschein kommunaler Autorität. Für die, die nach noch mehr Unabhängigkeit strebten, war dies ein neuer Anlass für weitere Entdeckungsreisen auf der Suche nach Freiheit vom Diktat anderer. Diese Männer reisten noch weiter in den Westen.

Unten: Wilde Isländerpferde in vollem Galopp. Sie stammen von Tieren ab, die ursprünglich von Wikingern auf die Insel gebracht wurden.

Erik der Rote

Erik Thornvaldsson Raudi war ein Geächteter. Er wurde von seinen Nachbarn aus Island vertrieben, und anstatt nach Skandinavien zurückzukehren, zog er es vor, auf der Suche nach neuem Land weiter in den Westen zu ziehen. Dabei stieß er auf Grönland – ein wilder, rauer Ort und zugleich nächster Trittstein über den Atlantik.

Gegenüber: Die Steinfundamente der östlichen Siedlung von Brattahlid stehen bis heute. Trotz der Verschiebung des nahen Gletschers, der einige Häuser zerstörte, und trotz des rauen Klimas lebten hier um 1090 über 3000 Siedler.

Unten: Ein Blick von Brattahlid über den Eriksfjord, den Erik der Rote nach sich selbst benannte.

E*iríks Saga Rauða* (Die Saga von Erik dem Roten), verfasst in Island im 13. Jahrhundert, ist vermutlich eine der zuverlässigeren Quellen über die Wikingerfahrten. Die Prosa ist frei von Mythen, Anekdoten und Ausschmückungen, die andere Werke trüben. Stattdessen berichtet sie sachlich über eine Entdeckungs- und Siedlungsreise, einschließlich navigatorischer Beobachtungen, Beschreibungen von Landsichtungen sowie Details über Männer und Schiffe, die an der Expedition teilnahmen.

Erik Thornvaldsson wurde wegen seines Bartes Raudi (der Rote) genannt, doch die Saga meint, dies beziehe sich auch auf sein streitbares Wesen. Er wurde um 950–60 in Jæren in Südwestnorwegen geboren, doch wegen eines angeblichen Mordes musste sein Vater Norwegen

verlassen und um 980 nach Island auswandern. Nur an der unfruchtbaren Nordwestküste war Land verfügbar. Nach dem Tod des Vaters mühte sich Erik ab um durchzukommen.

Er heiratete Thojdhild, die Frau eines erfolgreichen Bauern; sie zogen zusammen südwärts und bauten einen Hof in Haukadal am Breiðafjord. In einem Streit mit den Nachbarn tötete Erik zwei Männer und war gezwungen, weiter in den Westen nach Oxney zu ziehen. Bald war er wieder in Schwierigkeiten, weil er den Nachbarssohn bei einem Streit tötete. Das isländische Althing verbannte ihn daraufhin für drei Jahre von der Insel.

Erik Raudi scharte weitere Geächtete um sich, kaufte ein kleines *knorr* und segelte im Sommer 982 nach Westen. Er hatte bereits Gunnbjorns Erzählung vernommen, der in einem Sturm westlich von Island abgetrieben worden war. Dort hatte er eine Gruppe felsiger Inseln und dahinter eine unerforschte Landmasse gesichtet. Das war Eriks Ziel. Von Snaefellsnes, der Westspitze Islands, segelte er geradewegs nach Westen, indem er die Sterne benutzte, um den Kurs zu halten. Nach vier

Tagen kam Land in Sicht, zumindest etwas Ähnliches. Ein riesiges Eisfeld blockierte ihren Weg; dahinter sahen sie schneebedeckte Berge.

Erik umsegelte das Eisfeld und fuhr südwärts, bis er dessen Spitze erreichte. Dann steuerte er an der Westküste entlang nach Norden, wo das Land freundlicher wirkte. Die Fjords strotzten von Fischen und waren von Weiden umgeben. Hier, am Ende eines Einschnitts, den er Eriksfjord nannte, baute er seine Siedlung.

Ermutigung der Siedler

Erik verbrachte die drei Exiljahre mit der Erforschung des riesigen neuen Landes und teilte seinen Gefährten Parzellen zu. Dann kehrte er nach Island zurück, um die Nachricht von seiner Entdeckung zu verbreiten. Um weitere Siedler zu ermutigen, nannte er seine neue Heimat verlockend Grœnland (das grüne Land). Bei seiner Rückkehr nach Grönland mit seiner Frau errichtete Erik eine größere, bessere Siedlung im Eriksfjord, genannt Brattahlid, die als Ostsiedlung bekannt wurde. Etwa 640 km weiter im Norden gründete eine zweite Kolonistengruppe die Westsiedlung am Gothåbfjord der einzige andere Ort in Grönland, wo das ganze Jahr über Viehwirtschaft betrieben werden kann.

Überall sonst war Grönland ein ausgezeichnetes Jagdgebiet und die Meere waren reich an Fischen. Die Siedler begannen bald, mit Händlern aus der Heimat Häute, Pelze und Stoßzähne gegen dringend benötigtes Eisen, Holz und Getreide zu tauschen. Beide Siedlungen auf Grönland blühten in den folgenden zwei Jahrhunderten auf. Doch Krankheit, Bodenerosion und Klimaveränderungen zwangen die Wikinger schließlich, ihren Besitz zu verlassen. Die Westsiedlung wurde Mitte des 14. Jahrhunderts, Brattahlid um 1500 aufgegeben.

Erik Raudi und Thojdhild gründeten eine Familie, doch Erik sehnte sich scheinbar nach seinen Tagen als „Landsucher". Als der Siedler Bjarni Herjolffson 986 auf einer Fahrt von Island in Sturm und Nebel an Grönland vorbeigetrieben wurde, erhaschte er einen Blick auf eine Küste, „wohlbewaldet, mit sanften Hügeln". Er hatte die Küste Amerikas gesehen, doch er wendete und landete schließlich auf Grönland. Obwohl Erik zu alt für weitere Fahrten war, wuchs sein Sohn Leif Eriksson um die Jahrtausendwende heran und sollte sich selbst einschiffen, um die Länder im Westen zu erforschen.

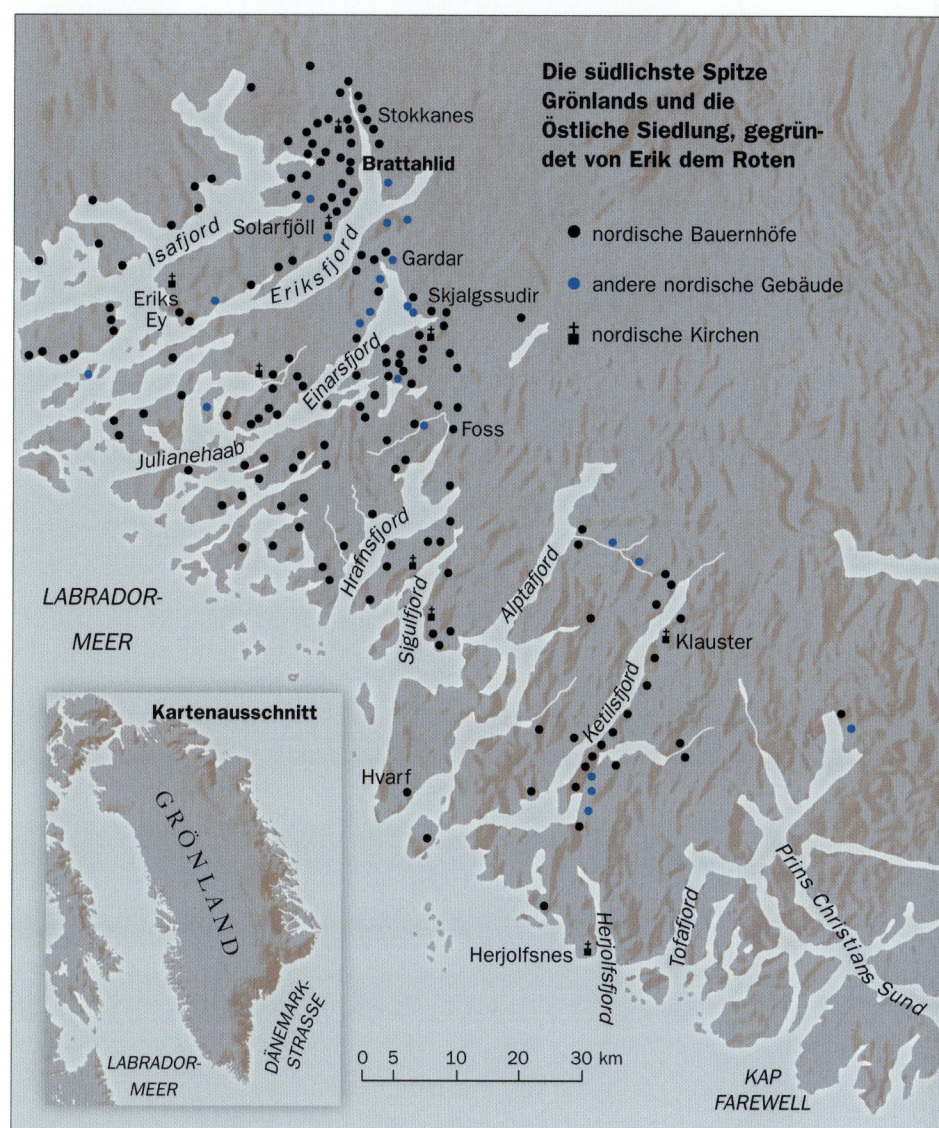

Die südlichste Spitze Grönlands und die Östliche Siedlung, gegründet von Erik dem Roten

● nordische Bauernhöfe
● andere nordische Gebäude
✝ nordische Kirchen

Kartenausschnitt

GRÖNLAND

LABRADOR-MEER

DÄNEMARK-STRASSE

0 5   10   20   30 km

KAP FAREWELL

Leif Eriksson

Leif Eriksson war bereits vor 1001 ein tüchtiger Seefahrer, als er in Grönland Segel setzte, um den Gerüchten von den Ländern im Westen nachzugehen, die ein vom Sturm abgetriebener Seemann 15 Jahre zuvor gesichtet hatte. Eriksson sollte der erste Europäer werden, der seinen Fuß auf den amerikanischen Kontinent setzte.

Unten: Der Herbst am Wikingerpfad in Neufundland. Verglichen mit Grönlands rauer Umgebung war Vinland eine Zuflucht mit saftigem Gras, reichlich Holz und Strömen voller Fische.

Bjarni Herjolfsson, der 986 vom Sturm abgetrieben worden war, tauchte aus dem Atlantiknebel vor einer Küste auf, von der er wusste, dass es nicht Grönland war. Er fuhr nach Norden und Osten, um sein geplantes Ziel zu erreichen. In Brattahlid erregten die Geschichten von Herjolfssons zufälliger Entdeckung das Interesse von Leif Eriksson, dem ältesten der drei Söhne von Erik dem Roten, ein Seefahrer wie sein Vater. Die Sagas beschreiben Leif als „großen, starken, strammen Burschen, gut aussehend, bedacht und gemäßigt in allen Dingen". Er war um 976 in Island geboren und mit seinen Eltern um 986 nach Grönland übersiedelt. Von hier aus hatte er Handelsverbindungen zwischen Brattahlid und den Orkneyinseln initiiert.

Leif war entschlossen, auf der Suche nach dem mysteriösen Land, das Bjarni Herjolfsson 15 Jahre zuvor gesichtet hatte, nach Westen zu fahren. Erik wollte mitreisen, doch ein Sturz vom Pferd zwang ihn dazu, in Grönland zu bleiben. „Mir ist es nicht bestimmt, mehr Länder zu entdecken als das, wo wir jetzt sind", sagte er zu seinem Sohn. Leif verließ Brattahlid mit einem gut ausgerüsteten Schiff im Mittsommer 1001. Er fuhr nach Westen bis zu den „schwarzen Gletschern", von denen Herjolfsson berichtet hatte. Leif nannte die unwirtliche Landmasse Helluland (Flachland) und segelte weiter. Es war vermutlich Baffinland.

Sie überquerten die heutige Hudsonstraße und erreichten eine Küste, „eben und bewaldet, mit breiten weißen Stränden, wo wir auch hinfuhren, und einer sanft abfallenden Küste". Die Bäume waren hohe Kiefern, und für die Grönländer, für die Holz Luxus war, war das ein bemerkenswerter Anblick. Leif nannte das Gebiet Markland. Sie waren irgendwo östlich von Kap Harrison an Kanadas Labradorküste gelandet.

Amerikas Küste erforschen

Leifs Gruppe segelte weitere vier Tage (zwei *dægr* oder zwei Tagesreisen), „sichtete eine weitere Küste und landete auf einer Insel im Norden des Festlandes" – vermutlich Belle Isle. Die Männer landeten südlich der kleinen Insel und errichteten ein Winterlager. Hier wimmelte es in den Flüssen von Fischen, es gab reichlich Bauholz und das Gras war saftig genug für Winterweiden. Dies war fast sicher Neufund-

land. Im Vergleich mit Grönland muss es idyllisch gewirkt haben. Einer der Entdecker, Tyrkir Fosterer, entdeckte Weintrauben und so nannte Leif den Ort Vinland (Weinland).

Dies ist die Geschichte, wie in den Sagas berichtet, doch sie hat moderne Gelehrte verblüfft. Die Überreste von Außenposten, die in L'Anse aux Meadows entdeckt wurden, sind exzellente Beweise dafür, dass die Wikinger hier in der Nähe gelandet sind (vermutlich in Epavesbai, vor Sacred Bay), doch das Klima lässt Weinbau nicht zu. Alternative Landeplätze wurden von Neuengland bis nach Florida vermutet. Die Antwort kann in der Übersetzung aus dem Altnordischen liegen, wo die Wörter für „Wein" und „Weide" sehr ähnlich sind. Trotzdem erwähnt die Saga „Trauben von Wein". Vielleicht hatten die Wikinger wilde Beeren gefunden, die den Weintrauben ähnelten, die Tyrkir Fosterer in Deutschland gesehen hatte.

Welche Erklärung auch stimmen mag, der Name Vinland hatte für Leif einen schönen Klang. Ganz der Sohn von Erik dem Roten, der die unwirtlichen und eisigen Landmassen, die er entdeckt hatte, den Siedlern als „Grünland" beschrieb, hoffte Erik, dass er mit „Vinland" neue Siedlerwellen anlocken würde.

Leif segelte im Sommer darauf nach Grönland, doch seine Pläne für eine zweite Expedition nach Vinland zerschlugen sich, als sein Vater bald darauf starb. Er war gezwungen, das Anwesen seines Vaters zu führen, und musste es anderen überlassen, aus dem von ihm entdeckten neuen Kontinent Nutzen zu ziehen.

Oben: Wikingerschiffe waren sehr seetüchtig, doch allen Elementen ausgesetzt. Sie waren im schlechten Wetter des Labradormeeres äußerst unbequem.

Leif Erikssons Landung an der nordamerikanischen Küste

MARKLAND (Labrador)

Belle Isle

Kap Harrison

LABRADOR

Kap Porcupine

Melvillesee

Straße von Belle Isle

Pistoletbai

Sacredbai

Epavesbai

L'Anse aux Meadows

Harebai

Ten Mile-See

VINLAND (Neufundland)

Grayinseln

QUEBEC

Le D'Anticosti

NEUFUNDLAND

St. John's

ST. LORENZ-GOLF

ATLANTISCHER OZEAN

Wikingersiedlungen in Amerika

Nach der Entdeckung Amerikas 1001 versuchte man, die Küste von Vinland in Richtung Süden zu erforschen und Siedlungen an der Küste zu errichten. Anders als die Wikinger, die Island und Grönland bevölkert hatten, bekamen es diese Siedler mit Einheimischen zu tun, die sich weigerten, den Invasoren ihr Land zu überlassen.

Unten:
Rekonstruktion der neufundländischen Siedlung *Leifsbudir* in L'Anse aux Meadows, die von Leif Eriksson gegründet worden war

L eif Eriksson konnte nicht nach Vinland zurückkehren, daher trat sein jüngerer Bruder Thorvald Eriksson die Reise an. Er erreichte Leifs altes Lager (bekannt als *Leifsbudir;* Leifs Siedlung) und verbrachte den Winter 1002/3 dort. Die Reisenden lebten von den reichen Fischbeständen in den Gewässern vor Ort und erforschten im Jahr darauf die Küste. Sie überwinterten ein zweites Mal im Lager, bevor Thorvald in den Süden vorstieß. Sein Schiff wurde während der Fahrt beschädigt, doch es konnte mit dem örtlichen Holz repariert werden.

Als Thorvald nach Süden segelte, sichtete er drei kleine Boote am Strand, neben denen Männer schliefen. Die Wikinger töteten alle bis auf einen, der in die Wälder entkam. Dies war der erste Kontakt zwischen Wikingern und nordamerikanischen Indianern, vermutlich Inuit (Eskimos) oder Algonquin-Indianer. Der Überlebende kehrte natürlich mit Verstärkung zurück und die Wikinger mussten sich auf ihr Schiff zurückziehen. Ein Pfeil durchschlug die Bordwand des *knorr* und traf Thorvald in der Achselhöhle. Die Wikinger zogen nach Norden ab, doch die Wunde erwies sich als tödlich. Sie begruben den Sohn Eriks des Roten an der Stelle, wo sie zuvor den Kiel instand gesetzt hatten. Dann kehrte die Gruppe zuerst ins Winterlager und im Sommer darauf nach Grönland zurück.

Vorbereitung zur Rückkehr

Nun versuchte der jüngste Sohn Eriks des Roten, Thorstein, den Leichnam seines Bruders zu bergen, doch Stürme verhinderten, dass er Vinland erreichte. Erst 1009 kehrten die Wikinger zurück, diesmal unter der Führung des Islän-

ders Thorfinn Karlsefni (was „der Tapfere" bedeutet). Inzwischen war Thorstein an einem Fieber gestorben. Thorfinn heiratete seine Witwe und wurde dadurch Mitglied der herrschenden Elite auf Grönland. Thorfinns Expedition diente der Besiedelung. Sie umfasste 250 Männer, Frauen und Kinder samt Vieh und Besitz. Leif Erikssons altes Winterlager wurde vergrößert und in diesem ersten Winter, Anfang 1010, gebar Thorfinns Frau Gudrid einen Sohn, Snorri – der erste in Amerika geborene Europäer.

Nach einem harten Winter zogen die Wikinger südwärts zu einer Bucht, die sie Hóp nannten, wo sie mit Einheimischen Handel trieben. Die Wikinger bezeichneten die Ureinwohner abfällig als „Skraelings", „ekelhafte Kreaturen mit hässlichen Haaren auf dem Kopf, großen Augen und breiten Wangen". Zunächst verlief der Handel reibungslos, doch die Indianer begehrten die Schwerter der Wikinger, weil sie erkannten, dass diese ihren eigenen Waffen weit überlegen waren. Als ein Indianer bei dem Versuch, eines zu stehlen, getötet wurde, löste das eine Schlacht aus und die Wikinger kämpften gegen eine Übermacht um ihr Überleben.

Sie wurden durch Freydis gerettet, eine uneheliche Tochter Eriks des Roten, die die Indianer für eine Kriegsgöttin hielten. Die Wikinger wichen in ihre Siedlung zurück, und obwohl die Kolonie weitere zwei Winter auf amerikanischem Boden verblieb, brach die ständige Bedrohung durch Angriffe der Skraelings die Entschlossenheit der Siedler. Die Sagas berichten:

Es scheint nun klar, dass die Qualität des Landes zwar bewunderungswürdig ist, dass sie aber stets von Angst und Streit verfolgt würden wegen derer, die das Land bereits bewohnten.

Die Ureinwohner waren den Wikingern mehr als ebenbürtig. Die Siedler kehrten nie zurück und Leif Erikssons Land geriet vollständig in Vergessenheit, bis John Cabot 1497 die Küste von Neuseeland entlangsegelte.

Bis zum heutigen Tag streiten Gelehrte und Historiker über die genaue Lage der Wikingerentdeckungen in Amerika. Einige orten ihre Kolonie weit südlich in der Bucht oberhalb von New York, andere verlegen sie nach Kap Cod oder Narragansettbai trotz der Tatsache, dass die Überreste der Gebäude aus der Wikingerzeit in L'Anse aux Meadows entdeckt und ausgegraben wurden, eine Stelle, die fast exakt auf Leif Erikssons Beschreibung passt. Diese Gebäude dürften aus zwei Grassoden mit dazwischen eingebettetem Kies konstruiert worden sein. Die Wohnhäuser waren unbequem, aber warm, einfach zu renovieren und in späteren Wintern leicht zu vergrößern.

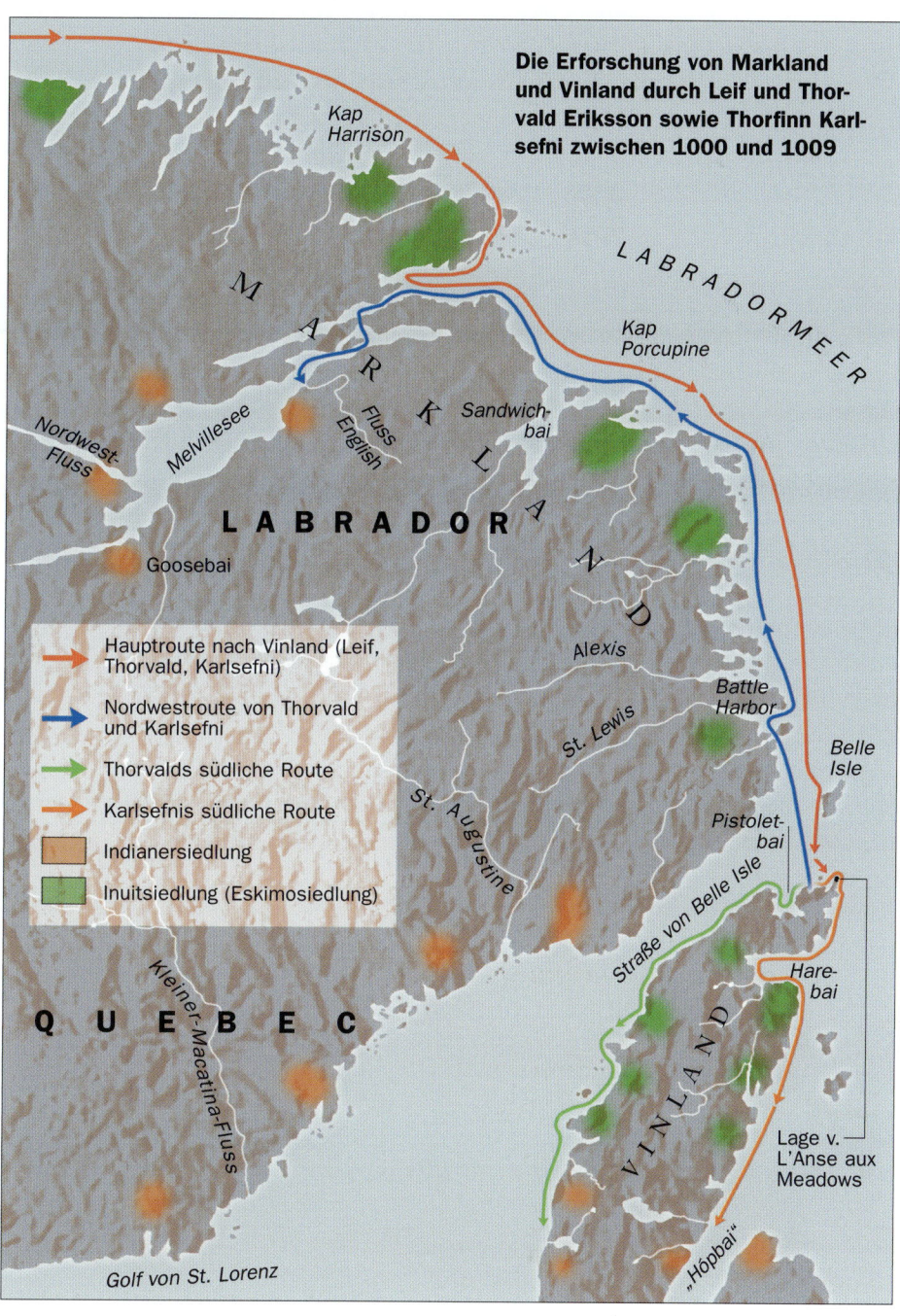

Die Erforschung von Markland und Vinland durch Leif und Thorvald Eriksson sowie Thorfinn Karlsefni zwischen 1000 und 1009

Legende:
- Hauptroute nach Vinland (Leif, Thorvald, Karlsefni)
- Nordwestroute von Thorvald und Karlsefni
- Thorvalds südliche Route
- Karlsefnis südliche Route
- Indianersiedlung
- Inuitsiedlung (Eskimosiedlung)

Auf zum Mittelmeer

Nicht alle Wikingerfahrten gingen nach Norden und Westen. Neben den Händlern und Entdeckern, die auf russischen Flüssen nach Süden vorstießen, gab es andere, die von Britannien und Irland aus nach Süden segelten, die fränkische Küste bis nach Spanien erforschten und dann durch die Straße von Gibraltar in das Mittelmeer fuhren, um die Küste Nordafrikas zu sondieren.

Unten: Kopie einer originalen Wikingerschatulle. Der Rahmen ist aus vergoldeter Bronze, die eingelegten Paneele aus geschnitztem Elfenbein. Während die wikingischen Kunstschmiede für solche Objekte genügend einheimisches Elfenbein hatten, stammte viel Gold für Verzierungen aus der Beute aus Überfällen auf reiche Mittelmeerstädte.

Bjorn Ragnarsson Ironside, der Sohn des Königs Ragnar Lodbrok von Dänemark, war einer der Anführer der Wikinger, die im 9. Jahrhundert die westfränkische Küste heimsuchten. Seine Stützpunkte auf der Insel Oisell (vermutlich in der Scheldemündung) wurden mehrmals von den Franken unter Karl dem Kahlen, dann von Wikingersöldnern unter Häuptling Weland im Dienste der Franken belagert. Bjorns Basis mangelte es an Vorräten, deshalb zahlte er Weland Danegeld, damit dieser abzog.

Gegen 858 unternahm Bjorn seine eigene Expedition. Er mied die überfüllten Flüsse Seine und Loire und führte seine Männer weiter nach Süden, wo sie den Golf von Biskaya überquerten und an der Nordküste Spaniens landeten. Zusammen mit seinem Verbündeten, dem Wikinger Hastein, unterstanden ihm 632 Schiffe und damit vermutlich an die 6.500 Mann.

Sie alle hatten die Geschichten vom Mittelmeer gehört, vom sagenhaften Reichtum seiner Schiffe und Häfen – eine Versuchung, der kein Wikinger widerstehen konnte.

Die Flotte umfuhr die Atlantikküste der Iberischen Halbinsel bis zur Mündung des Guadalquivir, die sich in maurischem Gebiet befand. Nach maurischen Berichten ruderten die Seeräuber flussaufwärts bis Sevilla, doch die Stadt war zu gut befestigt. Sie mussten aber irgendwo Erfolg gehabt haben, da zwei isolierte Wikingerschiffe vor der spanischen Küste gekapert wurden, voll beladen mit Gold, Silber und Gefangenen, die für die Sklavenmärkte in Nordeuropa bestimmt waren. Nun waren es die Wikinger, die auf Märkten in Spanien und Nordafrika verkauft wurden. Die Hauptflotte der Wikinger unter Bjorn fuhr weiter bis zur Straße von Gibraltar. Nach der Plünderung des maurischen Hafens Algeciras im Schatten des großen Felsens liefen sie in das Mittelmeer ein.

Die Fahrt der Wikinger verlief ruhig und die Flotte segelte nach Süden an die nordafrikanische Küste, wo sie in Cabo Tres Forcas (vermutlich Ceuta) landeten und die Streitkräfte des lokalen Maurengouverneurs besiegten. Die Wikinger blieben eine Woche dort, um Gefangene zusammenzutreiben, und die Sagas berichten

über die erste Begegnung mit Negern, die sofort nach Irland verschifft und in die Sklaverei verkauft wurden.

Bjorn fuhr nach Norden und die spanische Küste entlang bis nach Murcia, wobei jeder Ort geplündert wurde. Dann segelte die dänische Flotte zu den Balearen, die total ausgeraubt wurden, und von dort an die südfränkische Küste, wo sie Narbonne plünderten. Schließlich erreichten die Wikinger die Rhône und schlugen in der Camargue ein Winterlager auf, das auch als Ausgangspunkt für Raubfahrten flussaufwärts bis nach Arles diente. Bis zum Frühjahr waren die Angreifer bis nach Nîmes vorgedrungen, wo sie durch den erstarkten fränkischen Widerstand zum Rückzug gezwungen wurden.

Rom vor Plünderung gerettet

Die Wikinger segelten die ligurische Küste entlang, plünderten vermutlich im Sommer 860 Pisa und fuhren nach Luna (Livorno) weiter, das Hastein wegen seiner Schönheit für Rom hielt. Sie verschafften sich durch einen Trick Einlass (*siehe Seite 123*), raubten es aus und massakrierten die männliche Bevölkerung. Mit Beute beladen machten sie sich auf den Heimweg. Rom blieb ein ähnliches Schicksal erspart.

861 erreichten Bjorns Schiffe Gibraltar, trafen dort jedoch auf eine maurische Flotte. Die Wikinger wurden von der Übermacht geschlagen und die Überlebenden entkamen entlang der spanischen Küste und in das Hinterland, wo sie bis nach Pamplona plünderten. Im Frühjahr 862 ergriffen die Wikinger ihre Chance; sie umgingen die Mauren, umrundeten Spanien und kehrten auf der Loire in heimische Gewässer zurück. Obwohl nur 20 Schiffe die Expedition überstanden, wurden Bjorn und Has-

tein für ihre Beute als erfolgreichste Wikinger ihrer Zeit gefeiert.

Obwohl andere Wikinger in das Mittelmeer segelten, taten sie das nie wieder in dieser Zahl. Keine Wikingerexpedition war stark genug, um die Seeherrschaft der Mauren herauszufordern; daher blieben den Ländern des Mittelmeerraumes weitere Erniedrigungen erspart.

Links: Eine wikingische Frauenbrosche aus dem 9. Jahrhundert, geschaffen aus der Beute aus Europa

KAPITEL 7

Wikingerkrieger

Der Wikingerkrieger ist eine frühmittelalterliche Figur, die man nahezu sofort erkennt. Über 300 Jahr lang versetzten Wikinger ihre Gegner in Angst und Schrecken; sie kämpften in Europa, in Russland und sogar am Mittelmeer. Für gewöhnlich waren sie gut ausgerüstet, zumindest wenn sie fern der Heimat fochten, und die meisten waren professionelle Soldaten, die ihre Waffen mit grauenhafter Effizienz führten.

Für die Wikinger war das Kriegshandwerk eine edle Kunst, und Erfolg im Kampf wurde häufig mit Beute, Land oder Status belohnt. Sogar wenn ein Krieger im Kampf fiel, war ihm, wenn er tapfer gefochten hatte, ein Platz in Walhalla sicher, der Festhalle der Walküren, bis er von den Göttern zur letzten Schlacht zwischen Gut und Böse gerufen würde. Die Psychologie der Kriegerkults, der Blutdurst des *berserkir* und die Verehrung der Kriegerhelden in Saga und Dichtung dienten dazu, die Tapferkeit auf dem Schlachtfeld zu erhöhen, ohne Rücksicht auf persönliches Risiko. Das Resultat waren Krieger, die zu den furchtlosesten ihrer Zeit zählten.

Doch der sonst auf seine Unabhängigkeit bedachte Wikingerkrieger war auch Teil gut eingespielter Teams, die eher durch Beispiel als durch Befehl geführt wurden. Die Sagas verbreiten sich jedoch lieber über die Taten Einzelner und enthalten unzählige Berichte über Geschicklichkeit und Grausamkeit der Wikinger im Kampf, zu Lande oder zu Wasser. Archäologische Funde belegen deren Brutalität.

Die wachsende Autorität der skandinavischen Herrscher führte zur Bildung großer stehender Heere und Flotten, zur Organisation von Truppenaushebungen und zum Bau beeindruckender Festungen. Dies waren Zeichen einer signifikanten Veränderung. Die Wikinger waren von den Seefahrern des 8. Jahrhunderts zu Soldaten in den mächtigen nationalen Armeen der letzten zwei Jahrhunderte der Wikingerzeit geworden. Dies waren die Streitkräfte, die das Schicksal des angelsächsischen England und des keltischen Irland entschieden und die, etwas modifiziert, ausschwärmten, um Sizilien und Süditalien zu kolonisieren, und 1066 nach Britannien zurückkehrten, um es ein für alle Mal zu erobern.

Eine Schlacht erreicht ihren Höhepunkt, als sich ein Graf bereit macht zum letzten Gefecht hinter dem, was von seinem schützenden Schildwall rund um sein Banner noch übrig geblieben ist.

Die Kriegsführung der Wikinger

Krieg war in der Welt der Wikinger brutal und blutig, doch er folgte bestimmten Konventionen. Manche davon wurden auch von anderen Kriegern in europäischen Kulturen befolgt, andere waren einzigartig für die Wikinger. Sie spiegelten einen Ehrenkodex wider, der ihnen Respekt einbrachte.

Bei großen Landschlachten dieser Zeit stellten sich die gegnerischen Armeen in Linien einander gegenüber auf, meist mit einer zentralen Streitmacht und zwei kleineren Flügeln oder Flanken. Wichtige Führer, wie Könige und Grafen, umgaben sich selbst mit Leibwachen und Veteranen, die eine *skjaldborg* (Schildburg) um sie bildeten. Die restliche Armee formte einen *skjaldborgr* (Schildwall), indem sie dem Gegner eine lückenlose Phalanx aus Schilden präsentierte.

Der Standartenträger des Kommandanten stand in der Nähe. Banner dienten als Sammelpunkte, und der Verlust einer Standarte hatte ernsthafte Auswirkungen auf die Motivation der Soldaten. Auch persönliche Banner wurden zu zentralen Punkten, wenn die Krieger einer Seite

so bekleidet waren. Daher wurden die Standartenträger handverlesen und nach Stärke, Erfahrung und Ehre ausgewählt. Manche Banner wurden zum Symbol wikingischer Tapferkeit. So hatten die Dänen zum Beispiel in England 878 ein Banner mit schwarzem Raben. Ein anderes Rabenbanner trug der Standartenträger des Grafen von Orkney, Sigurd der Dicke, in der Schlacht von Clontarf (1014). Das von den Iren erbeutete Banner soll im Wind wie der Flügelschlag eines Raben geklungen haben. Manche Banner hatten sogar Namen, wie Harald Hardradas *Landeyðan* (Landverschwender) oder König Sverris *Sigrflugan* (Siegesflug).

Wikingerkommandanten hatten auch Trompeter, die Signale von einer Truppe zur nächsten übermittelten. Anders als im Spätmittelalter trugen die Wikinger keine identifizierenden Abzeichen oder Schilde, auch wenn sie im persönlichen Gefolge eines Anführers kämpften. Kennzeichnung, Befehl und Führerschaft drehte sich um den Wikingerkommandanten selbst und um sein sichtbares persönliches Banner.

Nach den isländischen Sagas sprach ein Wikingerkommandant vor einer Schlacht zu seinen Männern und ermutigte sie, gut zu

Oben: Die stark verzierte Drachenkopfschnitzerei aus dem Osebergschiff zeigt, wie die Wikinger ihre Langschiffe dekorierten, um ihren Feinden Angst einzujagen.

Brutaler Kampf

Sobald die Schlacht begann, versuchten beide Seiten, den Schildwall des Gegners zu durchbrechen. Wenn der Kampf im Gange war, wurde er oft zu einer Reihe kleiner Gefechte zwischen Gruppen, die mit Äxten, Schwertern und Speeren kämpften. Schwerter und Speere konnten auf engem Raum besser eingesetzt werden als eine große Axt, für die man Platz zum Schwingen benötigte. Das lässt vermuten, dass solche Waffen erst dann verwendet wurden, wenn das Schlachtfeld weniger überfüllt war oder die gegnerischen Linien durchbrochen waren. Es gab wenig bis gar keine Finesse. Der brutale, hiebweise Kampf Mann gegen Mann ging weiter, bis eine Seite zusammenbrach, meist unmittelbar nach dem Tod ihres Kommandanten und der Erbeutung seiner Standarte. Die meisten Opfer dürfte es gegen Ende einer Schlacht gegeben haben, wenn die Unterlegenen zu fliehen versuchten – und dabei den Siegern den Rücken kehrten, worauf sie rasch niedergemetzelt wurden.

Archäologische Ausgrabungen auf Schlachtfeldern wie Gate Fulford in England oder Visby auf der Insel Gotland zeigten, dass die Mehrzahl der Verwundungen von Schwert- oder Axthieben stammte und dass die meisten Toten Veteranen waren, weil sie bereits zuvor Kampfwunden davongetragen hatten. Man nimmt daher an, dass die professionellen *hird* in großen Armeen noch weiterfochten, wenn ihre weniger erfahrenen Kameraden längst geflohen waren. Nach der Schlacht begruben die Wikinger ihre Toten, wo sie gefallen waren. Jegliche Beute wurde unter den Siegern aufgeteilt.

kämpfen. In vorchristlicher Zeit wird er sie daran erinnert haben, dass ein ehrenhafter Tod ihnen einen Platz in Walhalla sicherte. Manchmal übernahm ein Skalde die Ermutigung (*siehe Seite 86*), oder ein skandinavischer Bischof oder, in vorchristlicher Zeit, ein religiöser Führer. Außerdem war es üblich, dass der Kommandant einen Speer gegen die Feinde warf als Symbol dafür, dass sie sterben würden und ihr Schicksal in Odins Händen lag.

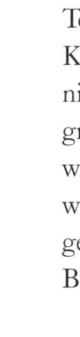

Links und unten rechts: Typische Wikingerkrieger des 9. und 10. Jahrhunderts. Die Bekleidung bestand aus Umhang und Hosen, beides aus Wolle oder Leinen. Die Rüstung hing von den Mitteln des Besitzers ab (*siehe auch Seite 120–21*).

Links: Hörner spielten in der Kriegsführung der Wikinger eine wichtige Rolle; sie dienten zum Weitergeben von Signalen und zum Einschüchtern des Gegners.

117

Das Phänomen der Berserker

Zu Beginn der Wikingerzeit gehörten zu den skandinavischen Armeen oft Berserker, grausame und impulsive Kämpfer, die durch die Hitze des Gefechts in Rage kamen. Die späteren isländischen Sagas zeigen, wie diese Männer die Motivation der Armee hoben und den Wikingerkriegern die Bedeutung von Blutdurst und Psychologie vor Augen führten.

Gegenüber: Diese Stanzform für Helmbeschläge aus dem 7. Jahrhundert zeigt zwei Krieger. Der rechte trägt einen Bären- oder Wolfspelz und stellt entweder einen *ulfhednar* oder einen *berserkir* dar. Das Stück datiert vor der echten Wikingerzeit; spätere *berserkir* trugen keine Tierfelle. Die andere Figur ist vermutlich ein *einherjar* (was einfach „zu einer Armee gehörig" bedeutet). Als ein „Champion Odins" war sein Helm zeremoniell – gehörnte Helme wurden in der Wikingerzeit nie getragen, nur von Göttern oder heidnischen Priestern auf Darstellungen.

F ür die vorchristlichen Wikinger waren ihre Götter Inspiration und Trost. Man glaubte, dass Odin und Thor den Verlauf einer Schlacht durch göttliche Intervention zu ändern vermochten. Wenn er gerufen wurde, konnte Odin einen Speer im Flug stoppen oder einem Schwert die Klinge nehmen. Noch sichtbarer war, dass die beiden Götter die *berserkir* (Bärenhemd) in Raserei versetzen konnten. Dann wurde deren Blutdurst zu einer mächtigen Waffe auf dem Schlachtfeld. Das Wort „berserkir" ist vermutlich von ihrer Verehrung für den Bären abgeleitet – ein inspirierendes Tier, das in aggressive Rage geriet, wenn es gereizt wurde. Es ist die Basis des modernen Wortes „Berserker".

Auf heute unbekannte Weise versetzten sich die *berserkir* in den Stunden vor einem Kampf in einen Wahn. Dies verlieh ihnen größere Stärke und Ausdauer im Kampf und ließ sie über nicht tödliche Schläge hinweggehen. Den Sagas zufolge heulten *berserkir* wie wilde Tiere, wenn sie in die Schlacht zogen. Die *Haraldskvæði* von ca. 900 berichtet:

Rechts: Berserker verkörperten die Raserei der wikingischen Kriegsführung.

Voller Kampf waren sie, mit blitzenden Schilden,
Westliche Speerspitzen, fränkische Wundenklinge.

Schrie dann, der Bärenpelz, Blutbad hatten sie
im Sinn,
Heulte dann der Wolfsmantel, und Waffen wur-
den geschwungen,

Herrlicher Zuschauer, ihres blutigen Sports,
Mut war gefragt, und die Hüllen fielen.

In diesem Gedicht stürmten der „Bärenpelz"
und der „Wolfsmantel" gemeinsam in den
Kampf, schreiend und von Blutdurst erfüllt. Im
8. Jahrhundert, vor dem Beginn der wahren
Wikingerzeit, deuten Berichte darauf hin, dass
berserkir als Teil des Rituals Tierhäute trugen,
aus denen sie einen Teil der Lebenskraft dieser
Tiere beziehen wollten. Während die meisten
den Bärenpelz vorzogen, der den *berserkir* ihren
Namen gab, wählten andere Wolfspelze und
wurden *ulfhednar* (Wolfsmäntel) genannt. Den
Sagas zufolge wurde das Tragen von Tierpelzen
mit der Zeit immer seltener; es hielt jedoch bis
zur christlichen Ära an, obwohl die Betreffend-
en eher ein Bärensymbol trugen als einen
ganzen Pelz – daher der Name „Bärenhemd".

Seit Jahrhunderten versuchen Gelehrte, das
Phänomen der *berserkir* zu erklären. Manche
meinen, dass sie von der Hauptarmee getrennt
waren, eine Ansammlung von mental Instabilen,
Außenseitern, Aussätzigen und gefährlichen
Menschen. Ihr Blutdurst wurde als Zustand der
Paranoia identifiziert, eine Art von Lykanthro-
pie, entweder natürlich entstanden oder, was
wahrscheinlicher ist, durch die Einnahme einer
heute unbekannten Kräuterdroge oder Alkohol.
Die Sagas behandeln die *berserkir* mit einer Mi-

schung aus Respekt vor ihrer Tapferkeit und
Ablehnung wegen ihrer Unkontrollierbarkeit.
Sie werden oft als wilde, tyrannische Schurken
beschrieben, gemieden von den Helden der
skandinavischen Literatur. Nach isländischem
Gesetz war *berserkir*-Raserei in Friedenszeiten
verboten, und wer dagegen verstieß, wurde als
Krimineller behandelt. Man nahm an, *berserkir*
würden übernatürliche Kräfte besitzen, die zum
Teil von Odin verliehen wurden. Der *Ynglinga
Saga* zufolge zogen sie in den Kampf

*... wie verrückte Hunde oder Wölfe, verbissen in
ihre Schilde, stark wie Bären oder Stiere, auf
ihrem Weg alles niedermähend, unverwundbar
durch Feuer und Eisen.*

In der *Volsunga Saga* kämpfte ein *ulfhednar*
gegen sieben Gegner gleichzeitig und siegte.

Der wikingische Glaube an die Götter und
deren Hilfe im Kampf förderte das *berserkir*-
Phänomen und führte zu unglaublichen Leistungen auf dem Schlachtfeld, vollbracht von
Kriegern, die den Tod nicht fürchteten, weil ihnen ein Platz in Walhalla sicher war. Obwohl
der vorchristliche Walhallaglaube nicht überlebte, lassen die Sagas auf ein Ethos schließen, das
den Tod in der Schlacht dem im Bett vorzog,
sowie den Ruhm eines letzten Kampfes an der
Seite der Kameraden und unter einem Wikingerführer. Angesichts dieser psychologischen
Anreize ist es verständlich, dass die Wikinger so
entschlossene Gegner und so erfolgreich waren.

Oben: Eine wikin-
gische Schachfigur
von den Hebriden aus
dem 12. Jahrhundert,
gefunden auf der Insel
Lewis. Drei Figuren
beißen in den Rand
ihres Schildes. Dies
wird in der *Ynglinga
Saga* als eine Art be-
schrieben, wie die
berserkir schreiend in
den Kampf zogen.

Waffen und Rüstung der Wikinger

Die wichtigste Waffe des wikingischen Seeräubers war das Schwert, doch als die Banden zu größeren Armeen anwuchsen, wurde der Speer immer wichtiger. Ähnliches galt für die Rüstung. Meistens konnten sich nur professionelle Krieger eine volle Rüstung leisten; daher sank ihr Anteil, als die Armeen immer größer wurden.

In Wikingergräbern wurden Schwerter, Äxte, Speere und Bogen gefunden. Das typische Langschwert der Wikinger hatte eine gerade, zweischneidige Klinge aus Eisen und als Gegengewicht einen großen, halbkreisförmigen Knauf, wobei der Griff einen kurzen, geraden Handschutz aufwies. Die Klinge war meistens gerillt (Waffenschmiede verwendeten dafür einen Setzhammer). Das machte sie leichter und stabiler und das Blut konnte in den Kanälen entlangfließen (von einigen Historikern bezweifelt).

Aus über 2.000 erhaltenen Exemplaren wissen wir, dass die Schneiden scharf, die Spitzen jedoch relativ stumpf waren. Das bedeutet, sie wurden als Hieb-, nicht als Stichwaffen verwendet. Die Vielfalt reicht von schlichten, funktionalen Schwertern bis zu reich verzierten. Eine norwegische Variante war der Langsachs, eine sächsische, einschneidige Waffe, die vermutlich vor allem für die Jagd benutzt wurde. Auch Messer wurden in Wikingergräbern gefunden. Sie waren im Alltag sehr verbreitet, hatten jedoch auch auf dem Schlachtfeld ihren Zweck.

Speere – einfach und billig zu produzieren – eigneten sich ideal, um die *leidang* (Rekruten) auszurüsten. Wikingerspeere haben im Allgemeinen eine breite Klinge mit Haken am Aufsatz. Dies verhinderte, dass sie zu weit in das Opfer eindrangen und nur schwer herausgezogen werden konnten. Kleinere Speere mit schmalen Klingen dürften als leichte Waffe im Nahkampf eingesetzt worden sein oder bei der Jagd.

Äxte und Bogen waren weit verbreitet. Der Axtaufsatz variierte je nach Zweck. Zweihandäxte waren bei den Dänen beliebt. Diese breitklingigen Waffen konnten starke Rüstungen, Schilde oder Helme durchschlagen. Kleinere Äxte wurden einhändig geführt oder sogar geworfen. Bogen wurden meistens aus einem einzelnen Ast geformt und glichen denen in anderen mittelalterlichen Armeen.

Die meisten Wikinger besaßen einen Helm und einen Schild, doch nicht alle ein Kettenhemd. Die ersten Helme waren einfach kegelförmig und hatten ein brillenähnliches, fixes Visier. Andere bestanden aus vier Segmenten, die mit Reifen zusammengenietet wurden. Manche hatten einen Vorsprung zum Schutz der Nase. Fast alle waren aus Eisen, obgleich auch Zierhelme aus anderen Metallen gefunden wurden. Die meisten scheinen einfach gebaut und ungeschmückt gewesen zu sein, bloß kuppelförmige Helme ohne zusätzlichen Schutz. Man muss betonen, dass die Wikinger niemals die gehörnten Helme trugen, mit denen sie so gerne dargestellt werden. Diese Vorstellung stammt aus Illustrationen aus der frühen Wikingerzeit, als solche Helme für zeremonielle oder religiöse Zwecke verwendet wurden, doch sie waren sicherlich nicht weit verbreitet und wurden nie im Kampf benutzt.

Wikinger verlieren Vorteil

Es ist kein vollständiges Kettenhemd erhalten, doch Fragmente zeigen, dass sie für gewöhnlich bis zum Oberschenkel reichten, im Lauf der Wikingerzeit aber länger wurden. Diese Kettenhemden wurden aus zusammenhängenden Ringen gefertigt, ähnlich wie die bekannten Kettenhemden der Normannen im Frühmittelalter. Die Niederlage der Wikinger in der Schlacht von Stamford Bridge (1066) kam zum Teil zustande, weil Harald Hardrada Armee überrascht wurde und die *hird* ohne Kettenhemden kämpfen mussten.

Leider wurden keine zuverlässigen archäologischen Exemplare von Schilden gefunden. Jene aus dem Gokstadschiffsgrab könnten spezielle Entwürfe für die Verwendung als Grabbeigabe gewesen sein, doch Abbildungen legen nahe, dass der kreisrunde Schild die Norm war. Ein Metallbuckel im Zentrum schützte den Schild aus Holz und Tierhaut. Die Außenseite dürfte häufig bemalt gewesen sein, entweder mit einfärbigen Karos oder mit einem einfachen Motiv. Der lange, rautenförmige Schild, der traditionell mit den Normannen assoziiert wird, wurde bei den Dänen und Norwegern in der 2. Hälfte des 11. Jahrhunderts eingeführt.

Der typische Wikinger war gut bewaffnet und wusste Waffen und Ausrüstung zu gebrauchen. Er war für gewöhnlich besser trainiert als seine Gegner, doch mit der Zeit verbesserten sich Qualität und Quantität der sächsischen und fränkischen Waffen und Rüstungen. Ab dem 10. Jahrhundert hatte ein Wikinger keinen Vorteil mehr gegenüber dem Feind, außer Wildheit und Geschicklichkeit.

Unten: Funde zeigen, dass der wikingische Kettenpanzer zwischen dem 9. und 11. Jahrhundert unverändert blieb. Er ähnelte denin Europa verwendeten Modellen.

Oben: Dieser Helm mit dem brillenartig fixierten Visier und Nasenschutz stammt aus dem 7. Jahrhundert. Die feine Augenbrauenverzierung weist auf den zeremoniellen Usprung hin; es wurde im Vendelschiffsgrab in Uppland, Schweden, gefunden.

Gegenüber links: Das Schwert aus dem 10. Jahrhundert hat eine halbrunde Klinge (auch im Querschnitt, vergrößert). Das stumpfe Ende zeigt, dass Schwerter Hiebwaffen waren.

Links und oben: Vorder- und Hinteransicht eines Schildes aus dem Gokstadschiffsgrab. Er war etwa 90 cm breit, aus Holz und an den Kanten mit Leder gebunden. Ursprünglich waren sie schwarz oder gelb bemalt. Metallrand und Holzrippen in der Hinteransicht sind modernen Ursprungs.

Gegenüber rechts: Schwedische Wikinger liebten Speere mit gerader Klinge wie dieser aus Bronze. Er hatte einen Silbergriff.

Die Kampftaktik der Wikinger

Wikinger waren typische Krieger ihrer Zeit, doch was sie von anderen Europäern unterschied, war die Hingabe des hird. Diese Berufssoldaten entwickelten ihre eigene Kampftaktik, die dazu gedacht war, den Schrecken, den der grausame Ruf der Wikingerkrieger in ihren Feinden hervorrief, voll auszunützen.

Rechts: Diese prächtige Eisenaxt mit Silberdrahtverzierung wurde in Mammen, Jütland, gefunden. Die Tierornamente sind im Mammenstil gefertigt, dem sie den Namen gaben. Das Beil ist schmal, 16,5 cm lang und weist eine leicht verlängerte Klinge auf, was vermuten lässt, dass sie im Nahkampf gegen Kettenhemden eingesetzt wurde. Größere Äxte waren für den Nahkampf ungeeignet, da die Krieger viel Platz zum Schwingen der Axt benötigten.

Als Seeräuber verließen sich die Wikinger voll auf ihre Schiffe. Sie konnten von jedem Fluss oder Küstengewässer aus angreifen, das die Langschiffe mit ihrem geringen Tiefgang befahren konnten. Anfangs waren Wikingerangriffe klein, aber verheerend effektiv. Weil ihre Opfer nicht vorgewarnt waren, konnten sie den Überfall und den anschließenden Rückzug der Angreifer auf See meist nicht verhindern. Als die Überfälle jedoch größer wurden und schließlich Armeen auftauchten, zeigten die Wikinger taktische Raffinessen, die ihren Ruf als unorganisierte Seeräuber Lügen straften.

Auch erbeutete Pferde wurde benutzt, um Soldaten und Material zu transportieren, doch im Kampf standen die Wikinger lieber auf ihren eigenen Beinen. Befestigte Küstenstellungen dienten als sichere Rückzugsorte, doch die Wikinger kämpften selten defensiv. Nur gegen numerische Überlegenheit nutzte man in der späten Wikingerzeit defensive Festungen im Danelag und in Dänemark.

Die Wikinger verdienten ihren grausamen Ruf. Wenn sie den Gegner nicht mit einem brutalen Angriff schlagen konnten, wurde der Kampf zu einer Frage der Ausdauer und Geschicklichkeit, bei der die fähigste und geübteste Armee im Vorteil war. In den Frühzeiten waren allzu oft die Wikinger die besseren Krieger. Die Geschicklichkeit des professionellen Kämpfers, des *hird*, beruhte auf Training, sowohl im Waffengebrauch als auch in der Kampftaktik. Zäh in der Defensive und motiviert im Angriff – so reflektierte die Wikingertaktik die Grundzüge der Kriegerpersönlichkeit.

Der *skjaldborgr* (Schildwall) war eine dichte Formation, bei der die Schilde einander überlappten und eine schützende Wand bildeten. Bildersteine von der Ostseeinsel Gotland und einige Abbildungen aus Grabstätten lassen vermuten, dass das Ausmaß des Überlappens und die Tiefe des *skjaldborgr* je nach Umständen variierte. Wichtigstes Merkmal dieser Formation war die dichte, ungebrochene Phalanx aus Schilden, die den Männern dahinter Schutz bot. Sie konnte defensiv eingesetzt werden oder als sichere Basis, von der aus Angriffe unternommen wurden. Natürlich war es ein entscheidendes Ereignis, den Feind zu erwischen, bevor er seinen Schildwall formiert hatte, oder wenn der gegnerische Schildwall durchbrochen wurde. Danach wurden die Feinde meist niedergemetzelt.

Odins Pfeil

Bei der Schlacht von Stamfordbridge (1066) bildete Harald Hardrada einen runden Schildwall, unterstützt von kleinen Elitegruppen, die in pfeilförmigen Formationen aus dem Schutzring herausstachen, um den Feind abzuwehren. Die Erfindung dieser so genannten keilförmigen Schweineformation wurde traditionell dem Kriegsgott Odin zugeschrieben. Der ersten Reihe aus zwei Mann folgte eine mit drei, dann vier und so weiter. So enstand eine sehr wendige Einheit, die den feindlichen Schildwall allein durch ihren Schwung durchbrechen konnte.

Die Wikinger setzten auch Bogenschützen ein, die entweder einen Abwehrschirm bildeten oder von hinter einem Schildwall über die Köpfe ihrer Kameraden hinweg auf die feindlichen Linien schossen. Doch feine Geplänkel beschränkten sich meist auf die Eröffnungsphase des Kampfes. Nur der brutale Zusammenprall der *skjaldborgr* entschied über den Sieg. Wikinger waren Listen jedoch nicht abgeneigt. In Italien täuschte Bjorn Ragnarsson seinen eigenen Tod vor, um Einlass in Luna (Livorno) zu finden, worauf seine „Sargträger" über die Italiener herfielen, während andere falsche Banner hissten, um den Feind zu verwirren.

Die Wikinger waren geübt in der Kriegsführung und über 200 Jahre lang erwiesen sie sich den gegnerischen Sachsen, Kelten, Franken oder Lombarden als überlegen.

Die Wikingerarmee

Das populäre Bild von plündernden Wikingern, die von ihren Schiffen springen, lässt leicht vergessen, dass in späteren Jahren große Armeen weite Teile Europas eroberten. Diese Kräfte wurden von den Königen von Dänemark, Schweden und Norwegen aufgestellt, die um die Macht über das Danelag in England und die skandinavischen „Blassen" in Irland rangen.

Unten: Vier typische Schwerter aus der Wikingerzeit, gefunden in Schweden. Alle vier haben einen großen Knauf als Gegengewicht beim ermüdenden Hauen (statt Stechen). Das dritte ist jünger als die anderen, erkennbar an der gerippten Klinge.

Der Kern jeder großen Wikingerarmee war das *hird*, eine permanente Elitetruppe, die vom König oder zumindest einem wichtigen Gefolgsadeligen wie den Grafen von Orkney, unterhalten wurde. Die *hirdmen* (oder *thingmen*) waren Krieger, die ihrem Herrn einen Treueeid geschworen hatten. Obwohl diese Streitmacht für gewöhnlich aus seinen Untertanen bestand, konnten ihr auch ausländische Söldner angehören. König Olaf II. von Norwegen unterhielt im Jahr 1020 60 *hirdmen* an seinem Hof sowie eine persönliche Leibwache aus 30 *huscarles* und 30 *gestrs* (eine geringere Form des *hird*, die als Steuereintreiber oder Sicherheitskräfte diente).

885 verfügte König Harald Harfagri (Schönhaar) von Norwegen, dass jeder seiner nachgeordneten Grafen ein persönliches *hird* von 60 Mann unterhalten solle. Außerdem sollte er ein Minimum von vier *hersir* haben, eine Art regionaler militärischer Führer, und jeder dieser niederen Adeligen sollte sein persönliches *hird* von mindestens 20 Mann besitzen. Das hieß, dass jeder Graf sich auf mindestens 140 professionelle Soldaten als Kern stützen konnte, um den herum er *leidang* (Rekruten) anmustern konnte. Die Wikinger, die Europa im 9. Jahrhundert heimsuchten, waren so gut wie alle *hirdmen* im Dienste lokaler Grafen oder niederer Adeliger, die, wenn nötig, auch für konventionelleren Militärdienst einberufen werden konnten.

Bauern als Krieger

Das *leidang*-System entstand vor dem Wikingerzeitalter Ende des 8. Jahrhunderts in Dänemark und wurde im Verlauf der Wikingerzeit verfeinert. Es setzte die Zahl der Schiffe und Männer sowie die Versorgungsgüter fest, die eine bestimmte Region ihrem Herrscher in Notzeiten zur Verfügung stellen musste. Das bedeutete, dass der Großteil einer nationalen Armee aus *bondi* (*siehe Seite 19*) oder freien Bauern bestand. Die Männer des *leidang* konnten zu Invasionen, zur Verteidigung und sogar zur Arbeit an Befestigungsanlagen einberufen werden. Wer der Einberufung nicht Folge leistete, riskierte hohe Geldstrafen oder Schlimmeres. Es konnte auch nur das halbe oder ein Teil des *leidang* einberufen werden, um die anfällige Agrarwirtschaft nicht zu sehr zu beeinträchtigen. Volle Mobilmachung fand nur bei großen Krisen statt, etwa einer großen ausländischen Invasion. Der Dienst dauerte von, je nach Einsatz, zwei Monaten bis zu einem halben Jahr.

Nach diesem System wurden große Armeen oder Flotten gebildet. 845 rekrutierte König Horik von Dänemark eine nationale Armee von 600 Schiffen und 50.000 Mann. Zu Beginn des 11. Jahrhunderts waren die militärischen Ressourcen von König Knut noch größer; theoretisch konnte er bei voller Mobilmachung eine Flotte von 850 Schiffen ausheben. Da sie jedoch eher in der Landarbeit als im Kämpfen geübt waren, waren viele Rekruten wahrscheinlich unzuverlässig. Außerdem verkürzte ihr Dienst das königliche Steuereinkommen. Daher beschränkte man sich, wenn möglich, auf die stehende Armee der *hird*, und die lokalen Rekruten wurden nur bei bevorstehenden Schlachten einberufen.

Das typische Wikingerschiff beförderte zwischen 60 und 100 Mann, der Durchschnitt lag bei 75. Da Schiffe nach ihrer Anzahl an „Räume" oder Riemen eingeteilt wurden, besaß ein Langschiff mit 32 Räumen 16 Ruder pro Seite, die von je zwei Männern bedient wurden, was eine Besatzung von 70 Mann ergibt, plus Steuermann, Offiziere und Musiker. Manche Armeen auf den Britischen Inseln umfassten 20.000 Mann und wurden von einer Kette aus Prinzen, lokalen Führern (alle wie „Könige" aufgemacht) und unzähligen höheren oder niederen Grafen befehligt. Die Wikingerarmeen waren alles andere als desorganisierte, anarchische Haufen, sondern eine wohlgeordnete Streitmacht aus professionellen und ausgehobenen Soldaten, die sich auf die Unterstützung ausgezeichneter Kriegsschiffe verlassen konnten.

Oben: Illustration aus dem *Loblied des Ebbo,* ca. 816–35, die einen Bauern mit Pfeilen zeigt.

Links: Im 10. Jahrhundert begannen wikingische Waffenschmiede, den auswärts gekrümmten Griff der englischen Krieger zu kopieren. Dieser hier (9. Jahrhundert) stammt aus Abingdon bei Oxford.

Schlachten in Dichtung und Saga

Skandinavische Dichtung und Prosa beschrieben häufig Schlachten und die Rolle, die Helden darin spielten. Diese von Skalden vorgetragenen Heldengedichte und die Gedichte ihrer Feinde gewähren einzigartige Einblicke in die Kriegsführung der Wikingerzeit.

Oben: Ein früher Runenstein ehrt die Tapferkeit eines Kriegers.

Gegenüber: Ein geschnitztes, bemaltes Langschiff an einer Tür in Hedeby.

E ines der großartigsten angelsächsischen Gedichte ist ein unbetiteltes Werk über den Tod von Byhrtnoth, Ealdorman (sächsischer Graf) von Essex. Es berichtet über die Schlacht von Maldon, die Byhrtnoth 991 mit einer Wikingertruppe ausfocht. Letztere forderten Danegeld, der Sachsenführer verweigerte. Daher machten sich Sachsen und Wikinger auf beiden Seiten eines Dammes zum Kampf bereit. Die Schlacht begann mit dem Austausch von Wurfgeschossen über den Fluss hinweg:

Sie standen an Pantas Strom in stolzer Phalanx,
Die Ränge der Ostsachsen und die Massen von
*   den Eschenschiffen,*
Noch mochte keiner den anderen verletzen,
Bis auf jene, die von Pfeilen tot umfielen.

Der erste Angriff der Wikinger wurde durch drei Sachsenmeister vereitelt, also ersuchten die Wikinger, die Sachsen sollten sich zurückziehen, damit sie sich an der anderen Seite des Dammes zu einem fairen Kampf aufstellen konnten. Byhrtnoth stimmte zu und der Kampf begann von neuem:

Heraus stießen harte Reihen von Fäusten,
Scharf geschliffene Speere schnellten hervor;
Bogen beschäftigt, Schilde zurückgeschreckt,
Es war eine bittere Schlacht. Auf beiden Seiten
Fielen tapfere Männer, lagen Jungen darnieder ...

Byhrtnoth, kriegshart, stark, schildbewehrt,
Zog sein Schwert, schritt kräftig aus
Zu seinem Feind, Graf zu Schurke,
Jeder den Schaden des anderen im Herzen.

Der Seemann schleuderte seinen Speer,
Sodass er der Krieger Herrn verwundete,
Der mit seinem Schild abwehrte, sodass der
*   Schaft barst,*
Erschütterte den Speerkopf; er sprang zurück,
Im Zorn er dann stach mit Eschenholzspitze.

Das Gedicht beschreibt das Duell zwischen den beiden Kommandanten weiter, deren Kampf zum Fokus des Gefechts wurde. Als Byhrtnoth durch einen Speerwurf getötet wurde, gaben die Sachsen auf und flohen. Solche Heldenduelle sind ein beliebtes Thema in der germanischen und skandinavischen Dichtung und Prosa. Man kann sie als idealisierte Version eines Kampfes sehen, bei dem zwei Befehlshaber ihre Männer durch ihr Vorbild anspornten.

In der Welt der Wikinger war es wichtig, tapfer im Kampf zu sterben, selbst als der alte

Anreiz – ein Platz in Walhalla – durch den christlichen Himmel ersetzt worden war. In der *König Harald Saga* beschreibt Arnor der Skalde den letzten Kampf von Harald Hardrada:

Alle Krieger König Haralds
Zogen vor, an seiner Seite zu sterben,
Teilten das Schicksal ihres tapferen Königs,
Lieber als um Gnade zu betteln.

In einer Zeit der Gewalt sahen die Wikinger ihre Helden gerne als Elite, der es nachzueifern galt. Nicht alle Wikinger waren so selbstlos. Der Bericht über den Rückzug der dänischen Armee nach ihrer Niederlage 878 in der Schlacht bei Ethendun (Edington) an der Salisbury Plain ist vermutlich wahr, widerspricht aber dem Wikingerideal der Ehre im Kampf. Er gemahnt uns, nicht alles, was die Skalden schrieben, für bare Münze zu nehmen, sondern als Teil eines Kriegerkults zu sehen, der ein anzustrebendes Ideal darstellte, aber nicht immer die Realität wikingischer Kriegsführung.

Auf der Salisbury Plain gegenüber aufgestellt,
Engländer, gierig, ihre Heimat zu verteidigen,
Schildwälle verwoben zu dichtem Schutz,
Guthorms Krieger rufen Odin an.

Die Kriegsgötter mahnen die Wikinger,
Jeder Mann muss tapfer sein,
Nach dem Tod werden die Taten besprochen
Und die Walküren sammeln tapfere Männer.

Krieger kämpfen furchtlos und stark,
Bevor die Klinge in den Kopf eindringt,
Wenig ist verloren für Männer, die gut kämpfen,
Und abermals kämpfen an einem anderen Tag.

Guthorms Männer kämpften wild, weit entfernt
*   von ihrer Heimat,*
Doch Odins Gunst war nicht mit ihnen,
In Chippenham, ängstlich hinter Mauern,
Doch gering ist der Verlust für gute Kämpfer.

Sie schwangen ihre Waffen.
Und Guthorm führte seine Krieger hinfort,
Um an einem anderen Tag zu kämpfen,
Da Odin ihm ein unbeständiges Schicksal gab.

Guthorms Armee in Ethendun
(angelsächsisches Gedicht).

Seeschlachten

Angesichts der langen Seefahrertradition und ihres grimmigen Rufs ist es nicht verwunderlich, dass die Wikinger ebenso gern auf See kämpften wie an Land. Die Berichte darüber enthüllen eine Menge über die Art, wie die Wikinger kämpften, zu Lande und zu Wasser.

Die besten Berichte über Seeschlachten finden sich in den isländischen Sagas. Sie lassen darauf schließen, dass die Wikinger auf See auf ähnliche Weise kämpften wie an Land. Obwohl sich die Taktik unterschied, war das Ziel dasselbe – und die Folgen eines Versagens meist schlimmer. Die Wikinger ruderten in den Kampf, doch anders als die Galeeren der Antike wurden die Langschiffe selbst kaum als Waffen zum Rammen des Gegners eingesetzt. Stattdessen wurden über große Distanzen Wurfgeschosse (meist Pfeile) eingesetzt, gefolgt von brutalen Zweikämpfen, wenn die Schiffe sich näherten und auf den Decks gekämpft wurde.

Manchmal wurden mehrere Schiffe miteinander zu einer riesigen (und fast manövrierunfähigen) Plattform vertäut. In diesem Fall griff der Feind die verwundbaren äußeren Schiffe an. Es dürfte die Taktik der Wikinger gewesen sein, zuerst das größte Schiff in den Kampf zu

Drei wikingische Langschiffe, miteinander zu einer Kampfplattform vertäut, werden bei einem feindlichen Zangenangriff geentert.

schicken. Dann legten sich kleinere Schiffe längsseits an ihre Langschiffe und führten ihre Krieger zum Kampf. Es war eine Frage der Ehre, dass die Könige oder Jarls, die das Kommando innehatten, einen wichtigen Platz in der Schlacht einnahmen, daher wurden ihre Schiffe unvermeidlich zum Fokus des Gefechts.

Die *Heimskringla Saga* enthält einen hervorragenden Bericht über eine Seeschlacht, die 1044 zwischen König Magnus von Norwegen und Dänemark sowie Jarl Swend, einem rivalisierenden Thronanwärter bei Århus vor der Halbinsel Jütland ausgetragen wurde. Vor der Schlacht ließ Jarl Swend seine Schiffe zu einer großen Kampfplattform verzurren. Dann bereitete König Magnus seine Männer auf den Angriff vor:

Sie fochten Bug an Bug, sodass nur die Männer am Bug zuschlagen konnten; die Männer auf dem Vorderdeck schleuderten Speere, und alle, die weiter entfernt waren, warfen leichte Speere oder Kriegspfeile. Manche kämpften mit Steinen oder kurzen Pfosten, und jene, die hinter dem Mast standen, schossen mit dem Bogen. Die Schlacht war heiß (...) König Magnus stand zu Beginn des

Kampfes in einem Schildwall, doch als ihm schien, dass es zu langsam voranging, sprang er über die Schilde hinweg und lief nach vorne, ermutigte seine Männer mit lautem Zuruf und erreichte den Bug, wo die Zweikämpfe im Gange waren. Als seine Männer dies sahen, munterten sie einander auf und es gab großes Hurra auf allen Schiffen. Nun wurde der Kampf heftiger und auf dem Vorderdeck von Swends Schiff wurden alle Männer beseitigt. Dann enterte Magnus Swends Schiff, gefolgt von seinen Männern, und einer nach dem anderen griff so hartnäckig an, dass Swends Männer aufgaben, und König Magnus säuberte zuerst ein Schiff, dann den Rest, eines nach dem anderen. Swend floh mit einem Großteil seiner Leute und viele fielen und viele lebten. Der Lohn des Kampfes waren sieben Preise.

Diese Schlacht war ein brutaler, harter Kampf, bei dem Wikingerkrieger Schiff um Schiff niederrangen, indem sie sich vom einen Ende eines Langschiffs zum anderen durchkämpften und dann zum nächsten vordrangen. Diese Form des Kampfes ähnelte den Angriffen in Schweineformation zu Lande, doch es konnte

auch defensive *skjaldborgr*-Taktik angewendet werden, wie die *Heimskringla* über die Schlacht bei Nissa (1062) zwischen König Harald Hardrada von Norwegen und König Sven von Dänemark auf Haralds Flaggschiff berichtet:

> *Der Ring aus Schilden schien zu umschließen,*
> *Das Schiffsdeck voller geenterter Feinde.*
> *Das Drachenschiff auf den Fluten des Nissa,*
> *Besetzt von Männer mit starkem Stand,*
> *Schild an Schild, das war etwas Seltenes,*
> *Das alle Kraft der Männern herausforderte.*

Haralds Männer hielten den Angriffen der Dänen stand, gingen zum Gegenangriff über und trugen den Sieg davon. Die Brutalität einer Wikingerseeschlacht zeigt sich daran, dass Harald die Haufen toter Wikinger auf dem Flaggschiff seines Gegners durchsuchte, bis er die Leiche des rivalisierenden Monarchen fand.

Festungen der Wikinger

Die ersten Wikinger hatten wenig Zeit für Festungen und verließen sich auf Mobilität zu Wasser. Später, als sie in fremden Ländern überwinterten, bauten sie temporäre Lager. Doch als sie Herrscher über eroberte Gebiete wurden oder Invasionen in ihrer Heimat gegenüberstanden, errichteten sie komplexe Festungen als Symbol königlicher Macht und regionaler Vorherrschaft.

D ie ersten Festungen der Wikinger waren temporär; sie waren nur sichere Winterplätze für Wikingerkrieger samt Schiffen. Solche Lager lagen bevorzugt auf Inseln oder Anhöhen in fluss- oder küstennahen Gebieten, umgeben von Marschland oder Sümpfen. Die natürlichen Grenzen boten einen gewissen Schutz, doch die Lager mussten nahe genug am Wasser liegen, damit die Wikinger ihre Schiffe vor Winterstürmen hochziehen konnten.

Ein einfacher Erdwall und Palisaden gewährten Sicherheit, während provisorische Hütten aus Grassoden, Segeltuch oder Holz die Krieger vor den Elementen schützten. Von Winter-

lagern gibt es kaum Überreste, aber die Reste von Verteidigungsmauern findet man an der Küste und in Flussmündungen Irlands, Schottlands, der Normandie und des englischen Ostanglien. Sowohl in Skandinavien als auch in Britannien wurden die Reste vorwikingischer Festungen auf Hügeln und im Vorgebirge verwendet; es gibt Hinweise, dass die Wikinger Orte wie Burghead in Schottland oder Gråborg in Schweden ausnützten.

Nach der ersten Eroberungswelle in England im 9. Jahrhundert sahen sich die Dänen mit einem zunehmend militaristischen angelsächsi-

Trelleborg, am Zusammenfluss zweier Ströme gelegen

Vaarbyå

Holzpalisaden

Kampfplattform

Graben

äußerer Ring

Tudeå

0   50   100 m

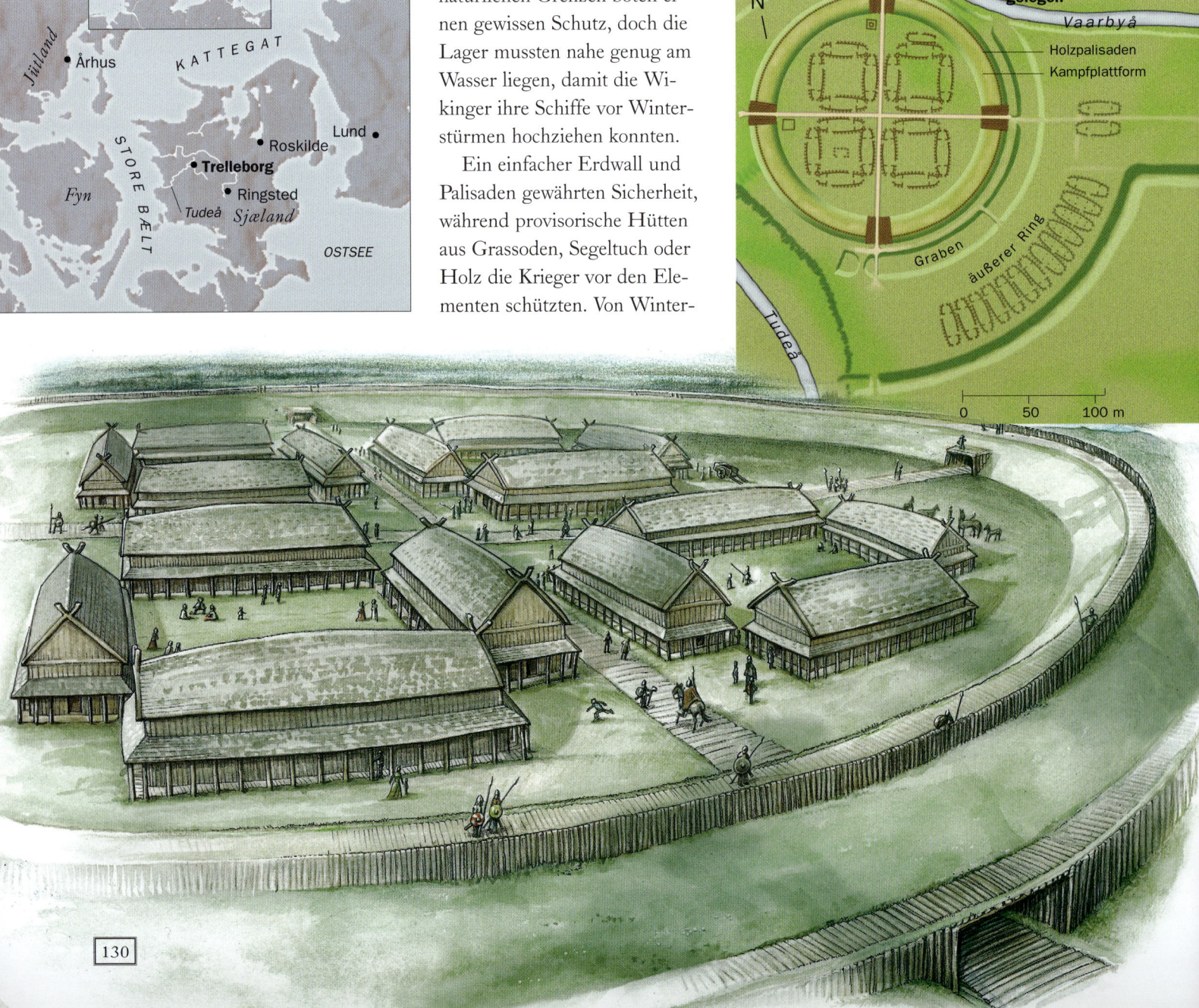

Oben: Die Steinmauern von Scarborough Castle in Yorkshire, Nordengland. Die Wikinger benutzten diesen Ort als befestigten Stützpunkt bereits, lange bevor er im 11. Jahrhundert zur dauerhafteren Festung umgebaut wurde.

schen Staat konfrontiert. Ein Netz aus sächsischen Festungen schreckte weitere Wikingervorstöße in englisches Gebiet ab (*siehe Seite 70–71*) und diente als Basis für Angriffe gegen das wikingische Danelag. Der zeitgenössischen englischen Chronik *Burghal Hideage* zufolge wurden diese angelsächsischen Stellungen etwa alle 30 km erbaut, meist dort, wo eine bestehende Stadt oder Siedlung die Infrastruktur für Versorgung, Handel und Rekrutierung bot. Natürlich beeinflusste diese Form eines defensiven Netzwerkes die Dänen, da nun ähnliche Festungen im Danelag auftauchten, und auf Befehl der dänischen Krone wurden noch beeindruckendere Anlagen gebaut. Während die Sachsen öfters befestigte Linien, wie etwa Offas Dyke, errichteten, gibt es in Skandinavien nur eine solche Linie, die Danevirke bei Hedeby in Dänemark, die die Südgrenze des dänischen Staates markierte.

Große dänische Lager

In Skandinavien waren nur wenige Siedlungen befestigt. Selbst die großen, blühenden Märkte der mittleren und späten Wikingerzeit waren kaum befestigt, für gewöhnlich nur mit einem Erdwall, einem Graben und Palisaden. Es gab wenige Ausnahmen, von denen die wichtigsten Hedeby und Birka waren, wo eine große Zitadelle die Stadt dominierte und die Stadtmauern mit Wachtürmen durchsetzt waren. In Krisenzeiten boten befestigte Siedlungen den Einwohnern der umliegenden Gebiete Zuflucht und ersetzten die alten befestigten Feldlager, die lo-

kalen Gemeinden vor der Wikingerära Schutz geboten hatten.

Die beeindruckendsten Festungen der Wikinger lagen in Trelleborg, Nonnebakken, Aggersborg und Fyrkat, kreisrunde Militärlager, die im späten 9. Jahrhundert mit fast römischer Präzision angelegt wurden. Einfachere und weniger dauerhafte Anlagen wurden im Danelag errichtet, doch davon sind kaum Spuren erhalten. Die skandinavischen Festungen wurden mit der Regentschaft von König Sven Gabelbart und König Knut assoziiert. Sie sind eine sichtbare Manifestation königlicher Militärmacht.

Sie dienten als Trainingslager für die neu organisierten dänischen *hird*, und die dort ausgebildeten Krieger wurden in den Feldzügen zur Eroberung und Rückeroberung Englands Ende des 9. und Anfang des 10. Jahrhunderts eingesetzt. Die Trelleborg-Festungen folgten alle einem ähnlichen Muster. Runde Holzpalisaden und eine breite, irdene Kampfplattform umgaben das Fort, das an einem steilen Abhang lag und von einem Graben umgeben war. Innen waren die Gebäude in Gruppen zu je vier arrangiert, die die Seiten eines kleinen Innenhofes bildeten, der vermutlich als Exerzierplatz diente. Jedes Quadrat aus Gebäuden lag in einem der vier Quadranten des Forts, die durch vier Straßen getrennt waren, die zu vier Toren führten. Diese Festungen dominierten die Region, in der sie standen, und spielten bei der Verankerung der königlichen Macht in Dänemark eine große Rolle zu einer Zeit, als sich das Land zu einem eigenständigen Staat entwickelte.

Gegenüber: Diese Rekonstruktion des Militärlagers Trelleborg zeigt die vier Gruppen aus je vier Baracken im Zentrum des Lagers. Jede Baracke ist etwa 30 m lang und beherbergte 40 bis 50 Mann. Die 15 Häuser im äußeren Ring sind etwas kürzer. Der Durchmesser innerhalb der Schutzrampe beträgt 134 m. Trelleborg ist eines von vier ähnlichen Lagern, ebenso wie Fyrkat (*siehe Abbildung Seite 150*).

Nordeuropa um 1000

- Norwegen und norwegischer Einflussbereich
- Dänemark und dänischer Einflussbereich
- Schweden und schwedischer Einflussbereich
- russischer Einflussbereich
- fränkische Königreiche

Ein mächtiges Symbol der wikingischen Geschichte in Orkney, der Maeshowe-Drache (unten), wurde von einem der Nordländer geschnitzt, die in das prähistorische Grab einbrachen, um wertvolle Grabbeigaben zu stehlen.

Ursprünglich unter norwegischer Herrschaft, gehören die Färöer heute zu Dänemark.

ISLAND
- Reykjavík

ATLANTISCHER OZEAN

NORWEGISCHES MEER

NORWEGEN

FÄRÖER-INSELN

Shetland-inseln

ORKNEY
- Kirkwall

Hebriden

- Ullapool
- Burghead

SCHOTTLAND
- Scone
- Dumbarton

NORDSEE

- Kaupang

SCHWEDEN
- Sigtu
- Birk
- Pavi

- Larne

IRLAND

IRISCHE SEE
- Limerick
- Dublin

- Waterford
- Cork
- Wexford

- Jarrow
- Wearmouth

- Whitby

York

Chester

DANELAG

WESSEX
- London
- Winchester
- Canterbury

ÄRMELKANAL

DÄNEMARK
Jütland
Skåne

- Jelling
- Roskilde
- Lund
- Ribe
- Kalmar
- Öland

- Hedeby

Bornholm

OSTSEE

- Wolin

Pommern

BRETAGNE

- Bayeux
NORMANDIE
- Rouen

- Paris
- Reims

WESTFRÄNKISCHES KÖNIGREICH

- Nantes
- Orléans

- Dorestad
- Köln

Hamburg
- Bremen

Weser

Scheide
Rhein

Maas

- Mainz
- Frankfurt

Main

OSTFRÄNKISCHES KÖNIGREICH

Elbe

Oder

Polen

Böhmen

Rhein

Donau

KAPITEL 8

Nordeuropa als Wikingerreich

Map labels:
FINNISCHER MEERBUSEN · GOLF VON FINNLAND · Staraja Ladoga · Nowgorod · Izborsk · Pskov · otland · Grobin · Balten · Neman · Russen · Gnezdovo · Preußen · Elbing · sel · Slowaken

gelsachsen zogen gegen die schottischen Verbündeten von Orkney ins Feld. Die wachsende Bedeutung des Handels und der ökonomische und kulturelle Einfluss der skandinavischen Heimatländer in den Provinzen beeinflusste die komplexe politische Situation.

In Skandinavien, wo Norweger, Schweden und Dänen mit der zunehmenden königlichen Autorität und der Ausbreitung des Christentums kämpften, sahen sich die Könige immer mehr in Probleme auf den Britischen Inseln verwickelt. Obwohl noch keiner dieser Herrscher es erkannte, kämpften sie um die Dominanz Skandinaviens in der ökonomischen und kulturellen Entwicklung Nordeuropas. Ihr Scheitern an der Durchsetzung ihres militärischen und politischen Willens im angelsächsischen England ebnete den Weg für die Änderung der kulturellen Achse auf dem Kontinent. Die neuen Herren sollten die normannischen Franzosen des 11. Jahrhunderts werden, die von Wikingersiedlern vergangener Jahrhunderte abstammten.

Ende des 11. Jahrhunderts näherten sich drei Jahrhunderte wikingischer Verwicklung in nordeuropäische Angelegenheiten einem kritischen Moment, als drei Anwärter um den Thron von England stritten. Alle drei hatten skandinavische Vorfahren, doch nur einer war ein Skandinavier. Die Niederlage von Harald Hardrada 1066 bedeutete das Ende der Wikinger in England, auch wenn es weiterhin nordische Enklaven in Schottland gab. Fast über Nacht veränderte sich die politische Landschaft in Europa; damit kam das Ende der Wikingerzeit und der Aufstieg des feudalen Europa, dessen kulturelles Zentrum eher in Frankreich lag als in Dänemark, Norwegen oder Schweden.

D ie Eroberungen des 9. Jahrhunderts hatten ein Reihe von wikingischen Königreichen in Britannien, Irland und Frankreich geschaffen, die in Bezug auf Handel und Verteidigung voneinander abhängig waren und Handelskontakte mit Skandinavien pflegten. Obwohl die Rivalität zwischen Norwegern und Dänen die politische Einheit der skandinavischen Überseebesitzungen verhinderte, war die Entwicklung und letztlich das Überleben dieser Provinzen miteinander verflochten. Die norwegischen Iren verbündeten sich mit Orkney, die Nordländer bildeten mit den Angelsachsen Allianzen gegen die Dänen in England, die An-

Die Nordseeachse

Zu keiner anderen Zeit spielte die Nordsee eine so wichtige Rolle für die Entwicklung Europas. Sie war für die Wikinger der Weg zur Plünderung Britanniens, dann zu Kolonialisierung und Handel und schließlich zu skandinavischer Herrschaft – ein kultureller und wirtschaftlicher Austausch, der Nordeuropa für immer veränderte.

Seeleute kennen die Nordsee als eines der unbeständigsten und gefährlichsten Gewässer der Welt. Sogar im Hochsommer gibt es Stürme und sie fungiert als Wetterscheide zwischen dem Atlantik und dem Eismeer. Die vorherrschende Strömung verläuft von Norden nach Süden und die Winde schlagen unberechenbar um, abhängig von den Wetterfronten, die in Nordamerika, über dem Nordatlantik und dem Eismeer entstehen. Es gibt dort jede Art von Wetter, doch für die Wikinger des späten 8. Jahrhunderts war die Nordsee ein Freund. Den problemlosen Weg zu Reichtum und Land gab es für Skandinavien nicht.

Nach der Errichtung von Wikingersiedlungen auf den Inseln nördlich von Schottland und den ersten Überfällen der Wikinger auf Britannien und Irland entwickelte der Nordseehandel ein Schema. Für die Norweger verlief die optimale Route von der Westküste Norwegens zwischen Bergen und Stavanger zu den Shetland- oder Orkneyinseln. Von hier aus ging es via Hebriden weiter in Richtung Süden nach Irland und schließlich zur französischen Atlantikküste. Die optimale Route der

Dänen verlief an der friesischen Küste, vorbei an den friesischen Inseln und den Mündungen von Rhein und Schelde bis zur Themse. In der Wikingerzeit waren dies die zwei Hauptrouten, die Britannien mit Skandinavien verbanden; sie waren mehr durch Wind, Strömungen und Wetter bestimmt als durch politische oder militärische Entscheidung.

Das Danelag in Britannien war von Dänemark aus leichter zu kontrollieren als die Grafschaft Orkney von Norwegen aus aufgrund der Probleme, die mit der Organisation von großen Fahrten auf der exponierteren Nordroute verbunden waren. Daher wurde die Grafschaft zum quasi unabhängigen Lehen, das den norwegischen Zugang zu Britannien, Irland und Frankreich kontrollierte. Im Gegensatz dazu blieb das Danelag enger an das dänische Mutterland gebunden und durch die sicherere Küstenfahrt reisten mehr Siedler an als im Norden, wo sie eine aufreibendere Fahrt durchmachen mussten.

Kolonialmächte

Die Kontrolle über diese Seerouten war für die Entwicklung der skandinavischen Kolonien „im Westen über dem Meer", wie man die Inseln jenseits der Nordsee nannte, lebenswichtig. Als die Angelsachsen die Themsemündung und einen Großteil der Küste Ostangliens zurückeroberten, waren sie in der Lage, die Seeverbindungen zwischen Dänemark und Danelag zu bedrohen. Infolgedessen ging Yorks ökonomi-

Oben: Auf diesen drei Silbermünzen aus dem 9. Jahrhundert sieht man Langschiffe der Wikinger. Sie wurden auf dem Marktplatz von Birka, Schweden, gefunden. Wahrscheinlich wurden sie jedoch in Hedeby, Dänemark, geprägt.

sche Bedeutung zurück. Trotzdem beherrschten die meiste Zeit wikingische Händler die Routen über die Nordsee, die Irische See und den Ärmelkanal, sogar angesichts einer effektiven angelsächsischen Marine im 9. Jahrhundert.

Dieselben Schiffe, die Waren transportierten, beförderten auch Kolonisten. Als sich immer mehr Skandinavier in Britannien, Irland und Frankreich niederließen, standen diese Regionen noch enger mit den skandinavischen Königreichen in Verbindung. Daher überspannte die Achse der europäischen Politik in dieser Zeit

vasson, König Knut, König Sven und Harald Hardrada scheiterten tatsächlich daran, dass sie die Nordseeachse nicht festigen konnten. Damit leiteten sie den Zusammenbruch der politischen Ambitionen Skandinaviens 1066 im Reich „im Westen über dem Meer" ein.

Da die kulturelle Entwicklung der Wikinger direkt mit der Kontrolle über alle Nordseeküsten verbunden war, brachte das kollektive Scheitern auch das Ende der Wikingerära. Ohne Nordsee als Expansionsweg verfiel die Kraft der Wikinger innerhalb weniger Jahrzehnte. Die

Unten: Die wikingischen Ruinen in Jarlshof auf den Shetlandinseln

die Nordsee von Osten nach Westen. Erst nach der normannischen Eroberung Englands 1066 verlagerte sich diese Achse über den Ärmelkanal in Nord-Süd-Richtung. Skandinavische Könige und Kriegsherren wie Erik Blutaxt, Olaf Trygg-

neuen Nationalstaaten in Skandinavien blieben auf die Ostseeregion beschränkt. Man kann nur spekulieren, wie die politische Landschaft Europas ausgesehen hätte, wenn die Nordseeachse die Ereignisse von 1066 überstanden hätte.

Die Grafen von Orkney

Die ersten Wikinger trafen auf den Orkney- und Shetlandinseln Ende des 8. Jahrhunderts ein; Siedler folgten. Innerhalb von 100 Jahren standen die Inseln unter norwegischer Herrschaft, regiert von den Grafen von Orkney im Namen der norwegischen Krone. Die Grafschaft wuchs nach Süden und Westen, wo sie einen Großteil der schottischen Randgebiete umfasste. Manchmal reichte ihr Einfluss so weit südlich wie Dublin und York.

Gegenüber: St.-Magnus-Kathedrale in Kirkwall, Orkneyinseln, ist eines der schönsten Beispiele später wikingischer Architektur. Die Arbeiten begannen 1137. Die Mischung skandinavischer und normannischer Architekturelemente zeugt von der Anstellung angelsächsisch-normannischer Baumeister während des Baus.

Als die ersten Wikinger auf den Orkney- und Shetlandinseln eintrafen, fanden sie einen friedlichen, fruchtbaren Zufluchtsort mit gut entwickelter Agrarwirtschaft vor. Archäologische Funde zeigen, dass zwar einige piktische Farmen im 9. Jahrhundert von skandinavischen Siedlern übernommen wurden, dass jedoch der Großteil der Inselbevölkerung in der norwegischen Provinz aufging. Die wichtigste Quelle über die Entwicklung der Inseln unter nordischer Herrschaft ist die *Orkneyinga Saga*, eine Chronik der Grafschaft Orkney, die im 14. Jahrhundert in Island geschrieben wurde.

Als König Harald Schönhaar 872 Alleinherrscher über Norwegen wurde, flüchteten einige

Gegner nach Orkney und Shetland, von wo aus sie das Königreich angriffen. Die Inseln waren seit Anfang des Jahrhunderts Zuflucht für Seefahrer gewesen, doch sie hatten die politischen Interessen der norwegischen Krone ignoriert. Nun kam Rögnvald, Graf von Moeri, im Namen Haralds nach Orkney und unterwarf die Inseln einschließlich der Hebriden. Harald übereignete ihm Orkney und Shetland, doch er zog es vor, nach Norwegen zurückzukehren und die Inseln seinem Bruder Sigurd zu geben, der zum ersten Grafen von Orkney wurde.

Graf Sigurd vergrößerte sein Reich, indem er die piktischen Gebiete Nordschottlands eroberte. Nach seinem Tod festigte sein Nachfolger, Graf Thorstein der Rote, diese Eroberungen. Interessant ist, dass Rögnvald, als er vom Tod seines Bruders hörte, seinen Sohn schickte, um Orkney zu regieren. Doch der junge Hallad Rögnvaldsson kehrte nach einem Jahr zurück und klagte, dass die Inseln von gewalttätigen Wikingern wimmelten und unregierbar seien. Die Inseln waren noch immer ein gesetzloser Ort und die Saga meint: „Zu Ernte, Winter und Frühjahr kreuzten die Wikinger nahe den Inseln."

Festigung der Herrschaft

Erst 895 befriedete Einar, der illegitime Sohn von Graf Rögnvald, die Inseln und vertrieb die gesetzlosen Schurken. Von da an blieben die Inseln fest in den Händen der Grafen von Orkney. Die *Heimskringla* behauptet, dass Graf Turf Einar „hässlich und auf einem Auge blind war, doch trotzdem scharfsichtig". Er wehrte einen Invasionsversuch des norwegischen Prinzen Hálfdan Langbein ab, der bereits Graf Rögnvald in Norwegen getötet hatte. Hálfdan wurde aus Rache enthauptet und seine Lungen herausgerissen – als Opfer für Odin.

Bei Einars Tod ging die Grafschaft an seine Söhne über, von denen der berüchtigtste Thorfinn der Schädelspalter war. Die Dynastie regierte bis zu Einars Urenkel, Graf Sigurd dem Dicken, der bei der Schlacht von Clontarf 1014 fiel. Die Nachfolge war oft nicht leicht, doch insgesamt herrschte in der Grafschaft Frieden und die Inseln blühten auf. Sigurd der Dicke konvertierte zum Christentum, um die Tochter Malcolms II. von Schottland zu heiraten. Nach seinem Tod wurde die Grafschaft unter seinen Kindern weitergereicht, bis sie auf Thorfinn Sigurdsson überging, einen norwegischen Enkel des schottischen Königs. Bei dessen Tod wurde Orkney zwischen seinen Söhnen Paul und Erlend geteilt.

Diese Teilung führte zu dramatischen Rivalitäten unter ihren Nachkommen, Graf Haakon Paulsson und Graf Magnus Erlendsson. Haakon ermordete Magnus 1115 auf der Orkneyinsel Egilsay, was zur Errichtung der St.-Magnus-Kathedrale in Kirkwall durch den bereuenden Grafen und 1135 zur Heiligsprechung von Magnus als christlichem Märtyrer führte. Doch in dieser Phase war das große Zeitalter der Wikinger bereits vorbei und die Grafschaft Orkney geriet politisch und militärisch ins Hintertreffen. Die Macht der Grafschaft war nach dem Sieg von König Harold Godwinsson von England über Harald Hardrada 1066 gebrochen worden. Obwohl die Inseln bis 1214 in norwegischen Händen blieben (und weitere zweieinhalb Jahrhunderte von schottischen Grafen im Namen der norwegischen Krone regiert wurden), war die Blütezeit Orkneys als Macht in Europa vorüber.

Gegenüber: Der alte Mann von Hoy, Orkney.

Die Wikinger in Schottland

Innerhalb weniger Jahre nach dem ersten Wikingerüberfall auf Iona 795 wurden skandinavische Siedler zur politischen Macht im keltischen Schottland. Die Wikinger sollten im Norden Britanniens mächtig bleiben, lange nachdem kolonialistische Ambitionen Skandinaviens in anderen Teilen der Britischen Inseln gescheitert waren.

Unten: Einige Bauernhäuser auf den Shetlandinseln beruhen noch immer auf wikingischer Architektur. Bei diesem Beispiel fällt die funktionale Struktur des wikingischen Langhauses auf.

Dem Überfall auf Iona 795 folgten andere: auf den Hebriden 798; ein zweites Mal Iona sieben Jahre nach dem ersten; abermals 806, wobei die 68 Mönche auf der Insel getötet wurden. Noch 825 wurde das Kloster angegriffen und der Mönch Blathmac wurde getötet, weil er sich weigerte, das Versteck des Schreins mit den Gebeinen des hl. Columban zu verraten. Im Osten kämpften die Pikten an Schottlands Nordseeküste um das Überleben mit den Schotten im Westen, und die letzte Einlieferung des alten piktischen Königreiches in den neuen schottischen Staat könnte durch die Angriffe

der Wikinger gefördert worden sein. Kein Teil Schottlands war von der Ankunft der Wikinger mehr betroffen als die Inseln im Norden und Westen, als den ersten Angreifern Siedler folgten. Um 800 waren Orkney und Shetland fest in norwegischer Hand und innerhalb eines Jahrzehnts dehnte sich die Oberherrschaft Orkneys auf das Festland aus, im Süden bis Caithness und Sutherland, im Westen bis zu den Inneren und Äußeren Hebriden.

Nach der Vereinigung von Pikten und Schotten 841 festigten die Norweger ihre schottischen Besitzungen, obwohl sie sich weiterhin in die schottische Politik einmischten. Der nordisch-irische König Olaf von Dublin führte 860 in Mittelschottland Krieg. Angriffe der Wikinger auf Festungen in Dumbarton Rock im Firth of Clyde (870) und auf die religiöse Gemeinde Dunkeld in Mittelschottland (903) waren nur die bekanntesten in einer Reihe von Überfällen, die Beute und Sklaven einbringen sollten. Diese

Einmischung hielt bis in das 10. Jahrhundert an. Je nach politischer Notwendigkeit unterstützten norwegische oder nordisch-irische Kontingente die schottischen Könige oder deren Kontrahenten.

Unter der Herrschaft Malcolms I. (Reg. 943–54) kämpfte eine nordisch-irische Armee im Namen des schottischen Königs gegen die Sachsen und verlor. Unter Kenneth II. (Reg. 971–95) wurde eine dänische Invasion in Ostschottland zurückgeschlagen. Sein Nachkomme, Malcolm II. (Reg. 1005–34), verheiratete seine Tochter mit Graf Sigurd dem Dicken von Orkney, um seine Nordgrenzen zu schützen. Obwohl lokale schottische und nordische Adelige um die Kontrolle über das Hochland und die Inseln rangen, lebten Schotten und Norweger in dieser Zeit in relativer Harmonie.

Sinkender Einfluss

Als Sigurd der Dicke in der Schlacht bei Clontarf fiel, wurden seine Ländereien unter seinen nordschottischen Nachkommen aufgeteilt, um die Allianz zwischen Grafschaft und Königreich weiterhin aufrechtzuerhalten. Dann brachte ein Bündnis zwischen dem Grafen von Orkney und dem Mormaer (Graf) Macbeth von Moray den schottischen Adeligen auf den Thron von Schottland, gestützt auf nordische Schwerter. Als Malcolm III. Canmore (Reg. 1058–93) den Thron bestieg, begann eine Periode der Stabilität. Als die militärische Kraft der Orkney-Grafen zusammen mit der Wirtschaft der Insel niederging, ging auch die Gefahr einer weiteren Einmischung der Wikinger in schottische Angelegenheiten zurück.

Obwohl von Norwegen vernachlässigt, setzten die Schottland vorgelagerten Inseln ihren unabhängigen Weg fort. Erst im 13. Jahrhundert endete der nordische Einfluss endgültig. Eine großteils erfolglose und teure Strafexpedition unter Haakon IV. von Norwegen gegen die Schotten endete 1263 in der entscheidenden Schlacht bei Largs. Der ernüchterte König starb auf der Heimreise auf Orkney. Die bankrotte norwegische Krone beschloss, dass die Inseln weitere Bemühungen nicht wert waren. Die Hebriden wurden 1266 an die schottische Krone verkauft. Obwohl Orkney und Shetland bis nach 1460 nordisch blieben, wurden sie zum ökonomischen und politischen Abseits. Die Tage des wikingischen Schottland waren vorüber und die Schotten konnten sich nun dem gefährlicheren Nachbarn im Süden widmen.

Die nordischen Iren

Bis zum 9. Jahrhundert blieben die Nordländer in Irland fest etabliert und es schien, als ob die völlige Unterwerfung der Insel nur eine Frage der Zeit war. Doch innerhalb weniger Jahre wurden die Wikinger durch eine irische Gegenoffensive fast vollständig vertrieben; in und um Dublin blieb eine Enklave bis zu ihrer schrittweisen Assimilation im 11. Jahrhundert erhalten.

Ein Wikingerfriedhof, der im Westen von Dublin entdeckt und auf Mitte des 9. Jahrhunderts datiert wurde, weist darauf hin, dass sich die Nordländer um 840 in Irland relativ sicher fühlten. Das änderte sich 848, als (wie fränkische Annalen berichten) „... die Iren die Nordländer angriffen, mit Christus' Hilfe einen Sieg errangen und sie aus dem Land warfen". Das Blatt hatte sich gewendet und nach einem halben Jahrhundert der Vorherrschaft waren die Wikinger in Irland nun in der Defensive.

Im Jahr darauf griffen die unter den Uí Néills vereinten Iren das wikingische Dublin an. Zwei Jahre später gerieten die Norweger durch die Ankunft einer dänischen Flotte in noch größere Gefahr. Doch die Nordländer wehrten die Bedrohung ab und die Dänen zogen zu leichterer Beute im Westfränkischen Reich ab. Iren und Dänen waren nicht die einzigen Probleme der kleinen Enklave in Dublin. Eine nordische Flotte tauchte in der Irischen See auf und versuchte – vergeblich – den Norwegern in Irland ihre Autorität aufzuzwingen.

Die kurze Periode irischer Einigkeit unter den Uí Néills ging vorbei. Ab 850 schlossen lokale irische Führer Bündnisse mit den Nordländern. Die beiden Völker vermischten sich und lebten relativ harmonisch. 853 kam Amlaíb von den Hebriden und wurde als Oberherr der nordischen Iren anerkannt. Damit begannen zwei Jahrzehnte lukrativer Überfälle auf Schottland von Stützpunkten in und um Dublin aus. Während Wikingerüberfälle anderswo in Irland weitergingen und der irische Widerstand erstarkte, wurden die nordischen (oder dänischen) Enklaven um Lough Foyle, Cork und Limerick überrannt. Dynastische Streitigkeiten entzweiten die nordischen Iren. 902 nahmen die Iren die Stadt ein und vertrieben die Wikinger.

Gegenüber: Das wikingische Dublin war im 10. Jahrhundert von einem Damm und Holzpalisaden umgeben. Hier lebten etwa 10.000 Menschen. Die am Zusammenfluss von Poddle und Liffey gelegene Stadt war ein großer Handelshafen.

Jahrhundertelanger Kampf

Die Dänen kehrten 914 zurück. Von seiner Basis in Waterford aus besetzte der dänische Feldherr Ragnall Northumbria (918), sein Leutnant Sitric eroberte Dublin von den Uí Néills zurück. Sitric, gefolgt von seinem Verwandten Godfrid, regierte von 918 bis 941 eine gemischte nordisch-dänische Wikingerprovinz; in dieser Zeit war die politische Entwicklung der nordisch-irischen Enklave eng mit den Ereignissen in England und im Danelag verbunden.

Der große angelsächsische Sieg bei Brunanburgh (937) führte zu einem irischen Aufstand. In den nächsten zehn Jahren wechselte das Geschick von Nordländern und Iren mehrmals

und Dublin wurde oft angegriffen. Mitte des 10. Jahrhunderts kehrte langsam wieder Frieden ein. In den nächsten drei Jahrzehnten blühte die nordisch-irische Enklave auf, bis zum Sieg der Uí Néill-Angriff bei Tara 980. Ende des 10. Jahrhunderts stieg die Uí Briain-Dynastie auf. Unter Brian Bórama (Bóru) wurde Dublin erobert und zu einem Marionettenstaat gemacht.

Die Dubliner revoltierten gegen die irische Marionette, Sitric Seidenbart, und baten Orkney und die Hebriden um Verstärkung. Der Kampf um die Macht in Irland fand 1014 am Good Friday statt. Die Schlacht bei Clontarf war eine entscheidende Niederlage der Wikinger. Graf Sigurd der Dicke von Orkney wurde getötet und ebenso Brian Bórama, was zu einem Machtvakuum führte. Clontarf leitete das Ende der nordisch-irischen Präsenz in Irland ein, doch Rivalitäten zwischen Dublin, Leinster und den irischen Subkönigen erweckten den Anschein, als ob die nordisch-irische Präsenz in Dublin noch ein paar Jahre andauern würde.

Letztendlich war es kulturelle Assimilation, die die Wikinger zum Teil der irischen Geschichte machte. Als sie einen irischen König anerkannten, wurden die Dubliner in einen scheinbar endlosen Kampf unter den irischen Subkönigen um die Macht in Irland verwickelt. Die einstigen Wikingerstädte Dublin, Limerick, Waterford und Cork wurden irisch, als die nordischen Siedler, Händler und Stadtbewohner langsam von den keltischen Nachbarn assimiliert wurden. Sogar ein später und letzlich erfolgloser Invasionsversuch von König Magnus von Norwegen 1098 konnte den Prozess nicht aufhalten. Einige Jahrzehnte lang sollte Dublin eine irische Stadt sein – bis zur Ankunft der Anglo-Normannen im nächsten Jahrhundert.

Die Isle of Man

Als die Norweger gegen Ende des 8. Jahrhunderts Schottland umrundeten, trafen sie auf eine kleine Insel inmitten der Irischen See, die auf halbem Wege zwischen dem keltischen Irland und dem angelsächsischen England lag. Die Isle of Man sollte zum idealen Stützpunkt für nachfolgende Wikingerraubfahrten werden.

Gegenüber: Steinbild aus ca. 1000, gefunden auf der Isle of Man. Das Relief zeigt eine Szene aus der nordischen Sage von Ragnarök, der Götterdämmerung, bei der Odin von dem Wolf Fenrir verschlungen wird. Hier sitzt der mit dem Odinkult verbundene Rabe auf der Schulter des Gottes.

Die Nordländer nannten die Hebriden *Sodor* oder Südliche Inseln. Sie stellten eine ideale Basis für Überfälle in der Irischen See dar und wurden innerhalb weniger Jahre nach der Ankunft der Wikinger in diesen Gewässern besiedelt. Angesichts der besseren Lage und der guten Häfen ist es verwunderlich, dass es 100 Jahre nachdem die Wikinger erstmals daran vorbeisegelten, keine Spuren ständiger Siedlungen auf der Isle of Man zu geben scheint.

Ein bei Balladoole entdecktes Schiffsgrab lässt vermuten, dass die ersten Siedler Ende des 9. Jahrhunderts eintrafen. Ein Cairn auf einem frühchristlichen Friedhof markierte die Lage eines Schiffsgrabes. Von 40 Wikingergräbern, die man bislang auf der Insel fand, datiert nur eines vor der Konvertierung der Norweger zum Christentum. In Ballateare begrub man einen heidnischen Wikingersiedler neben einer Sklavin, die geopfert wurde, um ihm nach dem Tode zu dienen. Das Geheimnis der späten Besiedelung der Isle of Man verwirrte Historiker, doch die einfache Erklärung dafür ist, dass auf der Insel nach der Ankunft der Wikinger fast 100 Jahre lang ein gesetzloser Zustand herrschte.

Das kam auch anderswo vor. Vor der Festigung der nordischen Herrschaft 895 waren die Orkneyinseln Zuflucht für gewalttätige Wikingerbanden – Piraten, die einander ebenso beraubten wie sächsische oder keltische Siedlungen. Obwohl es Hinweise dafür gibt, dass einige piktische Farmen von nordischen Siedlern übernommen wurden, gibt es kaum physische Nachweise für permanente Besiedelung vor der Mitte des 9. Jahrhunderts. Ebenso boten die Färöerinseln gesetzlosen Wikingern Unterschlupf. Auf den Hebriden traf die erste Wikingerwelle zum Plündern ein; erst Jahr später kamen Siedler an und übernahmen die Anwesen der Einheimischen. Echte Wikinger waren eben Räuber, nicht Bauern, und sie lebten lieber von der Bevölkerung, als selbst eine zu sein. Die Isle of Man war ein nützlicher Piratenhafen und sie wurde erst für wikingische Besiedelung frei, als die erste Welle der Wikingerangriffe abgeebbt war und die Angreifer nach Frankreich oder Irland abgezogen waren.

Der *Heimskringla* zufolge besuchte König Harald Schönhaar von Norwegen die Isle of Man in den letzten Jahren des 9. Jahrhunderts während einer Expedition in die Irische See. Dies fällt mit dem Beginn der nordischen Besiedelung zusammen und kann als jener Zeitpunkt gelten, zu dem die Insel von Gesetzlosen befreit und für Siedlertum frei wurde.

Langsame Besiedelung

Die frühesten nordischen Höfe auf der Isle of Man waren kleine befestigte Anlagen und stark gebaute Gehöfte. Auch auf Küstenvorsprüngen gelegene, befestigte Farmen sind eine Besonderheit der Insel, was darauf hinweist, dass die Insel auch zu Beginn des 10. Jahrhunderts noch lange kein sicherer Ort war. Anders als die eher etablierten (und gesetzestreuen) nordischen Kolonien im Norden war die Isle of Man praktisch ohne Schutz mächtiger Jarls oder regionaler Kriegsherren wie den Führern von Dublin.

Mitte des 10. Jahrhunderts wurden die Wikingerhäuser größer und die große, bogenförmige Halle in Braaid zeugt von Sicherheit und Wohlstand auf der Insel. Sie ersetzte ein älteres nordisches Rundhaus und lag inmitten des besten Ackerlandes auf der Insel. Im 10. Jahrhundert fanden neuerlich nordische Wikingerüberfälle auf England statt, diesmal auf die Westküste des Danelag. Die Isle of Man wurde Ausgangspunkt zahlreicher Angriff auf Städte wie Chester und Wirral (heute Liverpool).

Das Vermächtnis der Wikinger ist noch heute auf der Isle of Man sichtbar. Sie blieb halbautonom und wird vom Tynwald (vom altnordischen Wort für Parlament) regiert. Die Isle of Man blieb bis 1266 in norwegischem Besitz, als der Verkauf der Hebriden durch Norwegen an Schottland den letzten unabhängigen König von Man dazu zwang, die Oberherrschaft der schottischen Krone zu akzeptieren.

Olaf Tryggvasson

Ende des 10. Jahrhunderts stehen zwei große Rivalen im Zentrum der Königssagas. Der norwegische König Olaf Tryggvasson gilt als Held, weil er das Christentum nach Norwegen brachte. Auch sein Erzfeind, der dänische König Sven Gabelbart, wird in den Gedichten idealisiert. Beide Herrscher spielten eine entscheidende Rolle für die Entwicklung des skandinavischen Reiches.

Unten: Dieser nordische Wikingersarkophag (Nordengland) in der ungewöhnlichen Kielform trägt ein Relief der vier Zwerge, die die Ecken des Himmels stützten.

Olaf Tryggvasson wurde ca. 969 geboren und die Details vom Tod seines Vaters, seines Exils in Russland und seiner Rückkehr nach Skandinavien wurden bereits geschildert (*siehe Seite 91*). Es gibt Hinweise darauf, dass er sich nach dem Befahren der Ostsee 990 einer dänischen Expedition nach England anschloss und an der Schlacht bei Maldon teilnahm.

Wenn das stimmt, stand er ziemlich sicher im Dienst des dänischen Königs Sven Gabelbart. Laut *Heimskringla* sah Olaf in den nächsten paar Jahren die gesamten Britischen Inseln und noch viel mehr: Irland, Wales, die Isle of Man und die Hebriden, Schottland, Northumbrien und das Westfränkische Reich.

Als er 995 das Christentum annahm, galt er bereits als einer der erfolgreichsten Wikingerräuber seiner Zeit und hatte ein Vermögen an Beute und Danegeld angehäuft. Laut *Angelsächsischer Chronik* führten er und Sven 994 einen erfolglosen Angriff gegen London:

Olaf und Sven kamen nach London, zur Geburt der hl. Maria, mit 94 Schiffen, und griffen die Stadt ständig an und wollten sie auch noch in

Brand setzen. Doch sie erlitten mehr Schaden und Böses, als sie jemals geglaubt hätten, dass Stadtbewohner anrichten könnten ... Dann zogen sie ab und brachten das Schlimmste, das eine Streitmacht je angerichtet hatte, über die Küste von Essex, Kent, Sussex und Hampshire, wo sie niederbrannten, verwüsteten und töteten ... Sie erhielten 16000 Pfund. Dann sandte der König Bischof Ælfheah und den Edlen Æthelward zu König Olaf... Olaf versprach ihnen – und hielt sich daran –, dass er niemals wieder in Feindschaft zum englischen Volk kommen würde.

Die rechtzeitige Konvertierung von Olaf Tryggvasson durch Bischof Ælfheah dürfte das angelsächsische Königreich vor der Zerstörung gerettet haben.

Norwegischer Held

Olaf kehrte 995 über Orkney nach Norwegen zurück, entschlossen, das Königreich an sich zu reißen und, wenn notwendig, mit allen Mitteln zum Christentum zu bekehren. König Haakon wurde überrascht und von einem seiner Gefolgsleute getötet. Olaf wurde in der Folge in Trondheim zum Herrscher ausgerufen. Sofort machte er sich daran, seinen neuen Untertanen das Christentum aufzuzwingen. Um das Jahr 1000 hatte er sich dadurch bereits Feinde gemacht und sein früherer Verbündeter, Sven Gabelbart von Dänemark, nutzte die Unruhen in Norwegen rasch. Sven, der bereits das Danelag unterworfen hatte, war sicherlich einer der größten Befehlshaber seiner Zeit. Er verbündete sich mit Haakons Sohn, Jarl Eirik, und machte sich bereit zur Schlacht.

Im Jahr 1000 lief Olaf mit seinem eigenen Drachenschiff, der *Langen Schlange (siehe Seite 44)*, und 60 Schiffen aus Nidaros aus. Er fuhr auf der Oder zu einer diplomatischen Mission; bei der Rückkehr geriet er in einen Hinterhalt von Sven und Eirik, vermutlich in den schmalen Straßen zwischen Dänemark und Schweden bei Helsingør (Elsinore). Laut *Heimskringla* war Olaf zahlenmäßig stark unterlegen, und als seine Streitmacht niedergemäht wurde, kämpfte er mit seinen Männern auf seinem riesigen Flaggschiff bis zum Letzten. Die *Lange Schlange* war blutgetränkt und mit Toten übersät.

Als immer mehr von Jarl Eiriks Leuten vorstießen, erkannte Olaf, dass er und seine Männer keine Chance hatten. Bevor er sich er-

gab oder gefangen genommen wurde, sprang er über Bord. Die Dänen versuchten ihn zu ergreifen, doch er zog seinen Schild über sich, versank in den Wellen und fand „den Tod, den sein Leben verdiente". In späteren Jahren sollte Olaf als norwegischer Held gefeiert werden, doch bis dahin hinterließ er sein Reich in den Händen der dänischen Feinde. Es sollte noch 15 Jahre dauern, bis Olaf Haraldsson die dänische Herrschaft stürzte.

Oben: Auf dem nordischen Kreuz in Halton, Lancashire, England, sieht man Szenen aus der Sigurdgeschichte und wie der Held den Drachen Fafnir tötete.

York und Dublin

Neben dem angelsächsischen London waren Jorvik (York) und Dublin die blühendsten Städte auf den Britischen Inseln. Sie wurden den Sachsen und den Iren abgenommen, um zu Hauptstädten des wikingischen Britannien zu werden, und ihre Handelsverbindung dominierte den nordeuropäischen Handel 100 Jahre lang.

E s besteht kein Zweifel, dass die Wikinger eines der größten Handelsvölker in der Geschichte Europas waren, und im Falle Yorks machten die Dänen die frühere Garnison und regionale Regierungsstadt zu einem geschäftigen Handelshafen. Als führende Stadt im Danelag war seine Entwicklung lebenswichtig für die kommerzielle Expansion der gesamten Region. Die Wikinger brachten ein Handelsnetz mit, das gierig auf britische Produkte wartete.

Die Angelsachsen von York hatten bereits vorsichtige Handelsverbindungen mit den Frankenreichen und Friesland geknüpft. Sie entwickelten sich großartig und ab Mitte des 9. Jahrhunderts begann die Stadt durch die Bemühungen der dänischen Siedler, Händler und Handwerker zu florieren. Dass König Halfdan die Wikinger 876 offiziell von Räubern zu Siedlern und Händlern machte, stellte einen Wendepunkt für das Danelag dar. Drei Jahre zuvor hatten die Bewohner Yorks das Christentum angenommen und die Stadt schloss sich der Gemeinschaft Resteuropas an, wodurch sie ihre Handelsmöglichkeiten vergrößerte.

Trotz der Öffnung sächsischer und fränkischer Märkte blieb der Handel über die Nordsee nach Skandinavien orientiert. Die Stadt unterhielt auch Kontakte zum Rest des Danelag, zu Dänemark und Friesland, obwohl der Handel entlang der englischen Nordseeküste von der Themse- bis zur Humbermündung zunehmend von angelsächsischen, in London oder Kent stationierten Seestreitkräften unterbrochen wurde.

Es gibt Hinweise, dass die wikingischen Kaufleute intensiven Handel mit den wikingischen Normannen in Rouen betrieben, und über Land wurden Kontakte mit den fünf Regionen des Danelag unterhalten: Derby, Leicester, Lincoln, Nottingham und Stamford. In jüngster Zeit haben die Ausgrabungen im Coppergate-Bezirk von York einen beachtlichen Teil der alten Wikingerstadt freigelegt und man entdeckte Überreste von Lagerhäusern der Kaufleute, Kais, Läden und Werkstätten. Hier fand Glasherstellung, Lederbearbeitung und Schmuckproduktion statt. Gleichzeitig zeugen Glas- und Schmuckfunde in fränkischen Städten an Rhein und Weser von Handelsverbindungen mit dem Danelag im 9. und 10. Jahrhundert, die wahrscheinlich ausgedehnter waren als ursprünglich vermutet.

Nordisch-irischer Handel

Im 9. Jahrhundert fiel der geringe Nordseehandel zwischen den Britischen Inseln und Skandinavien in das Revier der Norweger. Bis zur Mitte des Jahrhunderts hatten sie in Dublin eine blühende Handelsniederlassung errichtet und im 10. Jahrhundert war die Stadt ein geschäftiges Wirtschaftszentrum geworden, was

Jorvik (York)

 Wikingerstraßen

 Hauptstraßen der Wikinger

▲ Wikingerfunde

▲ Wichtiger Platz

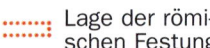 Lage der römischen Festung

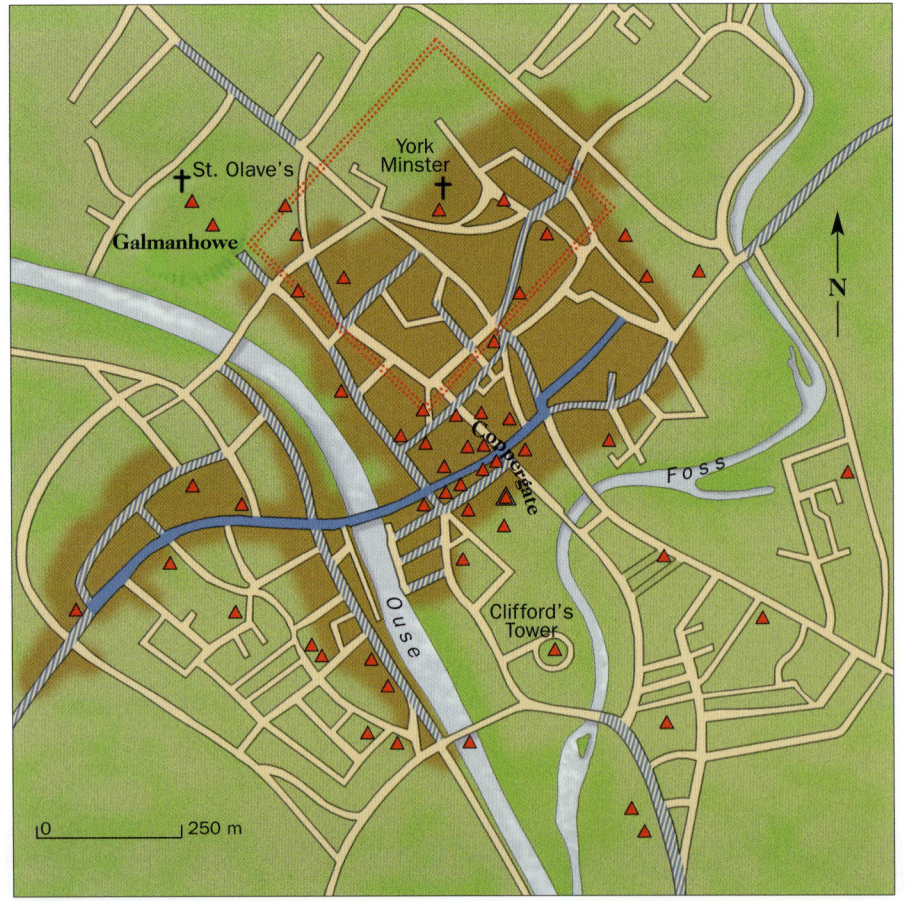

bis zum Ende des folgenden Jahrhunderts so bleiben sollte. Sämtliche großen Häfen Irlands – Cork, Dublin, Limerick, Waterford und Wexford – wurden von nordischen Händlern gegründet. Die ursprünglich als befestigte Lager eingerichteten Orte entwickelten sich bald zu Umschlagplätzen.

In Dublin existierte vor der Ankunft der Wikinger eine kleine keltische Siedlung, doch das Gebiet wurde 836 besetzt und eine neue Siedlung aufgebaut. Diese entwickelte sich bald zu einem administrativen Zentrum, dann zu einer Handelsniederlassung. Die Handelsrouten verliefen nach Norden über die Irische See zu den Hebriden und den Orkneyinseln und von da weiter über die Shetland- und die Färöerinseln bis nach Island oder in den Westen nach Norwegen. Die Irische See bot außerdem Zugang zum angelsächsischen Hafen Chester, zu nordischen und keltischen Siedlungen in

Wales oder angelsächsischen Orten in Wessex im Süden und Westen von England.

Weiter im Süden unterhielten Kaufleute aus Dublin enge Handelskontakte zu den Städten an der Küste und den Flüssen des Westfränkischen Reiches, von denen sich viele bereits in Wikingerhand befanden. Funde weisen darauf hin, dass die Dubliner auch mit den Mauren in Spanien handelten, da bei Ausgrabungen in der irischen Hauptstadt arabische Münzen gefunden wurden. Grabungen im überfluteten wikingischen Hafenviertel legten Metallwerkstätten, Handwerkerhäuser und Lagergebäude frei.

Dublin, York und die kleineren Wikingersiedlungen in Irland und England florierten unter skandinavischer Herrschaft. Alle scheinen Zentren internationalen Handels gewesen zu sein, die mit dem Rest Europas über Nordsee und Irische See, die großen Handelsrouten in der späten Wikingerzeit, verbunden waren.

Unten: Dublin wurde ein blühendes nordisches Handelszentrum. Hier entdeckten Archäologen 1968 einen wikingischen Fußweg. Obwohl man selten Holzstrukturen aus dieser Zeit findet, zeigen in Lehm konservierte Exemplare von Nowgorod in Russland bis Hedeby in Dänemark, dass die Wikinger diese Technik anwandten, wo immer sie auch hingingen.

Æthelred der Unberatene

Wenn Alfred der Große und Ethelstan den Höhepunkt des angelsächsischen Widerstandes gegen die dänischen Invasoren darstellten, so war Æthelred der Unberatene dessen Tiefpunkt. Trotz einer der längsten Regierungszeiten in der sächsischen Geschichte brachte ihm seine Beschwichtigungspolitik einen schlechten Ruf ein.

König Æthelred II. von Kent (Reg. 979–1016) wurde „Unræd" genannt, was „schlecht beraten" oder „unberaten" bedeutet. Dies bezeugt hinreichend sein eigenes Versagen. Æthelreds Problem war das Danegeld. Er erbte ein recht blühendes Reich, doch bei seinem Tod war es so gut wie mittellos, da seine Steuern großteils an die Dänen gingen. Noch schlimmer, innerhalb eines Jahres nach seinem Tod saß ein Däne auf dem Thron von England.

Æthelred (auch Ethelred) ist zum historischen Sündenbock für den Niedergang des angelsächsischen England geworden. Zweifellos war er an einigem schuld, doch die Schwierigkeiten, mit denen er konfrontiert war, hätten die begabtesten Herrscher herausgefordert. Er war erst zehn Jahre alt, als er den Thron bestieg, und musste sich auf mächtige Berater verlassen – die für seinen Beinamen verantwortlich wurden. Nach relativ friedlichen Jahren begannen die Angriffe der Wikinger auf die angelsächsische Küste von neuem. Zunächst waren sie nicht sehr gefährlich, doch das änderte sich 991. Eine große Wikingergruppe landete bei Maldon in Essex und besiegte die Sachsenarmee.

In diesem Jahr war Æthelred ein diplomatischer Coup gelungen, als er ein Bündnis mit Herzog Richard aus der Normandie schloss. Doch die Katastrophe von Maldon überschattete den klugen Schachzug. Die Niederlage veränderte das Verhältnis zwischen Angelsachsen und Wikingern. Die *Angelsächsische Chronik* berichtet, dass die Engländer erstmals seit 100 Jahren Danegeld (Tribut) an die Wikinger zahlten, um sie von Angriffen abzuhalten. Als Erster zahlte der Erzbischof von Canterbury, dessen Kirchensitz in Kent an der Frontlinie lag, dann die sächsischen Grafen, deren Länder an der verwundbaren Südküste von Wessex lagen.

Die ersten Zahlungen erfolgten Ende 991 oder Anfang 992. Weitere Forderungen in zunehmender Höhe wurden drei Jahre später, 994, beglichen, dann abermals 1002, 1007 und 1012. Der Tribut wurde noch Jahrzehnte nach Æthelreds Tod bezahlt und in dem halben Jahrhundert nach der Schlacht von Maldon übergaben die Engländer ihren wikingischen Feinden mindestens 250.000 Pfund Silber. Nicht nur, dass die Beschwichtigungszahlungen nicht funktionierten, da die Wikinger ständig mehr forderten, die Ressourcen des angelsächsischen Staates überzeugten die Dänen, dass dies ein lohnendes Objekt zur Eroberung wäre.

Ein wikingisches England

Die Wikingergruppen wurden schließlich zu Armeen, die von höheren Grafen und sogar Königen angeführt wurden. 994, nur drei Jahre nach Maldon, traf König Sven Haraldsson Gabelbart von Dänemark im Danelag ein, um persönlich das Kommando über die wachsende dänische Armee in England zu übernehmen. Er besaß die Truppen und die Ressourcen, um die Sachsen in die Knie zu zwingen, wenn er die Invasion befahl. Die *Angelsächsische Chronik* beschreibt Überfälle von Wales und Cornwall bis East Anglia und im Zentrum von England. Doch diese führten nur zu neuen Danegeld-Zahlungen sowie zu Hunger und Krankheiten im Gefolge der Verwüstung.

Unten: Eine Keramikschale aus Dänemark.

England zwischen 886 und 927: die Rückeroberung des Danelag und die Situation vor der Thronbesteigung von Æthelred dem Unberatenen 979

Mull
Colonsay
Jura
Islay
Kintyre
Arran

Forth
Firth of Forth
Dunbar
LOTHIAN
(973 an Schotten)
Clyde
STRATHCLYDE
Lindisfarne
Bamburgh
Tweed
BERNICIA

Firth of Clyde
NORDKANAL
Galloway
Carlisle
Solway Firth
Jarrow
Wearmouth
Tyne
Tees
927

Larne
Bangor

NORDSEE

IRISCHE KÖNIG-REICHE

Heversham

Isle of Man
IRISCHE SEE
918

NORDISCHES KÖNIGREICH
York
YORK
(nach 919)
Ouse

Dublin
Anglesey
Wirral
918
Lyndsey
Trent

Chester
Gwynedd
Dee
DÄNISCH-
917
Lincoln
The Wash

Shrewsbury
Derby
Nottingham
MERCIA

Caernarfon Bai
Powys
Lichfield
Leicester
Stamford
Elmham
North Walsham

Waterford
Wexford
Severn
Teme
ENGLISCH-MERCIA
917
Thetford

St.-George-Kanal
WALISISCHE KÖNIG-REICHE
Worcester
Nene
EAST ANGLIA
914
Bury St. Edmunds

St. Davids
Dyfed
Wye
Hereford
912
Colchester

Morganwyg
Gloucester
Oxford
Abingdon
London
Sheppey

Kanal von Bristol
Avon
Thames
Rochester
Canterbury
Medway

Exe
KÖNIGREICH WESSEX
Winchester
Chichester
Southampton
Dorchester
Wight

Portland
ÄRMELKANAL

Wessex bei Alfreds Thronbesteigung

Englisch-Mercia nach dem Vertrag von 886 und andere englische Königreiche

nordische Siedlungen ca. 900–25

Danelag

Stadien der englischen Rückeroberung mit Jahreszahlen

Derby die Five Boroughs (fünf Bezirke) des Danelag

Im Winter 1006/7 flohen alle, die konnten, aus England, und Æthelreds Königreich begann zu zerfallen. Sogar Æthelred erkannte das Ausmaß der Katastrophe und bat die Kirche um Hilfe beim Zusammenhalten seines Volkes. Ein Seeunglück vor Sandwich (1006) und der Beinahe-Zusammenbruch der königlichen Autorität beendeten alle Hoffnungen. 1013 floh Æthelred kurzerhand nach Frankreich, während der Adel zu den Dänen überlief.

Svens Tod schuf ein kurzes Machtvakuum in England, doch Æthelreds Versuche, seine Macht zurückzuerlangen, führten zu nichts. Er starb 1016 in London, während die Dänen vor den Toren standen. Sein Sohn, Edmund Ironside, hatte bis 1016 kurzzeitig den Thron inne, doch nach seiner Niederlage gegen Svens Sohn Knut und seinem Tod noch im selben Jahr hatten die Angelsachsen genug. Frieden konnte nur durch die Anerkennung eines dänischen Thronanwärters erreicht werden und so wurde Knut König von England. Er heiratete Æthelreds normannische Witwe Emma, um Kontinuität vorzutäuschen. Seine Thronbesteigung stellte nur die Akzeptanz der Fakten dar. England war von den Wikingern erobert worden.

König Knut

Der in den Geschichtsbüchern als Knut der Große bekannte Däne regierte die Königreiche Dänemark und Norwegen und wurde nach seinem Sieg über die Sachsen außerdem König eines neuen anglodänischen Reiches. Sein Königreich war jenes, das einem geeinten wikingischen Nordseeimperium am nächsten kam.

ach Olaf Tryggvassons Freitod im Jahr 1000 (*siehe Seite 145*) annektierte sein Rivale, König Sven Haraldsson Gabelbart von Dänemark, Norwegen und vereinte kurzzeitig Dänen und Nordländer in einem Reich. Svens militärische Ressourcen gewährleisteten die Sicherheit des Danelag und zwangen das angelsächsische Königreich von Æthelred dem Unberatenen in die Knie. Als er im Februar 1014 starb, lag sein Sieg in England in Reichweite. Sein Reich wurde zwischen seinen Söhnen Knut (mit 18 der Ältere) und Harald geteilt.

Während der jüngere Sohn Dänemark und Norwegen erbte, wurde Knut nominell Herr des anglodänischen Königreiches Danelag. Mit Haralds Hilfe führte Knut 1015 eine Streitmacht gegen England. Die Sachsen war zwischen dem diskreditierten Æthelred und seinem Wikingerrivalen gespalten. Mehrere sächsische Adelige liefen zu Knut über (der ihren Wankelmut nach seiner Thronbesteigung mit ihrer Enthauptung belohnte). Als er die Hälfte des Sachsenreiches erobert hatte, belagerte Knut 1016 London. Æthelred war bereits bei der Ankunft der Dänen gestorben und die Herrschaft seines Sohnes war kurz. Knut besiegte König Edmund Ironside im selben Jahr bei Ashingdon in Essex kurz nach Friedensverhandlungen zwischen beiden.

England außerhalb des Danelag wurde zwischen ihnen aufgeteilt; Edmund erhielt Wessex, Knut Mercia, aber Edmund starb nach kurzer Zeit. Die *Angelsächsische Chronik* berichtet, dass Knut (Reg. 1016– 35) 1017 das gesamte Königreich England erhielt und in vier Teile teilte, in die Grafschaften Northumbria, East Anglia, Mercia und Wessex. Zwei davon vertraute er dänischen Leutnants (den Jarls Thorkell and Erik) an, Wessex ging an Godwin und Mercia an Eadric, beides angelsächsische Adelige.

Knut ließ Eadric noch im selben Jahr wegen Verrats exekutieren und gab Mercia an Leofric, einen ebenfalls adeliger Sachse (dessen Frau die Lady Godiva aus der Sage war). In den nächsten 50 Jahren bis zur normannischen Eroberung wurde die anglodänische Struktur etabliert: Ein König regierte das Königreich, unterstützt von vier mächtigen, reichen Adeligen. Diese Kriegeraristokraten hielten ihr eigenes persönliches Gefolge aus niederen Adeligen (Thane), die die direkte Verwaltung durchführten.

Anglodänische Integration

Knuts dänisches Arrangement war eine ausgezeichnete Propaganda. Es band die beiden Völker zusammen und er zementierte das Verhältnis, indem er 1017 Æthelreds Witwe Emma heiratete. Weil Emma die Tochter des Herzogs Robert der Normandie war, waren damit die Grundfesten für eine dreifache Konkurrenz um den englischen Thron gelegt. Um seine Streitkräfte zu entlohnen, presste Knut die letzten Reste aus der angelsächsischen Staatskasse.

1018 starb Knuts Bruder Harald. Dadurch wurde Knut König von Dänemark und England. Obwohl Norwegen nominell unter dänischer Herrschaft stand, war es nach dem Tod von Knuts Vater, Sven Gabelbart, praktisch un-

abhängig. Damit war Knut einer der mächtigsten Könige in Europa, Herrscher eines Wikingerreiches, das sich rund um die Nordsee und bis zur Ostsee erstreckte.

Mit Knuts Regentschaft endeten Jahrzehnte voller Konflikte, Überfälle und Wucher; die kriegsmüden Engländer erholten sich langsam. Sein Reich war so gefestigt, dass Knut mehrere Reisen nach Dänemark unternehmen konnte, um seine Länder dort zu kontrollieren. Er förderte auch die Integration von Sachsen und Dänen. Als der Graf von Northumbria starb, heiratete Siward, sein Nachfolger, in den angelsächsischen Adel ein, und Mischehen in den unteren Schichten der anglodänischen Gesellschaft waren sehr verbreitet. Als Knut der Große 1035 in Shaftesbury starb, war sein Reich stark regiert, relativ wohlhabend und sicher von äußerer Bedrohung. Dreißig Jahre später sollte dieser Frieden zerstört werden.

Oben: Eine irisch-sächsische Figur mit Hakenkreuzsymbolen von Thor auf dem Griff eines Eimers.

Gegenüber: Die Überreste des Wikingerforts bei Fyrkat sind in der dänischen Landschaft klar sichtbar. Dieses Militärlager soll vor seiner Invasion in England König Knuts Truppen beherbergt haben (*siehe auch Trelleborg Militärlager, Seite 130–31*).

Die Normannen

Zu Beginn des 10. Jahrhunderts beanspruchten Wikingerräuber Ländereien an der Seinemündung. Nach wenigen Jahren wurde die Region formell den wikingischen Siedlern überlassen. Das Gebiet wurde bekannt als Land der Nordmannen oder Normandie.

Rechts:

Normannische Ritter und Soldaten des 11. Jahrhunderts. Im Hintergrund sieht man ein frühes Exemplar einer aus Holz gebauten Burg mit Hof und Außenmauer.

Hrolf Gongu (der Geher) nahm an einigen der ersten nordischen Überfälle auf die Küste des Westfränkischen Reiches teil. Er war fast sicher der dritte Sohn von Graf Rögnvald von Moeri, und während sein illegitimer jüngerer Bruder die Grafschaft Orkney erhielt, plünderte Hrolf Rögnvaldsson die Seinemündung. Irgendwann in den ersten zehn Jahren des 10. Jahrhunderts annektierte er einen Teil des Gebietes dauerhaft.

911 erkannte der Westfränkische König Karl der Einfache (Reg. 893–923), dass er keine Chance hatte, die Wikinger zu vertreiben. Also sah er sich zu einer Übereinkunft mit ihnen gezwungen. Hrolf (Rollo in seiner Wahlsprache Fränkisch) schloss den Vertrag von St.-Claire-sur- Epte mit Karl, der die Länder abtrat, die bereits von den Wikingern besetzt waren, was

einem Eingeständnis der Niederlage gleichkam. Dies umfasste das untere Seinetal und die Handelsstadt Rouen. Rollo wurde Graf von Rouen genannt; er unterwarf sich dem Feudalsystem, schwor Karl die Lehenstreue und wurde Christ.

Das Abkommen war für beide Seiten von Vorteil. Graf Rollo beschützte große Teile der fränkischen Küste vor weiteren Wikingerangriffen, und das Arrangement schützte auch Paris. Dafür erhielt Rollo eine Führungsposition unter den anderen Wikingerkriegsherren. Rollo förderte den Bau von Kirchen in seinem Reich, doch es scheint, als hätte er den Glauben an seine alten nordischen Götter zumindest teilweise beibehalten. Bis 923 hatte Rollo seine Macht bereits über den Westteil der Provinz ausgedehnt. Sie umfasste die heutige Normandie einschließlich der Halbinsel Cherbourg.

Etwa zur gleichen Zeit, Mitte des 10. Jahrhunderts, nennen königliche französische Berichte die jüngst erweiterte Provinz zum ersten

Mal „Normandie – das Land der Nordmannen".
Graf Rollo von Rouen machte sich selbst zum
Grafen der Normandie, was vom königlichen
Monarchen 935 ratifiziert wurde. Nach Rollos
Tod um 940 setzten seine Nachfolger (die sich
bald selbst zu Herzögen ernannten) seine Konso-
lidierungspolitik fort. Die angelsächsischen und
skandinavischen Kaufleute, die mit fränkischen
Kaufleuten handelten und die Seine als
Wirtschaftsweg nutzten, machten Rouen ab etwa
1000 zu einem blühenden Handelszentrum.

Wikinger zu Normannen

Obwohl es Nordländer oder ihre Nachfahren
waren, die die Normandie verwalteten, waren
ihre Untertanen großteils Franken. Anstatt das
bestehende Feudalsystem im 9. Jahrhundert auf
dem Gebiet des heutigen Westfrankreich
(Neustria) zu ersetzen, übernahmen die Normannen den Feudalismus, da sie offenbar seine
Vorteile erkannten. Teile des Landes wurden Rollos Gefolgsleuten übergeben und sie und ihre
Nachkommen wurden die zukünftigen Adeligen

und Ritter des normannischen Staates.

Er erfüllte auch seine feudalen Verpflichtungen und sandte König Karl bei Bedarf Krieger.
Grenzkonflikte, Revolten niederer Adeliger und
Intrigen forderten die militärische Macht der
normannischen Herzöge heraus. Manche meinen, dass all diese Kriege eine Fortführung der
früheren nordischen Kriegertradition waren, der
sich die Adeligen und Ritter in der Normandie
einfach angepasst hätten. Jedenfalls wurden normannische Krieger für ihre kriegerischen Fähigkeiten berühmt und sogar zum Problem der
Herzöge selbst. Ihre Antwort war der Export
überzähliger Krieger, aus denen die normannischen Abenteurer wurden, die in Süditalien und
Sizilien eigene Feudalreiche errichteten. Als
Herzog Wilhelm von der Normandie 1066 das
angelsächsische England eroberte, wurde dieser
Nachfahre eines wikingischen Kriegsherrn zum
Führer einer europäischen Großmacht. Die
Nachkommen des Wikingers Rollo zählten nun
zu den mächtigsten Männern Europas.

Oben: Die Burg Falai-
se wurde zur Haupt-
festung der Herzöge
der Normandie. Hier
wurde Wilhelm der Er-
oberer geboren. Als il-
legitimes Kind einer
Gerberstochter und
Herzog Robert I., dem
Teufel, war Wilhelm
als „der Bastard"
bekannt, bevor er Eng-
land eroberte und
König Wilhelm I.
wurde.

Harald Hardrada

Die erste Hälfte des 11. Jahrhunderts war für Norwegen eine turbulente Zeit gewesen, in der Könige, Grafen und Thronanwärter um die Macht stritten. Aus den Konflikten ging Harald Hardrada als neuer Regent des Reiches hervor. Der Thron Norwegens war für den meistgefeierten Krieger seiner Zeit nicht genug und Harald warf begehrliche Blicke auf die englische Krone.

Unten: Dieses lange Stück Holz wurde in der ersten Hälfte des 13. Jahrhunderts geschnitzt und zeigt eine Flotte Wikingerlangschiffe. Eine Inschrift lautet: „Hier fährt der See-Herausforderer". Beachtenswert ist, dass drei Schiffe eine Windfahne auf dem Bug aufweisen, ähnlich der auf Seite 99 abgebildeten. ▶

Unter König Knut bildeten Dänemark und das anglodänische Königreich England praktisch eine skandinavische Supermacht. Durch kluge Führung stützte sich Knuts Autorität im Nordseebecken auf einen beträchtlichen Staatsschatz, gewaltige Streitkräfte und eine mächtige Marine. Norwegen stand nominell unter dänischer Herrschaft, aber 1015/16 provozierte der norwegische Kriegsherr Olaf Haraldsson der Heilige die Dänen und wurde zum Herrscher Norwegens gekrönt. Vier Jahre später erkannte Graf Thorfirn von Orkney seine Autorität an. Dies stellte für Knut eine Bedrohung dar und nach dem Tod seines Bruders und der Besteigung des dänischen Throns 1018 plante er die Rückeroberung Norwegens.

Der Feldzug war matt, weil Knut den Krieg in Norwegen (und Schweden) mit seinen Verpflichtungen in England abstimmen musste. Schließlich wurde Olaf 1028 aus Norwegen vertrieben und suchte in Schweden Zuflucht, wo er seine Streitkräfte neu formierte. Auf dem Höhepunkt des Krieges kämpfte eine Armee im Sold von Knut von Dänemark gegen die Armee von Olaf von Norwegen im Juli 1030 in der Schlacht bei Stiklastadir (Stiklestad), in der Nähe von Trondelag, Norwegen. Olaf wurde getötet und Norwegen war wieder eine dänische Provinz.

Als Knut 1035 starb, entzündete sich die Hoffnung auf die Unabhängigkeit Norwegens von neuem und die Norweger krönten Olafs illegitimen Sohn Magnus Olafson den Guten zum König von Norwegen (Reg. 1035–47). Dies wurde von Knuts Nachkommen als vollendete Tatsache hingenommen und König Magnus konnte in Frieden regieren.

Knuts Reich wurde zwischen seinen Söhnen geteilt. Harold Hasenfuß (Reg. 1035–40) erhielt England und Hardaknut (Harthacnut auf Sächsisch) Dänemark (Reg. 1035–42). Als Harold 1040 starb, war Hardaknut sein Nachfolger. Als Knuts zweiter Sohn zwei Jahre später starb, ging die englische Krone an den Angelsachsen Edward den Bekenner (Reg. 1042–66).

Das Aufleben des Reiches

Bei der Schlacht von Stiklastadir (1030) floh der 15-jährige Neffe König Olafs, Harald Sigurdsson Hardrada, vom Schlachtfeld und ging ins Exil nach Russland und Byzanz. Er war der Sohn eines niederen norwegischen Königs, und trotz der Jahre im Exil und seiner Reputation als Kommandant in der byzantinischen Warägergarde entschied er sich, nach Skandinavien zurückzukehren. Nach seiner Heirat mit einer russischen Prinzessin traf er in Schweden ein, wo er ein Bündnis mit Sven Ulfsson schloss, einem Anwärter auf den dänischen Thron, der 1042 König Magnus in die Hände gefallen war.

Sven war bereits von Magnus bei Heganess besiegt worden, doch Harald verjüngte die Rebellenstreitkräfte und die beiden Kommandanten eroberten einen Großteil Dänemarks. Magnus forderte ein Treffen mit Harald und die beiden schlossen einen Pakt. Wenn Harald Magnus unterstützte, würde er die Macht in Norwegen erhalten. Harald wechselte die Seiten und führte gegen Sven Krieg. Als Magnus 1047 starb, wurde Harald Hardrada König von Norwegen (Reg. 1047–66) und Sven Ulfsson (Reg. 1047–71) König von Dänemark. Die beiden verbrachten die nächsten 20 Jahre damit, sich gegenseitig zu bekämpfen, bis sie 1064 einen Friedensvertrag unterzeichneten. Ihr Streit schwächte die Nordseeachse zu einer Zeit, in der ihr die schwerste Prüfung bevorstand.

Die Streitkräfte der englischen Grafen unter der nominellen Herrschaft von König Harold Godwinsson 1066

- König Harold
- Sven
- Beoran
- Leofric
- Siward

Unter Knut hatten die skandinavischen Überseeambitionen einen Höhepunkt erreicht. Nach seinem Tod ging der skandinavische Einfluss auf den Britischen Inseln und im Rest Europas zurück. 1066 wollte Harald Hardrada diese Situation umkehren. Der letzte der großen Wikingerkrieger hatte seine erste Schlacht 36 Jahre zuvor geschlagen und seitdem die meiste Zeit kämpfend zwischen Sizilien und Norwegen verbracht. Seine Verstrickung in die Thronfolgekrise in England war die letzte große Verwicklung einer Wikingerarmee in europäische Angelegenheiten, der letzte Versuch zur Wiedererrichtung von Knuts skandinavischem Reich.

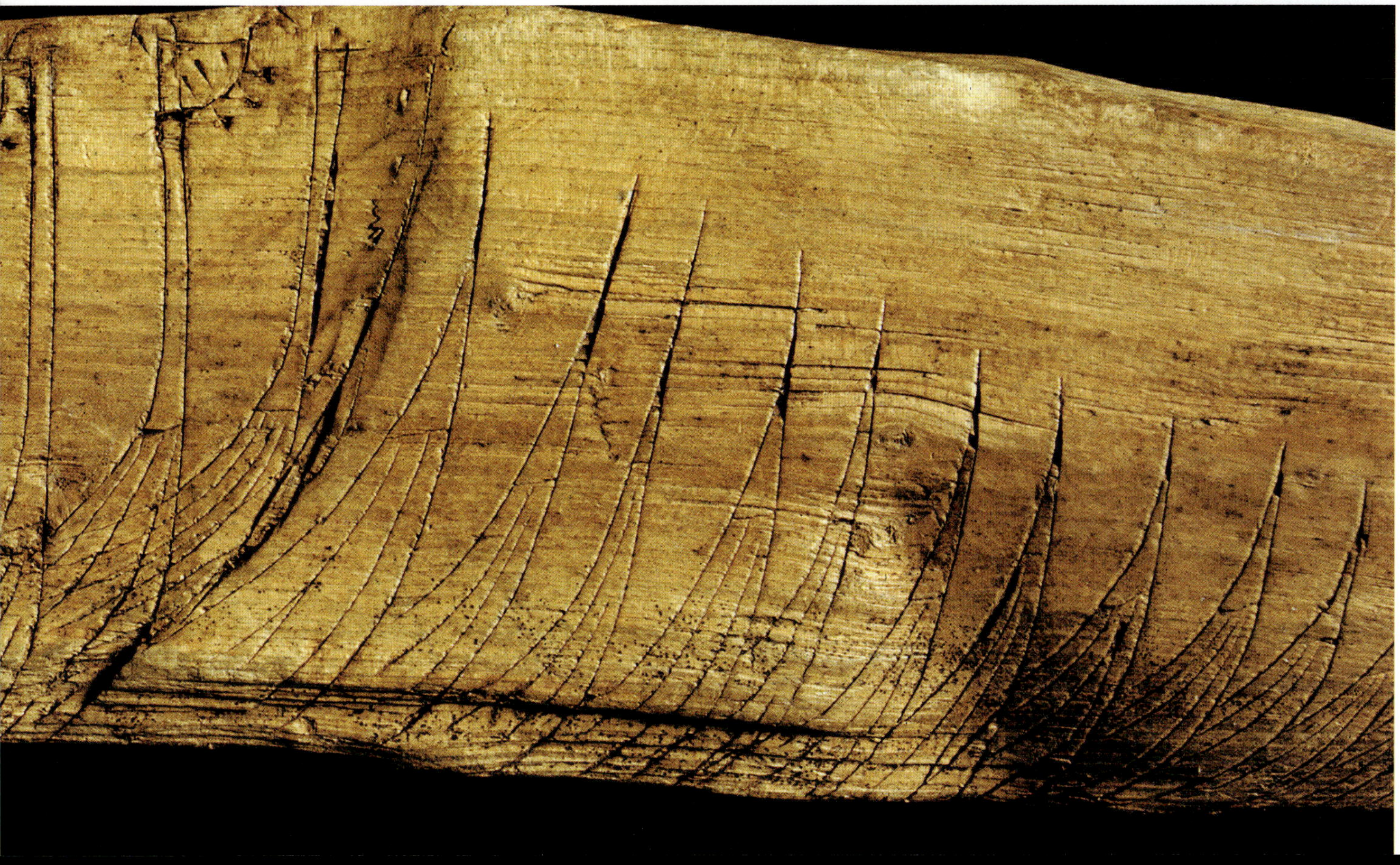

Wenn sie nicht in Verwendung waren, wurden Wikingerschiffe oft in Kirchen gelagert, die sich am besten für die Unterbringung großer Objekte eigneten. Später wurden viele Windfahnen demontiert und auf die Kirchturmspitzen gesetzt.

1066: Schicksalsjahr der Wikinger

Das Jahr 1066 war ein Wendepunkt in der europäischen Geschichte. In diesem Jahr fochten drei große Führer um die Macht in England: Harald Hardrada von Norwegen, Harold Godwinsson von England und Wilhelm von der Normandie. Zwei davon waren Nachfahren von Wikingern; der dritte war vielleicht der letzte große Wikingerheld, dessen Tod das Ende der Wikingerära anzeigte.

Oben: Sowohl die Normannen als auch die Anglodänen verwendeten wikingische *knorr*s für den Seehandel im 11. Jahrhundert. Diese Darstellung aus dem Teppich von Bayeux zeigt tatsächlich ein sächsisches Schiff, doch die Linien auf dem Rumpf verraten die skandinavische Klinkerbaumethode.

Am 5. Januar 1966 starb König Edward der Bekenner von England (Reg. 1042–66) in seinem Bett. Am nächsten Tag wurde sein *subregulus*, Harold Godwinsson (Reg. 1066), in Westminster Abbey gekrönt. Der Grund für diese unziemliche Hast bestand in Harolds fraglichem Anspruch auf den Thron. Doch er war der stärkste anglodänische Anwärter und der einzige fähige Mann in England, das Königreich gegen ausländische Anwärter zu einen. Für viele Sachsen war Harold die naheliegendste Wahl – und seine politische Allianz mit dem Graf von Northumbria stützte seinen Anspruch.

Zwei Ausländer meinten, sie hätten mehr Anrecht auf den Thron von England. In Frankreich war Herzog Wilhelm der Bastard aus einer blutgetränkten Minderheit hervorgegangen, um seine Macht im Herzogtum Normandie durchzusetzen. Er stammte in fünfter Generation von Rollo ab, dem nordischen Adeligen Hrolf Rögnvaldsson, der die normannische Hochburg errichtet hatte. Auch Wilhelm war mit König Knut verwandt, durch Emma, die Schwester seines Großvaters, die 1017 den dänischen König von England geheiratet hatte. Er beanspruchte den Thron auch aufgrund moralischen Rechts (Harold Godwinsson hatte geschworen, Wilhelms Anspruch zu unterstützen).

In Skandinavien erhoben sowohl König Harald Hardrada von Norwegen als auch König Sven von Dänemark Anspruch auf den englischen Thron, aber während der Däne nichts tat, beschlossen Harald und Wilhelm, in England einzufallen und um die Krone zu kämpfen.

König Harold wurde an zwei Seiten von Invasionen bedroht: Man erwartete, dass Wilhelm an der Südküste von der Normandie aus angreifen würde, und Harald würde vermutlich am Humber landen, in der Nähe des alten skandinavischen Kernlandes Danelag. Harold begann bald nach seiner Krönung mit der Aushebung einer Armee von anglodänischen *huscarles* (oder *hirdmen*). Im Hochsommer wurde eine Invasion immer unwahrscheinlicher und die meisten aus Harolds Armee kehrten zu ihren Farmen zurück. Da landete Harald bei Ricall im Norden Englands, unterstützt vom Grafen von Orkney und von Tostig Godwinsson, König Harolds unzufriedenem Bruder.

Der Eroberer

Harald Hardrada marschierte sofort gegen York und vernichtete die northumbrische Armee, die ihn bei Gate Fulford aufhalten sollte. Vor York errichtete der König ein Lager und wartete auf die kampflose Übergabe der Stadt. Harold hatte von der Invasion erfahren, seine Armee zurückberufen und marschierte nun ebenfalls nach York. Die Armeen trafen bei Stamford Bridge am Derwent am 24. September aufeinander. Das Tempo des englischen Vormarsches überraschte Harald – seine Männer hatten wegen des heißen Wetters die Rüstungen abgelegt.

Die Wikinger beeilten sich, einen Schildwall zu bilden, doch ein Teil der Armee am Westufer des Flusses wurde überrannt, bevor die Formation stand. Ein Wikingerheld hielt den Flussübergang, bis sich die Armee formiert hatte,

doch die Engländer fanden andere Wege. Umzingelt und zahlenmäßig unterlegen kämpften Haralds Männer weiter, selbst nachdem Harald Hardrada von einem Pfeil in den Hals getroffen wurde und starb. Die meisten Norweger kamen um; nur eine Hand voll entkam zu den Schiffen.

Drei Tage später überquerte Wilhelm den Ärmelkanal und landete bei Pevensey. König Harold hetzte seine erschöpften Männer nach Süden, wo die beiden Armeen am 14. Oktober bei Hastings aufeinander trafen. Angesichts der kleinen Zahl normannischer Ritter, die mit Wilhelm gekommen waren, schien die Sache klar zu sein, doch am späten Nachmittag soll König Harold von einem Pfeil ins Auge getroffen worden und kurz darauf verschieden sein. Wilhelm marschierte nach London und ließ sich zum König Wilhelm I. von England (Reg. 1066 bis 1087) krönen. So fand der jahrhundertelange Streit um die Macht in England ihr Ende, ebenso der Traum von einem wikingischen Nordseereich. Die Zukunft lag in der Achse Frankreich–England und die Wikinger sollten nur noch ein Nebenpfad der Geschichte sein.

Unten: In der Schlacht bei Hastings kämpften die normannischen Ritter Wilhelms zu Pferde, indem sie bergauf gegen die besser positionierten englischen *huscarles* und Infanterie anstürmten. Die normannischen Pfeile waren leicht und fügten den gerüsteten Engländern wenig Schaden zu, doch König Harold soll nach oben geblickt haben und von einem Pfeil ins Auge getroffen worden sein. Er verstarb kurz darauf und die Normannen trugen den Sieg davon.

KAPITEL 9

Flüsse in den Osten

Die Wikingerräuber brachten bedeutenden Wohlstand nach Skandinavien und bildeten schließlich neue Reiche in Britannien und im Fränkischen Reich, doch es waren die wikingischen Händler, die zum Eckpfeiler der skandinavischen Gesellschaft in der Wikingerzeit wurden. Im Osten segelten diese Kaufleute von bestehenden Handelsstützpunkten in den Mündungen von Weichsel und Oder die russischen Flüsse aufwärts. Sie erreichten sogar das Schwarze und das Kaspische Meer und erhielten Zugang zu den transkontinentalen Handelsrouten, die sich vom Orient in den Nahen Osten und zum Mittelmeer erstreckten.

Im Westen folgten den Wikingerräubern Siedler und Händler, die Wirtschaftskontakte zwischen Skandinavien, Britannien und dem Fränkischen Reich aufbauten. Westeuropäische Güter gingen zum Großteil an Märkte wie Hedeby, Kaupang und Birka, wo sie gegen Waren aus Mitteleuropa und dem Osten getauscht wurden. Diese Häfen wurden blühende Zentren, die Händler aus dem maurischen Spanien und dem Byzantinischen Reich anlockten.

Von all den Waren, die die Wirtschaftsentwicklung des wikingischen Skandinavien in Gang hielten, war Silber das begehrteste. Silber wurde rasch zum verbreitetsten Tauschmittel. Gegen Silber tauschten Wikingerkaufleute Pelze, Elfenbein, Holz, Eisen und Sklaven. Außerdem kauften skandinavische Händler Luxusgüter, die sie selbst wieder verkauften: Seide und Gewürze aus dem Nahen Osten, Wachs und Honig aus Russland, Glas und Töpferwaren von Sachsen und Franken sowie Wolle und Zinn aus Britannien und Irland. Wikingische Handelshäfen wurden auch zu Produktionszentren, da sich Metall- und Schmuckbearbeitung sowie Holzschnitzerei den Wirtschaftsboom zunutze machten.

Am meisten profitierten die skandinavischen Könige von diesem Aufschwung; sie kontrollierten die Märkte und besteuerten alle Tauschvorgänge. Das verschaffte ihnen die Mittel, um Feldzüge gegen das angelsächsische England und andere skandinavische Könige zu führen. Wenn der Wikingerkrieger das Symbol dieser Zeit war, dann waren wikingische Händler und Handwerker das Herz der ökonomischen und kulturellen Dynamik, die Skandinavien veränderte und in ein neues Zeitalter geleitete.

BARENTSSEE

WEISSES MEER

Golf von Bottnischerbusen

Finnen

Wikingerhandel und Kolonialisierung, 800 bis 1050

- Kiewer Rus, ca. 1050
- Bulgaren
- Königreich Ungarn, ca. 1000
- Byzantinisches Reich, ca. 900
- → wikingische Handelsrouten (Meer und Fluss)
- ⇢ wikingische Handelsrouten über Land
- → arabische und internationale Handelsrouten
- *Finnen* Stammesgruppen

Lagodasee
Onegasee
Finnen
Waga

Beloozero (Belozersk)
Wologda

Aldeigjuborg (Staraja Lagoda)
Wolchow

Murom
Wolga
SKLAVEN, PELZE, HONIG, WACHS

Yaroslavl

Lake Peipus
Nowgorod
Bulgar

Izborsk • Pskov
Lowat
Wolga-Bulgaren

nach China

HÄUTE, WOLLE, GEWÜRZE

• Grobin
Dwina
SALZ FLACHS HANF HÄUTE SKLAVEN

Balten
Gnezdowo (Smolensk)

Njemen
Ural

Elbing
Preussen
SKLAVEN

Chernigov (Chernihiv)

ARAL-SEE

Veichsel
Drewljanen

Kiew
Don

Dnjepr
Wolga

CHASARENKHANAT
Itil (Astrachan)

Chorzem
Oxus

nach Buchara, Samarkand, Taschkent, China

Magyaren
Dnjestr

Sarkel (Wolgodonsk)

TEXTILIEN, GLAS, METALLE

Petschenegen

ASOW-SCHES MEER

Goten
• Tmutorokan

K A S P I S C H E S   M E E R

Baku

Kura

BULGARISCHES KHANAT
Donau

SCHWARZES   MEER

Sinope
Trapezunt (Trabzon)

GEWÜRZE, EDEL-STEINE, STOFFE, STAHLKLINGEN

Gorgan

Konstantinopel

Anatolien

A r m e n i e n
Tigris

Täbriz

ABBASIDENKALIFAT

ÄGÄIS

MARITIME GÜTER, GEWÜRZE, SEIDE, WEIN

Mosul • Arbil

nach Bagdad   *nach Bagdad*

Von Island bis zum Kaspischen Meer

Vor der Wikingerzeit war Nordeuropa wirtschaftlich rückständig, weit entfernt von den blühenden Märkten am Mittelmeer und im Nahen Osten. Das änderte sich im 9. Jahrhundert, als Wikingerhändler ein Netz von Handelsrouten über See, Fluss und Land aufbauten.

Unten: Dieser silber-gefasste Bergkristall-anhänger von einer Halskette, die aus Russland zwischen dem 10. und 11. Jahrhundert stammt, weist im Design slawische Einflüsse auf. Sie wurde in einem Wikinger-schatz in Gotland gefunden und beweist intensiven Handel zwischen der Heimat der Wikinger und den neuen russischen Staaten.

Vor dem Beginn der Wikingerzeit Ende des 8. Jahrhunderts existierten in Skandinavien einige kleine Handelszentren. Obwohl sie überlebten und sogar expandierten, setzte die wahre Blüte des skandinavischen Handels Mitte des folgenden Jahrhunderts ein, nach der Öffnung von Handelsrouten auf den Flüssen Russlands in den Osten. Ebenso entstanden andere Märkte an der Ostsee, um den Bedarf der warägischen Händler zu befriedigen, die die Wolga und den Dnjepr aufwärts fuhren.

Der kleine Hafen Grobin in Lettland und die nahe gelegene Ortschaft Riga boten den Zugang zum Handel in der gesamten Ostseeregion, und die Flusshändler kauften rasch die Waren der Stadt. Ebenso dienten Truso an der Weichsel und Wollin an der Oder als Umschlagplätze für den Handel mit den germanischen und slawischen Völkern Mitteleuropas. Der Geistliche Adam von Bremen beschrieb Wollin 1070 als größte Stadt Europas nach dem Niedergang von Hedeby in Dänemark. Der Handel in der Ost- und Nordseeregion war in der Wikingerzeit enorm und Händler, Jäger und Kaufleute lebten voneinander. Sie brachten auch Güter, von denen es in Skandinavien im Überfluss gab, zu den Märkten im Rest Europas und sogar nach Asien.

Am wichtigsten davon waren Pelze: Gejagt wurden Rentier, Elch, Marder, Bär, Otter, See-hund und Walross. Pelzhändler bezahlten Lappen oder Wikingerjäger dafür, ihre Beute zum Verkauf nach Süden zu bringen. Auch Eiderdaunen waren gefragt, ebenso Seile aus der Haut von Meeressäugetieren wie Walen, Seehunden oder Walrössern. Walfänger jagten in norwegischen Gewässern, gewannen Tran und sammelten Walbein. Narwal und Walross wurden wegen ihrer Haut und ihren Stoßzähnen gejagt, die auf den Märkten Südskandinaviens hohe Preise erzielten. Händler reisten in den Norden, um an isolierten Außenposten Pelze, Häute und Stoßzähne gegen Silber, Waren oder Luxusgüter zu tauschen.

Grausamer Handel

Ein anderes wichtiges Handelsgut der Wikinger waren Sklaven. Obwohl es in Europa seit Jahrhunderten Sklaverei gegeben hatte, machten die Wikinger sie zu einer Quelle des Reichtums und nahmen damit den transatlantischen Sklavenhandel um sieben Jahrhunderte vorweg. Die Herkunft der Sklaven variierte. Für das 9. Jahrhundert galt die Formel: „Dem Sieger fällt die Beute zu." Wenn die Wikinger einen Feind wie die Angel-

sachsen besiegten, eine Stadt oder ein Dorf eroberten, wurden die Überlebenden automatisch
nach Skandinavien oder in eine Wikingerkolonie verschifft und in die Sklaverei verkauft. Die
Kelten und Angelsachsen von den Britischen
Inseln waren für Stärke und Geschick bekannt.

richteten schwere Landarbeit und hatten keine
Rechte. Die Märkte in Hedeby, Kaupang und
Birka waren mit Sklaven jeden Alters überfüllt.
870 verkaufte ein fränkischer christlicher Geist-
licher seine religiösen Dinge, um christlichen
Sklaven, die er in Hedeby vorfand, freizukaufen.

Außerdem stießen Sklavenexpeditionen entlang
den Flüssen tief nach Mittel- und Osteuropa vor,
doch auch die Skandinavier selbst blieben nicht
verschont. Mehrere skandinavische Gesetze ver-
urteilten den Schuldigen zur Sklaverei: bei Mord,
Fehden oder auch nur Konflikten mit den Autoritäten oder herrschenden Familien. Die größte
Quelle war das slawische Kernland in Osteuropa,
und der Begriff „Sklave" ist vermutlich vom Begriff „Slawe" abgeleitet (obwohl die Wikinger das
Wort *thrall* benutzten). In der skandinavischen
Gesellschaft waren Sklaven zahlreich; sie ver-

Bernstein, den es in Süddänemark reichlich
gab, war sehr begehrt. Die großen Eisenerzvor-
kommen in Mittelschweden waren eine weitere
natürliche Ressource Skandinaviens. Norwegen
hatte die Rohstoffe, um Schleif- und Specksteine
zu produzieren. Wenn etwas verkauft oder getauscht werden konnte: Wikingerhändler taten es
– von isländischen Seehundpelzen bis zu russischen Kindern. Das Handelsnetz, das die Wikinger schufen, war ihre vielleicht beeindruckendste
Errungenschaft, doch die menschliche Ausbeu-
tung zeigte die Grausamkeit dieser Zeit.

Oben: Ein „Füllhorn",
das den Besitz eines
toten Wikingers ent-
hält.

Die Flüsse Russlands

Um die reichen Handelsstädte im Nahen Osten und in Byzanz zu erreichen, machten sich wikingische Abenteurer von osteuropäischen Handelszentren auf zur Erforschung des großen Flussnetzes in Russland. Diese Flüsse wurden zu Handelswegen, und wikingische Kaufleute unterhielten die Handelsverbindungen zwischen Kaspischem bzw. Schwarzem Meer und Skandinavien.

D ie ersten Kontakte zwischen Wikingern und Russen oder Byzantinern ergaben, dass die Länder im Osten reich an Silber waren, das begehrteste Gut in Skandinavien. Im späten 8. Jahrhundert erreichten die Silbervorräte Mesopotamiens (vor allem aus Kufa) die Märkte im Nahen Osten und in Zentralasien, wo sie gegen Seide, Gewürze, Sklaven oder andere Güter getauscht wurden.

Obwohl sie ein ganzer Kontinent von den Handelsrouten im Nahen Osten trennte, hatten die Wikingerkaufleute an der Ostsee eine gute Position, die Silberschwemme auszuünützen. Durch die Erforschung der Flüsse, die nach Süden und Osten durch Russland führten, konnten wikingische Händler Überschussgüter wie Pelze, Eisen oder Sklaven mit Kaufleuten aus dem Osten handeln. Diese Gelegenheit brachte die wikingischen Handelsrouten auf den Flüssen hervor und trieb die Transformation Skandinaviens voran. Russlands Flüsse fließen durch unwirtliche und (in diesem Teil) feindliche Gebiete. Außer den Wikingern hätten nur wenige Händler gewagt, hier Handelsrouten zu etablieren. Trotz der Risken profitierten die Märkte an der Ostsee von den neu erschlossenen Routen und es ergoss sich ein ständiger Fluss von Silber aus dem Osten nach Skandinavien und Westeuropa.

Rechts: Die Nachfrage nach Silber in der skandinavischen Kultur stieg mit der wikingischen Migration. Dieser in Ostergotland, Schweden, gefundene Silberanhänger ähnelt einem frühen Wikingerhelm – mit dem gehobenen Augenbrauenschutz und dem Fortsatz auf der Stirn.

Die zwei wichtigsten Flusswege durch Russland sind Wolga und Dnjepr. Die Wolga ist durch ein Netz von Flüssen und Portagen mit dem Ostende der Ostsee verbunden. Händler fuhren entweder von Nowgorod nach Süden oder über einen See und kleine Flüsse nach Osten, um bei der heutigen russischen Stadt Rostow zur Wolga zu stoßen. Hier fließt die Wolga zuerst nach Osten, dann nach Süden und durchquert die Gebiete der Bulgaren und Chasaren, bis sie sich wieder nach Osten wendet und in das Kaspische Meer mündet. An dessen Südostspitze lag die Stadt Gorgan, die den Wikingerkaufleuten Zugang zu Seide, Gewürzen und Silber bot. Die Wolga war auch Zugang zum Don, der als Sekundärroute in das Schwarze Meer fungierte. Nowgorod im Nordwesten Russlands diente als nützliches Handelszentrum, das über die Wolchow mit dem Ladogasee im Norden verbunden war (und mit der Handelsstadt Aldeigjuborg, heute Staraja Ladoga). Von hier aus ging der Handel weiter über die Newa und diverse Portagen bis zur Ostsee (manchmal „Warägisches Meer" genannt).

Handelsnetzwerk

Von Nowgorod konnte man der Lowat zu ihrem Ursprung folgen, dann mussten Händler zur Dwina queren. Eine andere Portage führte zum Oberlauf des Dnjepr in der Nähe des heutigen Smolensk. Von hier aus fließt der Dnjepr nach Süden bis nach Kiew, wendet sich dann nach Osten und wieder nach Süden, wo er die ukrainische Steppe durchquert und schließlich ins Schwarze Meer mündet. Das letzte Stück des Dnjepr war schwierig zu befahren. Es war nicht nur durch mehrere Stromschnellen oder andere Gefahrenstellen unterbrochen; hier griffen häufig asiatische Reitervölker an: die Magyaren und Petschenegen.

Am Schwarzen Meer folgten die Wikingerkaufleute der Westküste bis zur byzantinischen Hauptstadt Konstantinopel. Die Waräger – eine östliche Bezeichnung für die Wikinger – übernahmen nach und nach die politische und militärische Kontrolle über einen Großteil der Flussrouten im Norden und Westen. Die Wolga war in der Wikingerzeit weiterhin von den Gebieten potenziell feindlicher Bulgaren und Chasaren umgeben und die Macht der Waräger reichte nie weiter als zum Oberlauf der Wolga.

Die Grundlage dieser Sicherheit bildeten die befestigten Warägerstädte Izborsk, Nowgorod, Polotsk und Smolensk in Nordwestrussland, Kiew im Süden und Beloozero, Rostow und

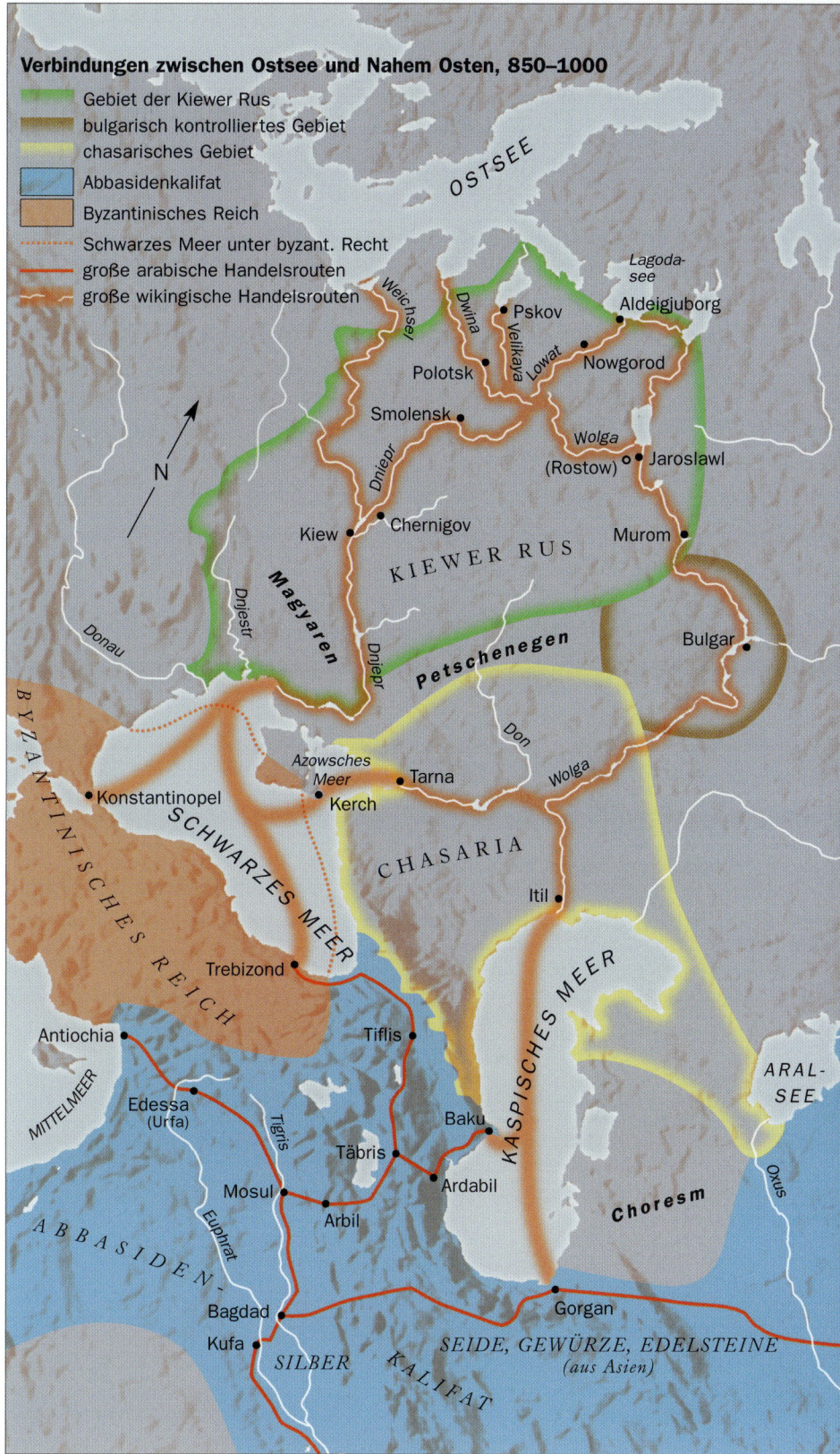

Murom an der Wolgaroute. Die Bulgaren kontrollierten den Fluss jenseits von Murom und hoben Tribut ein. Als der Silberhandel Ende des 10. Jahrhunderts erstarb, wurde die Wolgaroute nur noch selten benutzt und der Dnjepr zur Hauptarterie. Er blieb bis zum Ende der Wikingerzeit in Verwendung, als der Niedergang der Ostseemärkte und des Silberhandels die Verbindung zwischen Skandinavien und dem Byzantinischen Reich endgültig beendete.

Ein neuer Staat: die Rus

Während ihre skandinavischen Kollegen Westeuropa plünderten und dann besiedelten, hielten die Schweden über die Ostsee Ausschau nach Wegen für Handel und koloniale Expansion. Im 9. Jahrhundert erhielten diese Siedler und Händler den kollektiven Namen Rus. Sie förderten auch die Gründung des russischen Staates.

Rechts: Verzierte, vergoldete Silberbroschen zeigten Erfolg und Reichtum der wikingischen Händler.

V or 1000 waren die Gebiete östlich und südlich der Nordsee nur dünn besiedelt. Die einheimische Bevölkerung klammerte sich an den Rand der riesigen Wälder und siedelte an den Ufern der großen Flüsse, den Hauptarterien der Region. Dies war die Heimat eines slawischen Volkes, das größ-

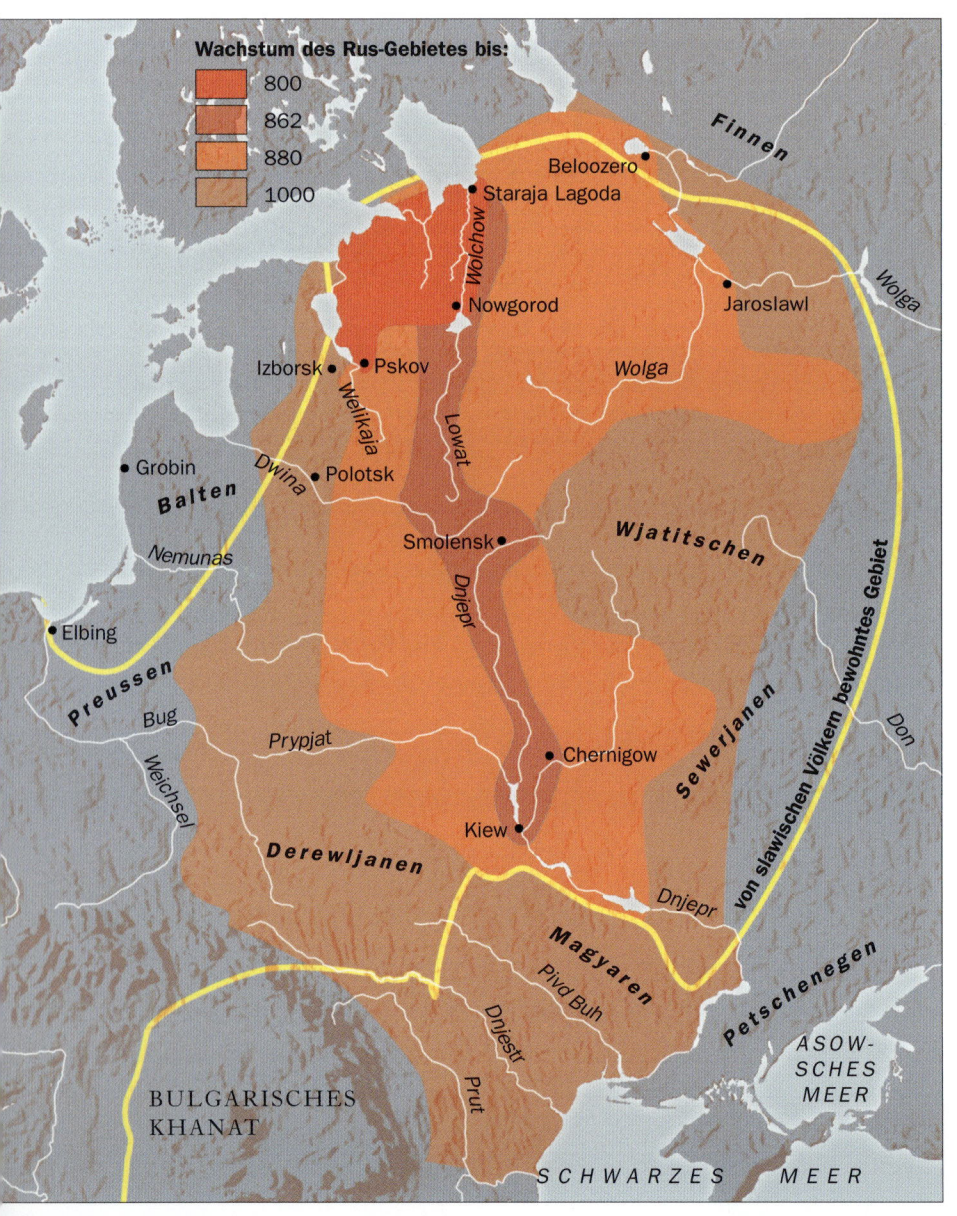

Wachstum des Rus-Gebietes bis:

- 800
- 862
- 880
- 1000

tenteils rund um die Handelszentren Nowgorod und Kiew konzentriert war. Es gab auch persische Vorfahren hier, doch die meisten hatten denselben ethnischen Hintergrund wie der Rest Osteuropas.

Ab etwa 850 begannen schwedische Winkingerhändler, die Flussroute zu benützen, die andere wikingische Abenteurer kurz zuvor erforscht hatten. Bald gründeten sie Siedlungen und integrierten sich mehr in die einheimische Bevölkerung. Diese Wikinger wurden Rus genannt, eine slawische Ableitung des finnischen Wortes für die schwedischen Wikinger („rothaarig").

Dann begannen sie, zum Schutz eine Reihe von Enklaven entlang den Flüssen zu errichten, wobei sie die älteren slawischen Gemeinden umfassten. Weil die slawischen Stämme in diesem Gebiet weniger gut bewaffnet und organisiert waren als die Rus, wuchsen die schwedischen

Niederlassungen rasch zu einem Netzwerk kleiner Städte und Handelsbasen zusammen.

Die *Russische Hauptchronik*, im 12. Jahrhundert von orthodoxen Priestern verfasst, liefert wertvolle Einsichten in die frühe Entwicklung der Rus. Sie gibt ein Datum für die Gründung des Rus-Staates an. Die slawischen Stämme sollen den Eindringlingen 862 kollektiv erklärt haben: „Unser Land ist groß und reich, aber es gibt keine Ordnung. Kommt und herrscht über uns." Diese unwahrscheinliche Einladung war natürlich eine Erklärung der Wikinger für die Annektierung dieser Gebiete, auch um den folgenden Rus-Herrschern mehr Autorität zu verleihen.

Der *Chronik* zufolge stieg ein Wikingerführer namens Rurik unter den Rus auf und setzte sich in der früheren slawischen Handelsstadt Nowgorod fest. Von hier aus dehnte er seine Macht entlang dem Flussnetz aus und entsandte Askold und Dir als Stellvertreter den Dnjepr hinunter, um seine Herrschaft über die große slawische Stadt Kiew zu proklamieren.

Kiew lag ideal für den Handel zwischen dem Byzantinischen Reich und der Ostsee. Unter Askolds Herrschaft spezialisierte es sich auf Pelze und Sklaven und wurde zu einem der größten Handelszentren Europas. 880 führte Ruriks Nachfolger Oleg eine weitere Wikingerexpedition den Dnjepr hinunter, um Kiew einzunehmen, das seit Askolds Machtergreifung unabhängige Wege gegangen war. 911 wurde Kiew – heute „Mutter aller russischen Städte" genannt – zur neuen Hauptstadt der Rus. Oleg regierte nun ein Gebiet, das sich von der Ostsee bis zur Nordgrenze des Königreiches der Bulgaren weit im Süden erstreckte.

Der neue russische Staat

Russland bildete sich als politische Einheit im 10. Jahrhundert heraus. Fürst Oleg und seine Nachfolger zwangen die anderen Flussgemeinden unter die Oberhoheit der Fürsten von Russland. Unter Olegs Sohn Swjatoslav unter-

warfen die Rus die Bulgaren und Chasaren und schoben dadurch die Grenzen der Kiewer Rus bis zu Wolga und Donau vor. An ihrer Südgrenze lagen die Rus fast ständig mit Byzantinern, Chasaren und Bulgaren im Krieg. Ihre militärische Tapferkeit beeindruckte den byzantinischen Kaiser derartig, dass er sich eine skandinavische Leibgarde zulegte (die Waräger).

Zu Beginn des 11. Jahrhunderts wurden die Länder der Rus als Russland bezeichnet, eine Reihe von halbautonomen Stadtstaaten, die von Kiew und Nowgorod beherrscht wurden. Etwa zur selben Zeit nahm der Fürst von Russland das Christentum an, sodass ein christliches Bollwerk Osteuropa umspannte. Von den ersten wikingischen Anfängen hatte sich das Gebiet der Rus zum russischen Staat entwickelt, der Osteuropa im nächsten Jahrtausend dominieren sollte.

Oben: Eine Statue von Wladimir überblickt den Dnjepr bei Kiew. Wladimir heiratete 988 die Schwester des byzantinischen Kaisers Basilius II. Der Heiratsvertrag bestimmte, dass der Rusführer zum Christentum konvertierte. Wladimir war so eifrig, dass er es zur Religion von Kiew machte und alle seine Untertanen im Dnjepr getauft werden mussten.

Birka und Kaupang

Die ersten kleinen Handelszentren in Skandinavien wurden vor dem 9. Jahrhundert gegründet, doch das rasche Wachstum des Handels förderte die Entstehung mehrerer großer wikingischer Märkte. Unter diesen entwickelten sich Kaupang in Norwegen und Birka in Schweden zu führenden Zentren, die nur von der geschäftigen Handelsstadt Hedeby in Dänemark übertroffen wurden.

Gegenüber oben: Auf der Insel Björko im Mälarsee lag das alte wikingische Handelszentrum Birka, dessen Überreste unter fruchtbarem Ackerland begraben liegen.

Gegenüber unten: Dieser Wikingerschatz aus Münzen, Juwelen und einem Schwert wurde in den 60er-Jahren am Fundort von Birka entdeckt.

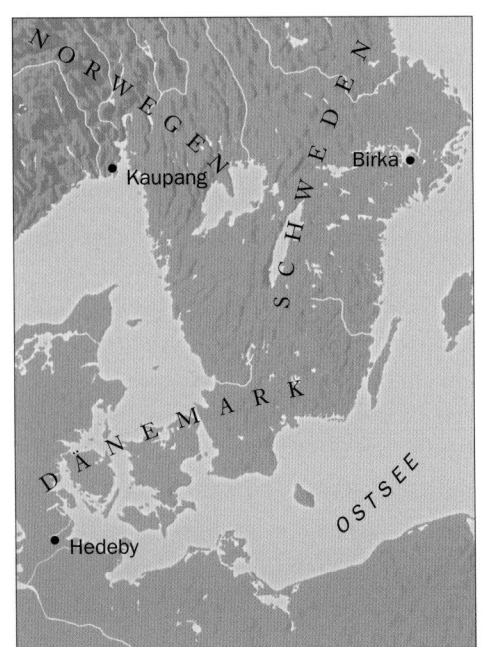

Birka wurde kurz vor 800 auf der Insel Björko im Mälarsee gegründet, westlich des heutigen Stockholm. Vermutlich auf königlichen Befehl errichtet, wurde es von einem königlichen schwedischen Beamten regiert. Als offiziell gebilligter Handelshafen war Birka durch ein Netzwerk von Flüssen, Seen und Buchten vor Angriffen geschützt und wurde von Langschiffen bewacht. Die im Nordosten von Björko („Birkeninsel") gelegene Siedlung war von einem Wall umgeben und die Ausdehnung schwarzer Erde (Holzkohlereste aus Jahrhunderten der Besiedelung) innerhalb der halbkreisförmigen Verteidigungsanlagen zeigt an, dass die Stadt etwa 12 Hektar groß war.

An ihrem Nordende boten die natürlichen Häfen Kuggham (Frachthafen) und Korshamn (Kreuzhafen) außerhalb des Walls sichere Ankerplätze und Strände für Handelsschiffe. Außerdem dienten Molen als direkte Zugänge zu Lagerhäusern und Werkstätten.

Aus den archäologischen Überresten der städtischen Kunsthandwerker wissen wir, dass es hier Metallbearbeitung, Holzschnitzerei, Bronzegießerei, Lederverarbeitung und Knochenschnitzerei gab. Im Unterschied zu Kaupang in Norwegen dürfte Birka ein ganzjährig geöffneter Markt gewesen sein, wohin Pelz-, Haut- und Elfenbeinjäger im Winter ihre Beute bringen konnten und wo sie für die Handelsschiffe, die zu Sommerbeginn eintrafen, bereit lagen. In Schweden abgebautes Eisen wurde in Birka verkauft und dann nach Hedeby in Dänemark verschifft. Sklavenhändler brachten ihre Gefangenen über die Ostsee zum Verkauf auf die Insel. Sie tauschten sie gegen arabisches Silber, fränkische oder sächsische Luxusgüter (Glas, Stoffe, Schmuck und Keramik), Waffen oder sogar Wein.

Birka scheint auf seinem Höhepunkt etwa 1.000 Einwohner gehabt zu haben. Doch nach dem Rückgang des Silberhandels und dem Anstieg des Landniveaus (wodurch die Siedlung auf dem Wasserweg weniger leicht zugänglich war) wurde der Ort Mitte des 10. Jahrhunderts verlassen. Von da an wurden Paviken auf der Insel Gotland und das nördlicher gelegene Sigtuna in Uppsala die neuen Zentren des schwedischen Handels.

Nordische Händler

Der norwegische Markt Kaupang (der Name bedeutet auf Altnordisch „Markt") lag an der Westseite der Einfahrt zum Oslofjord. Er war das wichtigste Handelszentrum für den blühenden Bezirk Vestfold. Wie Birka war er gut situiert an der Innenseite einer kleinen Bucht. Archäologen fanden die Reste von Häusern, Lagerräumen, Werkstätten, Quellen und Höfen unmittelbar neben dem Strand. Reste von Molen, die in die Bucht hinausragen, beweisen, dass Kaupang einst ein betriebsamer Hafen war. Ein großer Wikingeranker, der im tiefen Hafenbecken gefunden wurde, zeigt, dass Schiffe von beachtlicher Größe Platz fanden.

Kaupang war nur ein Sommerhafen. Norwegische Händler tauschten hier mit fahrenden oder lokalen Kaufleuten, die wiederum Handelskontakte über die Nord- und die Ostsee unterhielten. Fallensteller und Jäger aus dem Norden Norwegens brachten Seehundfelle, Pelze, Walrosselfenbein und Seile aus Walrosshaut, die sie gegen Silber, Lebensmittel und Luxusgüter eintauschten. Am Ende der Handelssaison reisten die nicht ansässigen Kaufleute ab und Kaupang wurde wieder zur einfachen Küstensiedlung. Der Markt wuchs im späten 8. Jahrhundert an und florierte fast 150 Jahre lang. Doch Kaupang stellte für die schwedischen und dänischen Handelshäfen Birka und Hedeby nie

eine Konkurrenz dar. Dies lag zum Teil daran, dass die Norweger dem Nordseehandel größere Bedeutung beimaßen und dass Dublin der bei weitem wichtigste nordische Handelshafen war.

Aus Funden schließen wir, dass Eisenbearbeitung, Specksteinobjekte – wichtiges Exportgut nach Dänemark – und die Bearbeitung von Edelmetallen zu den wichtigsten Wirtschaftszweigen Kaupangs zählten. Hier wurde Keramik und Glas aus dem Rheinland entdeckt, ebenso Münzen und Schmuck aus England, was die Bedeutung des Nordseehandels bestätigt.

Hedeby: Markt der Wikingerwelt

Der maurische Händler Al-Tartushi beschrieb Hedeby in Dänemark als „eine große Stadt ganz am Ende des Weltmeeres". Als er es um etwa 950 sah, war der dänische Hafen das größte Handelszentrum der Wikingerwelt. Auf seinem Höhepunkt lockte er Kaufleute vom Mittelmeer und aus dem Nahen Osten an.

Die Karolinger berichteten, dass der dänische König Godfred 808 den sächsischen Handelshafen Reric (vermutlich Rostock) zerstörte und einen neuen wikingischen Markt in Hedeby errichtete, wo sich ein kleiner friesischer Ort befand. Die Sachsen gaben ihm weiterhin den alten Namen Slesvig (heute Schleswig). Diese frühe Siedlung lag südlich des Flusses Hedeby, der zum Zentrum der neuen Marktstadt wurde. 811 war die neue Wikingersiedlung etwas nördlich des Flusses gelegen, doch Ende des Jahrhunderts bildete der Wasserweg den Mittelpunkt der Stadt. Er wurde verbreitert, vertieft und an seinen Ufern mit Holzkais bestückt; die Strände zu beiden Seiten dienten als Ankerplätze für größere Schiffe. Weil die Stadt auf königlichen Befehl entstand, wurde ihr Lageplan sorgfältig kontrolliert. Die Straßen verliefen im rechten Winkel zum Fluss Hedeby und parallel zum Ufer des Haddeby Nor (der abgegrenzte Teil des Schleifjords, an dem die Stadt lag). Ein großer, halbkreisförmiger Erdwall, auf dem Palisaden errichtet waren, umfasste die gesamte Siedlung. Zusätzliche Sicherheit bot eine bogenförmige Palisade, die sich in das Haddeby Nor erstreckte und den Strand sowie die Mündung auch vor dem Nordwind schützte. Die gesamte Siedlung einschließlich der Befestigungsanlagen nahm etwa 24 Hektar ein, womit

sie die größte Handelsstadt in Skandinavien war. Innerhalb ihrer Mauern hatten Kaufleute und Handwerker ihre Läden, Häuser und Werkstätten und es gab zusätzlich Platz für die Zelte fahrender Händler und Käufer.

Strategische Lage

Zu der Zeit, als Al-Tartushi Hedeby besuchte, war die Stadt ein florierender Markt, der seinen Erfolg vor allem seiner Lage verdankte. Am engen Beginn der Halbinsel bot der Schleifjord unmittelbaren Zugang zur Ostsee und auch der Landweg zur Nordsee war kurz. Daher war Hedeby der ideale Treffpunkt für skandinavische Ostseehändler, die wiederum den Zugang zu Russland und den Märkten des Nahen Ostens eröffneten, und für Nordseekaufleute. Das Danewerk, eine Reihe von Verteidigungslinien, die die dänische Grenze schützten, sicherte den Handel, der von der Eider oder der Elbe über die Insel verlief. Außerdem stellten die Kontakte mit dem sächsischen Hafen Hamburg eine bequeme und beliebte Handelsroute für Kaufleute

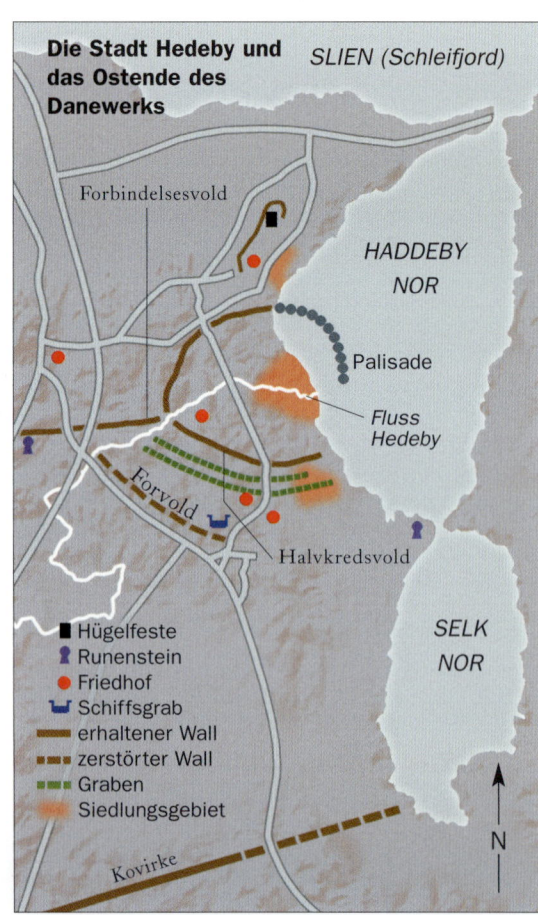

Die Stadt Hedeby und das Ostende des Danewerks

SLIEN (Schleifjord)

Forbindelsesvold

HADDEBY NOR

Palisade

Fluss Hedeby

Forvold

Halvkredsvold

SELK NOR

■ Hügelfeste
🔹 Runenstein
● Friedhof
⚓ Schiffsgrab
━━ erhaltener Wall
┅┅ zerstörter Wall
▰▰▰ Graben
▰ Siedlungsgebiet

Kovirke

N

aus Britannien, den fränkischen Reichen,
Spanien oder dem Mittelmeerraum dar.

Obwohl die Größe und Lebendigkeit der
Stadt Al-Tartushi beeindruckten, war er von anderen Aspekten Hedebys weniger begeistert. Er
nannte sie einen barbarischen, lauten und
schmutzigen Ort, wo die Einwohner Tieropfer
an ihren Häusern aufhängten. Er mag gepökeltes
Fleisch oder Fisch gemeint haben, der zum
Trocknen ausgehängt war, doch das Bild der
heidnischen Wikingerstadt war trotzdem ziemlich bunt. Was Al-Tartushi ebenso auffiel, war
die unglaubliche Auswahl an Waren: Glaswaren
aus dem Rheingebiet, Sklaven aus Russland,
Häute aus dem hohen Norden Skandinaviens
und eine reiche Palette an Schmuck, Stoffen
und Luxusgütern sowie erstaunliche Exemplare

wikingischer Metallbearbeitung.

Hedeby florierte fast zweieinhalb Jahrhunderte und versorgte die dänische Krone mit
beträchtlichen Steuern, die wiederum die expan-
sionistischen Unternehmungen der dänischen
Monarchie auf den Britischen Inseln und im
Rest Skandinaviens finanzierten. Dadurch wurde Hedeby zum Ziel von Dänemarks Feinden.
Das Ende kam 1050, als der norwegische König
Harald Hardrada die Stadt niederbrannte. Hedeby hatte seinen Höhepunkt bereits zu Beginn
des 11. Jahrhunderts überschritten, und obwohl
die Stadt wieder aufgebaut wurde, war sie nur
noch ein Schatten ihres früheren Selbst. 16 Jahre später setzte ein slawischer Überfall der einst
so großen Wikingerstadt endgültig ein Ende.

Oben: In ihrer Hoch-
zeit war Hedeby (heute
teilweise rekonstru-
iert) eine der größten
Wikingerstädte.
Gegenüber: Detail
aus einem geprägten
goldenen Anhänger,
der für gewöhnlich um
den Hals getragen
wurde. Obwohl Silber
für die Wikinger wich-
tiger war, konnten Me-
tallschmiede aus dem
leicht zu bearbeiten-
den Gold erstaunliche
Stücke fertigen.

Wikingersiedlungen in Russland

Die wikingische Präsenz in Russland unterschied sich völlig von der im Rest Europas. Sie kamen als Händler und regierten später kleine Städte, die zu Stadtstaaten wurden. Die Macht war ein Nebenprodukt des Handels.

Oben: Detail aus einem Drachenkopf auf einem Pferdegeschirr, gefunden in Sollerstead, Dänemark.

Gegenüber oben: Der wikingische Einfluss in Nowgorod zeigt sich im Holzkirchenstil, hier in einem restaurierten Dorf. Die ursprüngliche Siedlung sah eher wie die Rekonstruktion unten aus.

Politische Veränderungen im 20. Jahrhundert veränderten auch die Ansichten über die Wikinger in Russland. In Westeuropa galt als anerkannt, dass sie als Waräger eine wichtige Rolle bei der Entstehung der russischen Stadtstaaten und der darauf folgenden Entwicklung der Rus als Volk spielten. Die kommunistischen Sowjets bezweifelten den Einfluss der Wikinger. Heute hat sich durch die bessere Verfügbarkeit archäologischer und dokumentarischer Quellen eine ausgewogenere Sicht etabliert.

Wir wissen, dass Wikinger aus Schweden ab dem frühen 9. Jahrhundert in Russland siedelten und Handel trieben. Wir wissen auch, dass sie einige der wichtigsten Städte in der Region gründeten, und ihre Nachkommen entwickelten diese Zentren zu politischen und ökonomischen Stadtstaaten. Von Mitte des 9. bis Anfang des 11. Jahrhunderts beherrschten die schwedischen Wikinger und ihre Nachfahren die Städte Aldeigjuborg (auch Ladoga genannt, heute Staraja Ladoga), Nowgorod, Kiew und mehrere andere kleinere Siedlungen und schufen damit ein Netzwerk von Wikingerstädten inmitten der russischen Wälder.

Im Gegensatz zu den Wikingern im Westen wurden wenige bis keine Versuche unternommen, die Herrschaft auf die umliegenden Gebiete auszudehnen. Die Städte blieben dynamische Handelszentren, keine Stützpunkte für militärische Eroberungen. Das hieß nicht, dass es den Wikingern in Russland an militärischer Macht fehlte. Strafexpeditionen gegen die Slawen, Bulgaren und Chasaren bewiesen, dass sie ihre Handelsrouten auch mit Gewalt schützten.

Ausgrabungen in Aldeigjuborg zeigen, dass in der Wikingerstadt ab 750 Metallbearbeitung stattfand. Vermutlich waren die Wikinger zuerst saisonale Einwohner, doch mit der Zeit entwickelte sich der Ort zur ständigen Handelsniederlassung. Mitte des 9. Jahrhunderts errichteten die Rus tiefer in Russland Außenposten – in Beloozero („weißer See"), dann in Rostow im Süden. Die Lage von Grabstätten zeigt, dass sich die Wikinger, die am Oberlauf der Wolga lebten, nachhaltiger mit der einheimischen Bevölkerung mischten als anderswo, und Spuren ihrer Präsenz findet man in der gesamten Region.

Katalysator der Entwicklung

Ende des 9. Jahrhunderts war Nowgorod zur wichtigsten Rus-Siedlung im Norden geworden und ersetzte damit Aldeigjuborg und andere kleine Orte. Es überspannt den Wolchow und hat dadurch eine gute Lage für die Kontrolle des Handels zwischen dem Dnjepr und der Ostsee. Nachdem der Hauptmarkt am Ostufer um 920 errichtet wurde, wuchs er in den nächsten 50 Jahren zu einer befestigten Stadt an und wurde zum regionalen Machtzentrum.

Als eine Hauptstadt der Rus wurde Nowgorod zur Ausnahme. Seine militärische Expansion erfolgte zu einer Zeit, als der Silberhandel zwischen dem Orient und der Ostsee zum Erliegen kam und die Stadt von anderen Handelsgütern lebte: Zinn und Erz aus Mitteleuropa, Pelze aus Skandinavien, Korn oder Sklaven aus dem Hinterland. Die Handelsverbindung zwischen Nowgorod und Skandinavien erreichte im 11. Jahrhundert ihren Höhepunkt und dauerte noch lange über die Wikingerzeit hinaus.

Ab dem späten 11. Jahrhundert wurde auch Kiew zur blühenden Handels- und Gewerbestadt. Handelsabkommen zwischen der Stadt und den Chasaren sicherten den Zugang zu den Märkten des Ostens. Trotz der Rivalität mit den Byzantinern um die Herrschaft über das Schwarze Meer wurde Kiew eines der größten Handelszentren Europas, unterstützt von den Siedlungen Polotsk und Smolensk.

Von links nach rechts: ein fahrender Wikingerhändler mit seinen Waren (9. Jahrhundert); ein Krieger mit den typischen bauschigen Hosen der Ostwikinger; ein Kiewer Rus.

Wikingisches Gewerbe

Schlechte Überlandverbindungen machten den Transport schwerer Güter zum Problem. Daher strömten wikingische Handwerker in die Häfen, wo die Rohstoffe eintrafen und sofort zu Schmuck, Waffen, Hausrat und anderen Gebrauchsgütern verarbeitet wurden.

Oben: Metallarbeiter stellten neben der wichtigen militärischen Ausrüstung und Schiffsnägeln viele Werkzeuge her. Diese hübsch verzierte rituelle Gabel wurde mit der Gussformmethode hergestellt, die man für die Massenproduktion von Metallgegenständen verwendete.

Gegenüber: Der Donnergott Thor wurde häufig als Schmied mit Hammer und Amboss dargestellt. Diese 6,35 cm hohe Bronzefigur wurde um ca. 1000 in Irland gefertigt.

Die Bearbeitung von Eisen oder Bronze war eine schwierige und geachtete Arbeit, vor allem wenn eine Waffe oder eine Rüstung gefertigt wurde. Sogar der Gott Thor trug einen Hammer, das Werkzeug des Schmieds, und die Legenden sprechen von sagenhaften magischen Schwertern, die von Schmiedemeistern geschaffen wurden. Wegen der Feuergefahr am Rande von wikingischen Handelsstädten angesiedelt, produzierten Waffenschmiede, Grobschmiede, Rüstungsmacher und Messingbearbeiter alles, von Waffen und Schiffsbeschlägen bis zu Nägeln, Nieten und Werkzeugen zum Bau von Städten. Importiertes Erz wurde mittels einfacher Schmelzöfen aufbereitet, die Eisen von hoher Qualität erzeugten.

Metallbearbeiter begnügten sich nicht mit der Produktion von Gebrauchsgütern. In den meisten Wikingerstädten stellten Spezialisten durch Bronzeguss verschiedenste kleinteilige Einzelobjekte her oder produzierten mit billigeren Gussformen Massenware. Ihre Methode der verlorenen Form wird bis heute angewendet.

Zuerst wird ein Wachsmodell des Objekts angefertigt und sorgfältig mit Lehm umhüllt, der die Gussform bildet. Beim Erhitzen der Form schmilzt das Wachs und wird abgegossen. Nun kann das geschmolzene Gussmaterial in die Form eingebracht werden.

Die Wikinger führten Techniken der Massenproduktion ein, um mit der Nachfrage nach Gebrauchsgütern fertig zu werden. Naturgemäß wird eine Gussform aus Lehm durch die extreme Hitze des flüssigen Metalls bei jeder Verwendung zerstört. Um einfache Objekte rascher zu produzieren, setzte man ganze Gussformstreifen ein sowie Stein- oder Knochenformen.

Die Wikinger bearbeiteten auch Stein. In Norwegen gab es große Specksteinvorkommen, der als Ersatz für Keramik verwendet wurde. Daraus wurden Haushaltsgefäße, Grundgewichte zum Fischen, Spindeln, Webrahmengewichte und Bronzegussformen hergestellt. In Norwegen gab es außerdem viel Schiefer, aus dem Wetzsteine gemacht wurden, die zum Schärfen von Waffen und Werkzeugen wichtig waren. Ein bedeutender Steinbruch lag bei Eidsborg, und Produkte von dort fand man auch in Dänemark, England und Frankreich. In vielen Fällen wurde Speckstein oder Schiefer unbehauen in andere Wikingerstädte exportiert und dort von lokalen Handwerkern verarbeitet.

Schiffsbauer dominieren

Glasarbeiter verwendeten fertig importiertes Material aus Westeuropa. Dazu gehörten farbige Mosaiksteinchen, zerbrochenes Tafelglas und sogar alte römische Fenster. Hunderte Glasperlen, die in Ausgrabungsstätten in Dänemark, Norwegen und Britannien gefunden wurden, zeigen die Popularität dieser Verwendung von Glas. Einfache Perlen wurden aus einfärbigem Glas hergestellt, doch es gab auch komplexere Versionen mit Spiralen aus unterschiedlich gefärbtem Glas oder sogar Kaleidoskope verschiedenster Farben, mit denen Objekte von unglaublicher Schönheit geschaffen wurden. Man verwendete dafür dünne Glasfäden, die gebündelt und zu dickeren, mehrfarbigen Fäden verschmolzen wurden. Dann wurden sie dünn zu Perlen geschnitten.

Die Wikinger glaubten, dass Bernstein magische Kräfte besaß. Dies machte die großen Bernsteinvorkommen in Dänemark und Norddeutschland zum beliebten Material für Perlen, Ornamente und Spielfiguren. Besonders geschätzt wurde schwarzer Bernstein, den man nur in der Nähe von Whitby, England, fand. Dadurch wurde das nahe gelegene York zum führenden Bernsteinexporteur zu den skandinavischen Märkten. Aus den natürlich abgeworfenen Geweihen von Rotwild wurden Kämme hergestellt, und auch Knochen- und Elfenbeinschnitzer waren in Wikingerstädten tätig.

Zum größten Teil bestanden die Haushaltswaren der Wikinger aus Holz: Krüge, Platten, Eimer, Schüsseln, Betten, Truhen, Tische und natürlich Schiffe. Doch auch die Keramikmanufaktur wurde im Skandinavien der Wikingerzeit immer wichtiger. Die ersten Töpfe waren handgeformt, aber zum Ende der Ära wurden sie bereits auf Töpferscheiben gefertigt. Von all den Gewerben der Wikingerzeit waren es jedoch die Schiffsbauer, die die ländliche Agrarwirtschaft der Wikinger zu einem Handelsimperium machten, das den Großteil Europas dominierte.

Der Silberhandel

Ein Aspekt der wikingischen Eröffnung des russischen Flussnetzes war, dass immer mehr begehrtes Silber in Nordeuropa in Umlauf kam. Die Überfälle auf die Britischen Inseln und die Franken brachten etwas Silber ein, doch erst der Handel mit den Arabern ließ Ströme des wertvollen Metalls zu den Ostseemärkten fließen.

Die schwedischen Unternehmungen in Russland in der zweiten Hälfte des 9. Jahrhunderts führten zur Errichtung mehrerer Handelssiedlungen an den Flüssen im Herzen Russlands (*siehe Seite 170–1*). Ihr Bestreben, den Handel in Richtung des Kaspischen Meeres mit seinen Handelsmöglichkeiten mit noch entfernteren Völkern auszudehnen, brachte die Rus schließlich in Kontakt mit den Chasaren der südlichen Steppen. Dieser Nomadenstamm kontrollierte die Wolgamündung. Am gegenüberliegenden Ufer lagen die großteils unabhängigen Emirate Aserbaidschan und Alid, die zumindest theoretisch zum Abbasidenreich ge-

hörten. Hier lagen die Zentren der Silberproduktion und das war das, was die Rus wollten.

Während die Rus die Vorherrschaft über den Dnjepr hielten – der Handelsverbindung zwischen Ostsee und Schwarzem Meer –, hatten Bulgaren und Chasaren einen Großteil der Wolga im Osten unter Kontrolle. Das zwang die skandinavischen Kaufleute dazu, den Flussvölkern Tribut zu zahlen, um auf der Wolga in das Kaspische Meer fahren zu können. Die Alternativroute – auf dem Dnjepr in das Schwarze Meer, dann entlang der Ostküste am Bulgarenkhanat und am Byzantinischen Reich vorbei – war weniger attraktiv. Sie war körperlich anstrengender und der Handel in Konstantinopel war limitiert, was die Gewinne reduzierte.

Auch arabische Kaufleute reisten die Wolga flussaufwärts. Ibn Fadlan beschrieb Treffen mit den Wikingern und die Art der abgewickelten Geschäfte. Die wichtigsten Waren waren Pelze, Sklaven, Waffen, europäischer Honig und Wachs. Die Skandinavier tauschten gegen Sil-

Aserbaidschan, das Chasarenkhanat und das Abbasidenkalifat, ca. 850

Als nomineller Teil des Abbasidenkalifats zahlte Aserbaidschan den Chasaren Tribut. Diese Spannung führte Mitte des 10. Jahrhunderts zu Unruhen, die die Silberlieferungen an die Wikingerhändler unterbrachen. Zur gleichen Zeit wurden näher der Heimat, in Deutschland, Silbervorkommen entdeckt (kleines Bild links).

Bedeutende Silbervorkommen im Harz deckten den lokalen Bedarf d. Wikinger.

ber, obwohl sie manchmal auch Seide und Zucker kauften. Das Silber gelangte schließlich zu den Wikingermärkten an der Ostsee. Die Wikinger handelten auch selbst mit den Bulgaren, die Pelze und Sklaven brachten und sie gegen Waffen oder westeuropäische Sklaven tauschten.

Die Araber verlieren

Der Handel an der Wolga ging bis zum Ende des 10. Jahrhunderts weiter, als er plötzlich zum Erliegen kam. Der Zerfall des kurdischen Emirates Aserbaidschan Ende des Jahrhunderts dürfte die Region destabilisiert und die arabischen Kaufleute davon abgehalten haben, das Kurdengebiet als Handelsbasis zu nutzen. Auch die Expeditionen des russischen Fürsten Swjatoslav gegen die Chasaren (965) und die Wolgabulgaren (967) dürften die empfindlichen Beziehungen entlang der Wolga gestört haben.

Eine dritte Erklärung ist die Verlagerung des Silberabbaus. Neue Silberadern im Harzgebirge im Deutschen Reich wurden etwa zur gleichen Zeit entdeckt, als die großen Silberminen des östlichen Abbasidenkalifats erschöpft waren. Die mitteleuropäische Silberquelle war ökonomischer und weniger gefährlich zu erreichen.

Solange er anhielt, war das Volumen des skandinavischen Silberhandels entlang der Wolga enorm. Über 90.000 arabische Münzen wurden in Skandinavien gefunden. Diese werden oft als kufische Münzen bezeichnet nach der Mine Kufa in Mesopotamien, doch auch andere Minen in Samarkand, Taschkent und Bagdad sind in den Schätzen stark vertreten. Trotz dieser riesigen Menge wurde Silber selten in Form von Münzen aufbewahrt, weil es zu Barren gegossen leichter gelagert und transportiert werden konnte.

Das zu Schmuck verarbeitete Silber trugen die Kaufleute und deren Familien gern, um ihren Erfolg und Reichtum zu demonstrieren. Ein Großteil des Silbers in dem Schmuck, der in Wikingergäbern gefunden wurde, ist abbasidischen Ursprungs. Barren, Münzen und Ornamente wurden auch klein gehackt ("gehacktes Silber"). Für die Wikinger war das Gewicht oft wichtiger als die Schönheit. Die Präsenz so vieler arabischer Münzen und über tausend entdeckte Silberschätze in ganz Skandinavien bezeugen die Bedeutung des Silberhandels im Zeitalter der Wikinger und für die Geschäfte der wikingischen Kaufleute.

Verbindung mit Byzanz

Als die ersten Wikingerkaufleute die byzantinische Hauptstadt Konstantinopel erreichten, muss ihre Größe und Pracht sie in Erstaunen versetzt haben. In den nächsten zwei Jahrhunderten, in denen Wikinger und Byzantiner miteinander Handel trieben und gelegentlich kämpften, entwickelte sich gegenseitiger Respekt.

Unten: Die Wikinger, die als Teil der Warägergarde im Dienste von Byzanz kämpften und dann nach Hause zurückkehrten, ließen manchmal Steininschriften zurück, die ihre Taten preisen.

Im 9. Jahrhundert war Konstantinopel, die Hauptstadt des griechischen Byzantinischen Reiches, eine der größten Städte der Welt. Mit etwa 50.000 Einwohnern stellte sie alles, was es in Skandinavien, Russland oder in Westeuropa gab, in den Schatten. Sie wurde durch praktisch unüberwindbare Mauern und eine Furcht erregende Armee verteidigt. Die Wikinger schreckte das nicht ab; sie überfielen das Reich ca. 865 und nochmals 907. Die Waräger,

wie sie in Ost- und Südosteuropa genannt wurden (was man auch als „Fremder" oder „Reisender" übersetzen kann), beeindruckten die Byzantiner mit ihrem kämpferischen Mut. Aber sie waren zu wenige, um mehr als schnelle Angriffe mit kleinen Flotten zu unternehmen.

Obwohl die Wikinger vermutlich bessere Seeleute und Krieger waren als die Byzantiner, hatten Letztere einen enormen Vorteil. Byzanz unterhielt eine gut ausgerüstete Marine, und die Schiffe hatten eine Geheimwaffe, die den Sieg sicherte. Als Fürst Oleg von Kiew seine Wikingerflotte 907 gegen das Reich führte, wurden seine Schiffe im Schwarzen Meer von einer byzantinischen Flotte angegriffen. Die Byzantiner verwendeten „griechisches Feuer" – einen Strahl brennbarer Flüssigkeit, ähnlich dem Napalm, der mit Schläuchen von den griechischen Schiffen abgefeuert wurde. Angesichts solcher Waffen erübrigten sich weitere Angriffe auf die byzantinische Küste.

Obwohl es noch mehr Zusammenstöße zwischen den Byzantinern und den Rus, den Nachfahren der Waräger, geben sollte, wurde 912 ein Friedensvertrag zwischen Kiew und Konstantinopel unterzeichnet. Nach den ersten Wikingerangriffen erhielten skandinavische Kaufleute am byzantinischen Hof bedeutende Zugeständnisse. Diese sicherten den Fluss von Pelzen und Sklaven aus Russland in die Hauptstadt; Silber, Seide und Gewürze kehrten zur Ostsee zurück.

Die Axtträger

In Konstantinopel erschien ein besonderes Gut aus dem Norden. Waräger tauchten im byzantinischen Militärdienst bereits 911 auf; vermutlich waren sie unter den besiegten Angreifern von Prinz Oleg von Kiew rekrutiert worden. Aufgrund von Militärabkommen zwischen Kiew und Konstantinopel gab es in der zweiten Hälfte des 10. Jahrhunderts einige Kontingente warägischer Söldner in byzantinischen Diensten. Die Byzantiner waren von den Wikingern so beeindruckt, dass sie zusammen eine spezielle Eliteleibgarde zum Schutz des Kaisers bildeten.

Etwa 100 Jahre lang, ab dem späten 10. Jahrhundert, war die Warägergarde ein Hauptanziehungspunkt für junge wikingische Abenteurer, die für die Aussicht auf unvorstellbaren

Reichtum bereit waren, die strapaziöse Reise von Schweden nach Konstantinopel auf sich zu nehmen. Neben der kaiserlichen Leibwache bildeten die Waräger auch einen bedeutenden Kern der stehenden byzantinischen Armee. In dieser Eigenschaft kämpften sie im gesamten byzantinischen Reich: in Italien, Nordafrika, Anatolien und im Nahen Osten.

Die Byzantiner nannten sie Warägergarde oder „Axt tragende Garde" nach ihrer Lieblingswaffe. Der vermutlich berühmteste Wikinger in byzantinischen Diensten war Harald Hardrada (*siehe Seite 154–5*), der später König von Norwegen wurde und dessen Tod bei

Stamford Bridge 1066 das Ende der Wikingerzeit darstellte. Die Waräger blieben auch nach der katastrophalen Niederlage des Reiches gegen die seldschukischen Türken bei Manzikert (1071) im Dienst der Byzantiner. Obwohl die Garde als Einheit überlebte, wurde sie als effektive Streitmacht zehn Jahre später von den sizilianischen Normannen bei Durazzo zerschlagen.

Mitte bis Ende des 11. Jahrhunderts waren Kiew und Nowgorod eher russische als wikingische Städte geworden. Die Beziehungen zwischen Rus und Byzantinern schwankten weiterhin zwischen Frieden (und Handel) und Krieg, doch diese Entwicklung geht über unsere Betrachtungen hinaus. Weiterhin reisten schwedische Wikinger zwecks Handel oder Militärdienst nach Konstantinopel, doch ihre Zahl schwand. Das neue Volk der Russen und die zunehmend entwickelten skandinavischen Königreiche hatten wenig Zeit für den Anachronismus des fahrenden Warägerhändlers. Zu dieser Zeit wurden die Byzantiner von einem moslemischen Angriff bedroht und hatten größere Probleme als die Versorgung mit Pelzen oder Sklaven.

Oben: Angehörige der Warägergarde im 11. Jahrhundert. Sie waren für zwei Hauptattribute bekannt: ihre Äxte und ihr Trinken. Ein Zitat aus dem 12. Jahrhundert beschrieb sie als des Kaisers „Weinschläuche".

KAPITEL 10

Die letzten Wikinger

Die meisten Historiker sind sich einig, dass das Ende der Wikingerzeit in der zweiten Hälfte des 11. Jahrhunderts anzusiedeln ist. Der Tod König Harald Hardradas (Reg. 1046–66) in der Schlacht bei Stamford Bridge markierte den Beginn des raschen Niedergangs dieser Ära. Harald, der als letzter Wikinger gilt, starb mit dem Schwert in der Hand, als er versuchte, die Macht über das angelsächsische Königreich zurückzugewinnen. Es gab weitere Angriffe auf England, doch Haralds war die letzte große skandinavische Invasion. Ab da beschränkten sich die politischen Bestrebungen der Skandinavier auf ihre Heimat.

LAP

Västerbotten
1560–1660
an Schweden

Umeå

Trondheim
1650–1660 an Schweden
1660 an Dänemark-Norwegen

Jämtland
1645 an Schweden

Angermanland

BOTTNISCHER MEER

Trondheim

D Ä N E M A R K - N O R W E G E N

Dalecarlia

Bergen

Faluns Exporte,
im Zentrum der
schwedischen
Metallindustrie,
förderten Schwe-
dens Griff nach
der Macht.

Falun

Åland

Christiania
(Oslo)

Glåmam

S C H W E D E N

Stavanger

Älvsborg

Vänersee

Södermanland

Stockholm

Bohuslän

Vättersee

Västergötland

Östergötland

Lübeck wurde zum
Verwaltungs-
zentrum der
Hanse.

Göteborg

Jönköking

Visby

D Ä N E M A R K

Ålborg

Halland

Gotland
1645 an
Schweden

Kalmar

Öland

O S T S E E

nach England

N O R D S E E

Helsingborg

Kopenhagen

Skåne
1658 an
Schweden

1658 an Schweden
1660 an
Dänemark-
Norwegen

König

Fürstentum Bremen
1648–1715 an Schweden

Bornholm

nach England und zum Mittelmeer

Schleswig

Stralsund

Danzig

Elbing

Lübeck

Rostock

Kolberg

Wismar

Mecklenburg

Ostpommern

Emden

Hamburg

Stettin

Amsterdam

Bremen

Niederlande

Elbe

Brandenburg

P

HEILIGES
RÖMISCHES
REICH

Berlin

Oder

Poznan

Weichs

Rhein

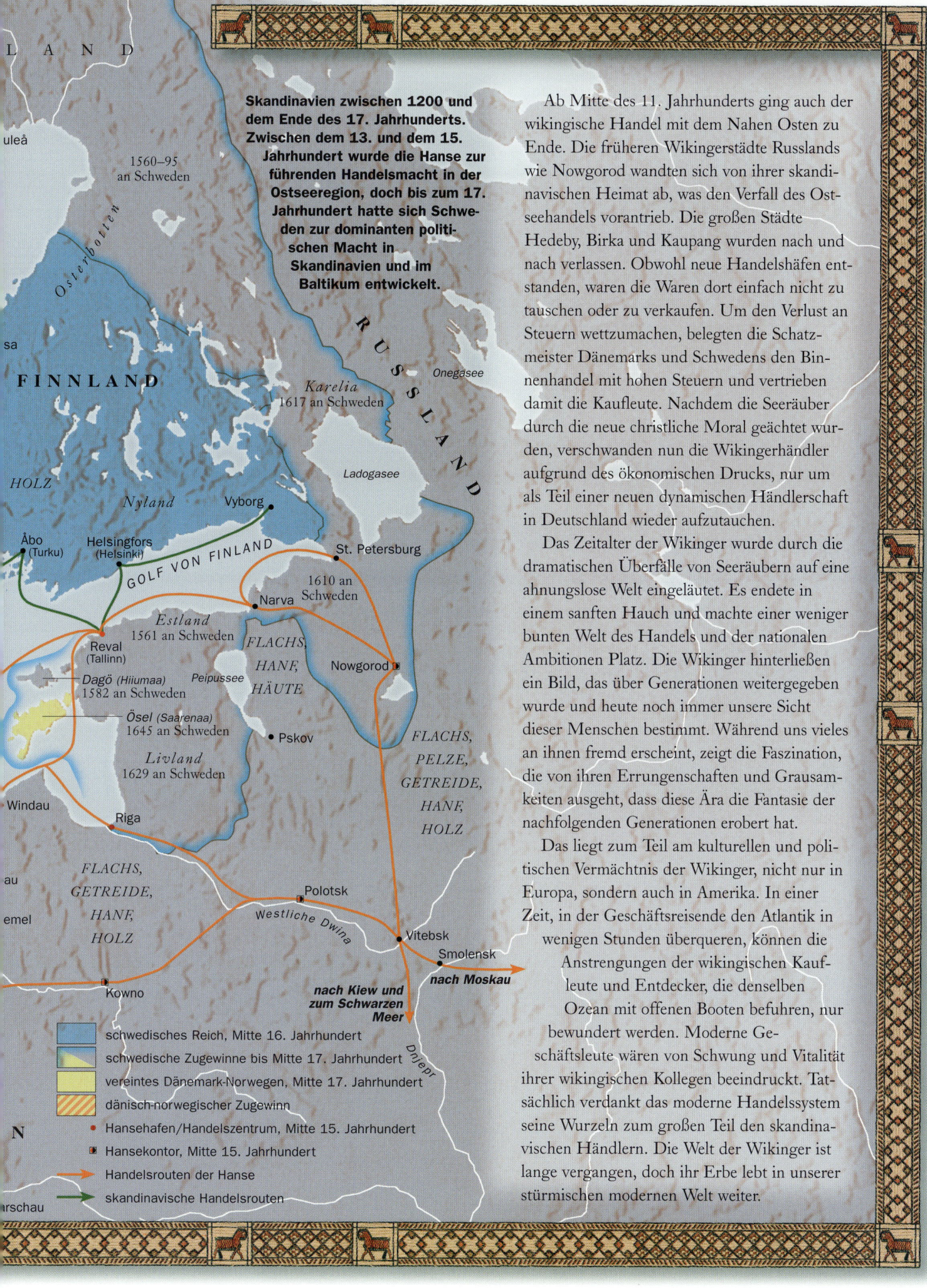

FINLAND

1560–95
an Schweden

HOLZ

Nyland

Åbo
(Turku)

Helsingfors
(Helsinki)

GOLF VON FINLAND

Vyborg

St. Petersburg

Narva

1610 an
Schweden

Estland
1561 an Schweden

Reval
(Tallinn)

Dagö (Hiiumaa)
1582 an Schweden

Peipussee

FLACHS,
HANF,
HÄUTE

Nowgorod

Ösel (Saarenaa)
1645 an Schweden

Livland
1629 an Schweden

Pskov

FLACHS,
PELZE,
GETREIDE,
HANF,
HOLZ

Windau

Riga

au

FLACHS,
GETREIDE,
HANF,
HOLZ

emel

Westliche Dwina

Polotsk

Vitebsk

Smolensk

nach Moskau

Kowno

nach Kiew und
zum Schwarzen
Meer

Dnjepr

RUSSLAND

Onegasee

Karelia
1617 an Schweden

Ladogasee

Osterbotten

schwedisches Reich, Mitte 16. Jahrhundert

schwedische Zugewinne bis Mitte 17. Jahrhundert

vereintes Dänemark-Norwegen, Mitte 17. Jahrhundert

dänisch-norwegischer Zugewinn

• Hansehafen/Handelszentrum, Mitte 15. Jahrhundert

■ Hansekontor, Mitte 15. Jahrhundert

Handelsrouten der Hanse

skandinavische Handelsrouten

N

rschau

Skandinavien zwischen 1200 und dem Ende des 17. Jahrhunderts. Zwischen dem 13. und dem 15. Jahrhundert wurde die Hanse zur führenden Handelsmacht in der Ostseeregion, doch bis zum 17. Jahrhundert hatte sich Schweden zur dominanten politischen Macht in Skandinavien und im Baltikum entwickelt.

Ab Mitte des 11. Jahrhunderts ging auch der wikingische Handel mit dem Nahen Osten zu Ende. Die früheren Wikingerstädte Russlands wie Nowgorod wandten sich von ihrer skandinavischen Heimat ab, was den Verfall des Ostseehandels vorantrieb. Die großen Städte Hedeby, Birka und Kaupang wurden nach und nach verlassen. Obwohl neue Handelshäfen entstanden, waren die Waren dort einfach nicht zu tauschen oder zu verkaufen. Um den Verlust an Steuern wettzumachen, belegten die Schatzmeister Dänemarks und Schwedens den Binnenhandel mit hohen Steuern und vertrieben damit die Kaufleute. Nachdem die Seeräuber durch die neue christliche Moral geächtet wurden, verschwanden nun die Wikingerhändler aufgrund des ökonomischen Drucks, nur um als Teil einer neuen dynamischen Händlerschaft in Deutschland wieder aufzutauchen.

Das Zeitalter der Wikinger wurde durch die dramatischen Überfälle von Seeräubern auf eine ahnungslose Welt eingeläutet. Es endete in einem sanften Hauch und machte einer weniger bunten Welt des Handels und der nationalen Ambitionen Platz. Die Wikinger hinterließen ein Bild, das über Generationen weitergegeben wurde und heute noch immer unsere Sicht dieser Menschen bestimmt. Während uns vieles an ihnen fremd erscheint, zeigt die Faszination, die von ihren Errungenschaften und Grausamkeiten ausgeht, dass diese Ära die Fantasie der nachfolgenden Generationen erobert hat.

Das liegt zum Teil am kulturellen und politischen Vermächtnis der Wikinger, nicht nur in Europa, sondern auch in Amerika. In einer Zeit, in der Geschäftsreisende den Atlantik in wenigen Stunden überqueren, können die Anstrengungen der wikingischen Kaufleute und Entdecker, die denselben Ozean mit offenen Booten befuhren, nur bewundert werden. Moderne Geschäftsleute wären von Schwung und Vitalität ihrer wikingischen Kollegen beeindruckt. Tatsächlich verdankt das moderne Handelssystem seine Wurzeln zum großen Teil den skandinavischen Händlern. Die Welt der Wikinger ist lange vergangen, doch ihr Erbe lebt in unserer stürmischen modernen Welt weiter.

Seeräuberdämmerung

Harald Hardrada kann durchaus als „letzter Wikinger" gelten, doch er war nicht der letzte Skandinavier, der ein Auge auf England geworfen hatte. Zu gerne hätten die Dänen England zurückerobert, doch die Normannen hielten das Reich eisern im Griff. Nach zwei Jahrzehnten verschwand die Gefahr einer Wikingerinvasion und England wurde in Ruhe gelassen.

I m Nachhinein gesehen war Harald Hardradas Invasion in England zum Scheitern verurteilt. Die Anglodänen vernichteten seine Wikingerarmee bei Stamford Bridge und wurden selbst von Wilhelm, Herzog der Normandie und Nachkomme eines Wikingers, bei Hastings geschlagen. Obwohl Haralds Tod gemeinhin als Markstein für das Ende der Wikingerzeit gilt, hegten die Dänen durchaus noch Ambitionen, das Danelag zurückzuerobern.

Als sächsische Rebellen sich 1069 in Nordengland gegen die normannische Herrschaft erhoben, baten sie die Dänen um Hilfe. König Sven III. Estridsson von Dänemark (Reg. 1043–74) entsandte seinen Bruder Oseborn mit einer großen dänischen Flotte. Er schloss sich mit den Rebellen zusammen und nahm York ein, doch vor der Armee von Wilhelm dem Eroberer zogen sich die Wikinger zurück.

Die Dänen blieben am Humber, bis ihnen Wilhelm Tribut zahlte. Dieser Rückfall in die Zeiten des Danegeldes scheint unglaublich, wird doch die Normannenherrschaft in den meisten Geschichtsbüchern als so mächtig beschrieben. Tatsächlich hatte Wilhelm England in den ersten Jahren alles andere als fest im Griff. Er war mit einer Hand voll normannischer Ritter über den Kanal gekommen, um eine riesige Aufgabe zu vollenden. Die Normannen waren unbarmherzig, aber sie konnten nicht überall sein. Es überrascht daher nicht, dass die Engländer einer dänischen Invasion oder einer englischen Rebellion durchaus Chancen zugebilligt hätten.

Die letzten Überfälle

Eine zweite Chance ergab sich 1075. Zwei von Wilhelms normannischen Gefolgsleuten erhoben sich gegen ihn. Abermals entsandte König Sven von Dänemark eine Invasionsstreitmacht, um die Situation auszunützen und die sächsische Revolte zu unterstützen. Leider war Wilhelm schneller; die Dänen trafen erst ein, als er den Aufstand bereits gnadenlos niedergeschlagen hatte. Also plünderten die Wikinger York ein zweites Mal – einst ihre eigene Stadt.

Ein Jahrzehnt später gab eine politische Machtverschiebung bei den Normannen den Dänen eine dritte Gelegenheit unter Svens Sohn. Knut II. Svensson (Reg. 1074–86) hatte die Tochter von Graf Robert von Flandern geheiratet. Sowohl Robert als auch der deutsche Kaiser Heinrich IV. erhoben Anspruch auf den englischen Thron. Im Sommer 1085 sammelte sich eine dänische Flotte westlich von Jütland; Gerüchte über eine dänische Invasion zwangen Wilhelm zur Stationierung von Truppen an Englands Nordseeküste. Seine dürftigen Bestände an vertrauenswürdigen Normannen ergänzte der König mit Söldnern. Er zerstörte sogar Küstendörfer, um dem Feind im Falle einer Landung keine Basis zu bieten. Hinweise auf die eilige Verstärkung der Burg Colchester bezeugen die Ernsthaftigkeit der Bedrohung.

Der Angriff fand nie statt. Obwohl Knut ihn erwogen hatte, war die Massierung von Männern und Schiffen vermutlich mehr Imponiergehabe als ein echter Versuch, das Danelag zurückzuerobern. Der dänische König wurde im Jahr darauf bei einem Volksaufstand gegen ihn getötet. Erst dann, als er sicher war, dass die dänische Gefahr gebannt war, entließ Wilhelm der Eroberer seine Truppen. Die Überfälle auf England unmittelbar nach 1066 waren die letzten Vorstöße der Wikinger über die Nordsee. Ostseehändler vertrieben ihre Waren weiterhin in westeuropäischen Gewässern, und dänische und schwedische Feldzüge im Baltikum und in Osteuropa wurden noch 50 Jahre fortgesetzt. Doch die Zeiten hatten sich geändert, und nachdem die neue Stabilität in nordeuropäischen Gewässern den Handel förderte, galten die wenigen Ostseeräuber nur noch als Piraten.

Gegenüber: Ein nachgebautes Langschiff der Wikinger im Sonnenuntergang.

Skandinavien nach den Wikingern

In den letzten Jahrzehnten des 11. Jahrhunderts hatten sich in Skandinavien aufkeimende Nationalstaaten entwickelt, die von mächtigen Herrschern regiert wurden. Als Harald Hardradas Tod den Krieg beendete, der die Wikingerwelt im Westen geprägt hatte, begann eine neue Ära des Friedens und des wirtschaftlichen Wohlstands.

Unten: Relief an einem Taufbrunnen in der Bolumskirche in Västergotland. Der unabhängige Wikingergeist wurde weder durch die Ambitionen von Königen noch von kirchlichen Einflüssen gezähmt. Selbst im 13. Jahrhundert noch konnte eine heidnische Kreatur wie diese einen Brunnen schmücken.

Als das Christentum Ende des 10. Jahrhunderts nach Skandinavien kam, profitierten davon vor allem seine Regenten, die die neue Religion und ihre Strukturen dazu benützten, ihre eigene Autorität zu stärken. Die Kirche wurde zum Werkzeug des Staates. Während die Geistlichen im Dienst des Königs die Effizienz des Berichtswesens und der Verwaltung steigerten, suchten die Monarchen die Unterstützung des Heiligen Stuhls. König Knut I., der Große von Dänemark (Reg. 1014–35) besuchte sogar Papst Johannes IX. (P. 1024–32) in Rom. Ende des 11. Jahrhunderts hatte die Autorität der Kirche im Bündnis mit der Krone das Antlitz der skandinavischen Gesellschaft verändert.

Das lateinische Alphabet ersetzte die Runen, die als heidnische Schrift abgetan wurden. Durch den Klerus entstanden enge Kontakte mit dem deutschen und dem fränkischen Königreich im Süden, und die ersten geschriebenen Gesetze legten fest, wie die skandinavische Gesellschaft regiert wurde. Kirchenhistoriker wie Adam von Bremen erzählten Schauergeschichten über das heidnische Leben, und die alten Bräuche starben aus. Die rasche Verbreitung der Kirchen stellte sicher, dass die Wikinger Kirche und Staatsautorität akzeptieren mussten, wollten sie in Wohlstand leben.

Noch über ein Jahrhundert nach der Konvertierung von Harald Blauzahn von Dänemark 960 blieb der Erzbischof von Bremen das religiöse Oberhaupt aller drei skandinavischen Königreiche. 1104 wurde das Erzbistum Lund in Dänemark gegründet, gefolgt von Nidaros in Norwegen (1152) und Uppsala in Schweden (1164). Nun war die kirchliche Hierarchie echt skandinavisch. Obwohl Kirche und Staat in den drei skandinavischen Königreichen weiterhin

stritten und kämpften, unterstützten sich die zwei Elemente nationaler Autorität gegenseitig. Könige und Erzbischöfe brauchten einander, um an der Macht zu bleiben und ihre weltlichen und spirituellen Untertanen zu lenken.

Norwegische Sitten

Im Verlauf des 11. und 12. Jahrhunderts führten die skandinavischen Königreiche weiterhin Kriege gegeneinander, meistens infolge eines Streits um die Erbfolge oder einen Thronanspruch. Diese Kriege reduzierten die Macht der Monarchen, die Ende des 11. Jahrhunderts auf dem Höhepunkt gewesen war, und sie führte zur Entstehung eines neuen Adels von Grundbesitzern. Dies waren die Nachfahren der wikingischen Kriegsherren früherer Zeiten.

Seit Jahrhunderten hatten freie Grundbesitzer in Skandinavien, wo Ackerland hoch im Kurs stand, die gleichen Rechte ausgeübt, unabhängig von der Größe ihres Landes. Bis zum Ende des 12. Jahrhunderts entwickelte sich daraus ein System, das der Feudalstruktur in Westeuropa ähnelte. Als Gegenleistung für den Schutz vor Soldatenbanden wurden die kleinen Grundbesitzer zu Lehensmännern ihrer größeren Nachbarn. Obwohl die Monarchie die Entwicklung eines Adels von Grundbesitzern (und damit von

potenziell gegnerischen Dynastien) zu verhindern suchte, setzte sich dieser Trend fort.

Ende des Jahrhunderts beugten sich die dänischen Könige dem Unvermeidlichen. Sie begannen, als Gegenleistung für militärische Hilfe Lehen zu verteilen, und bald erfasste dieser Brauch auch Norwegen und Schweden. Zwischen den Feudalsystemen in Skandinavien und im Rest Europas gab es einen wichtigen Unterschied. Die normannischen und fränkischen Monarchien waren erblich, während in Skandinavien Macht die Thronfolge bestimmte. Dies ähnelte dem späteren deutschen System, bei dem der beste Mann den Job erhielt (gewählt jedoch von einem Adelskollegium).

Trotzdem blieb die Feudalisierung der skandinavischen Gesellschaft großteils auf Dänemark und Mittelschweden begrenzt. Anderswo limitierte der unabhängige Wikingergeist die Effektivität dieser undemokratischen Regierungsform. In Island blieb die Bevölkerung frei von königlicher Herrschaft oder Feudaleliten. Die echte Macht in Skandinavien war eher ökonomisch als kirchlich oder politisch, und während Könige, Adelige und Geistliche versuchten, ihre Gesellschaft dem Rest Europas nachzubilden, schufen nordeuropäische Kaufleute ihre eigene bessere Welt.

Oben: Abseits der städtischen Zentren der späten Wikingerzeit behielt man traditionelles Brauchtum bei. Diese Kirche bei Hveravellir, Island, ist auf dieselbe Weise wie ein wikingisches Landhaus mit einem Dach aus Grassoden zum Schutz und zwecks Isolierung gebaut.

Händler als Nachfolger der Wikinger

Als Harald Hardrada 1050 Hedeby niederbrannte, setzte eine Wende in der wirtschaftlichen Entwicklung der Ostseeregion ein. Der Niedergang des wikingischen Handels im 11. Jahrhundert ebnete den Weg für die Entstehung eines neuen baltischen Wirtschaftssystems.

Rechts: Die Statue eines wikingischen Holzfällers mit der Axt in der Hand ziert eine Häuserfront am Hansekai in Bergen, Norwegen.

Obwohl neue Handelsgemeinden entstanden, um die wikingischen zu ersetzen, trug die verstärkte königliche Autorität und Verwaltung viel zur Vertreibung der Kaufleute nach Deutschland bei. Der Niedergang von Handelszentren wie Hedeby, Kaupang und Birka wurde zum Teil jedoch durch eine neue Generation skandinavischer Stadtgemeinden ersetzt.

Auf Gotland entwickelten sich im 10. Jahrhundert Paviken und Visby, die ihre zentrale Lage zwischen Dänemark, Schweden und den Flussrouten nach Nowgorod nutzten. In Schweden wurde Birka durch das nahe gelegene Sigtuna ersetzt, das zu Beginn des 11. Jahrhunderts zum führenden Markt für Pelze wurde. Während Kaupang verfiel, entstand in Norwegen unter königlicher Aufsicht die neue Stadt Christiania (Oslo), die den wachsenden Nordseehandel im 10. Jahrhundert ausnützte.

Weiter im Süden förderte der Bischofssitz Lund in Skåne, Südschweden (damals dänisch regiert), das Wachstum eines neuen Hafens, der auch vom kirchlichen Verkehr profitierte. Århus in Jütland wurde zu einem der führenden Häfen des dänisch-norwegischen Handels. Ebenso wurde das von König Olaf III., dem Stillen von Norwegen (Reg. 1066–93) um 1070 gegründete Bergen zu einem der wichtigsten skandinavischen Handelshäfen der späten Wikingerzeit. Ausgrabungen haben ergeben, dass es um 1170

ein blühendes Zentrum war, und in unzähligen Lagerhäusern wurden vielerlei Waren gelagert, wie etwa englische Wolle und deutscher Wein.

Skandinavische Berichte aus dem 12. Jahrhundert belegen die Methoden, mit denen Könige Steuern eintrieben – äußerst unpopulär. 1125 rebellierten Isländer, die gezwungen wurden, zum Ausgleich von Transportkosten *landaurar* (Zoll) an Norwegen zu zahlen, gegen die nominelle norwegische Herrschaft. Königliche Beamte verwalteten Städte im Namen des Königs und hoben Steuern auf den Handel ein. Als Reaktion bildeten skandinavische Kaufleute nationale Gilden zu gegenseitigem physischen und ökonomischen Schutz. Die meisten dieser späten Wikingerhändler hatten intensive Überseeinteressen und es überrascht nicht, dass sie ihre Geschäft einfach anderswohin verlegten, als die königliche Macht erdrückend wurde.

Die Hanse

Der 1143 gegründete deutsche Hafen Lübeck liegt einige Kilometer südlich der verlassenen Wikingersiedlung Hedeby. Von nun an sollten deutsche Kaufleute den Handel in nordeuropäischen Gewässern dominieren. Inwieweit skandinavische Händler, die ihre Geschäfte dem königlichen Machtbereich entzogen, dafür mitverantwortlich waren, wurde nie untersucht.

Lübeck wurde im 13. Jahrhundert zum Haupthafen der Hanse. *Hanse* ist die althochdeutsche Bezeichnung für Truppen oder Kompanie, was nun mit Gruppe oder Gilde assoziiert wurde.

Ab dem 13. Jahrhundert wurden Handelskonflikte mit Visby nach hanseatischem (oder Lübeck-) Recht geregelt. Als die Hanse ihre Macht auf die anderen großen deutschen Häfen Hamburg, Bremen, Rostock, Stettin und Danzig ausdehnte, schwand die Macht der skandinavischen Könige auf Zolleinhebung dahin. Malmö in Skåne wurde zum Lager der Hanse, während Bergen zum hanseatischen *kontor* (Markt) wurde. Die Hanse war nun der neue Zwischenhändler, geschützt vor skandinavischen Beschränkungen und Einschüchterungen.

Als Feinde der Hanse griffen die dänischen Könige zu militärischer Gewalt, um die ökonomische und politische Position Dänemarks in der Region zu restaurieren. Dieser Konflikt zog sich weit in das 14. Jahrhundert hinein, als die Hanse bereits im Niedergang begriffen war, was großteils am Aufstieg der Niederlande als wirtschaftliche Seemacht lag. Die Beziehungen der Hanse leiteten eine neue Ära für Skandinavien ein als Teil einer strukturierten, internationalen maritimen Wirtschaft. Ohne die Pionierleistungen der wikingischen Kaufleute wären solche Entwicklungen unmöglich gewesen.

Oben: Häuser im Hafenviertel von Bergen bei Sonnenuntergang. Entgegen den Wünschen des nordischen Königs wurde der Hafen ein Hansemarkt – in Anerkennung der Tatsache, dass die Handelsmacht in Europa von den Wikingern an die Deutschen übergegangen war. Bald standen in Bergens Hafenviertel viele solche hanseatischen Lagerhäuser.

Gegenüber: Die Macht in der Ostseeregion – das Rathaus von Lübeck, das Verwaltungszentrum der Hanse

Wikinger in der Populärkultur

Als das Wikingerzeitalter vorüber war, veränderte sich die Meinung über dieses skandinavische Volk mit der Zeit und dem politischen Milieu. Sogar die Ansichten zeitgenössischer Kommentatoren sind durch ihre eigene Kultur oder durch ihre Reaktion auf die Verwüstungen der Wikinger gefärbt. Heute ist es beinahe unmöglich, den echten Wikinger vom Fantasiebild zu lösen.

Oben: Eine Ansichtskarte aus etwa 1916 zeigt Leif Eriksson als den archetypischen wikingischen Abenteurer der populären Fantasie – komplett mit fantasievollem Flügelhelm.

Im Mittelalter berichteten skandinavische Schreiber von einer „Heldenära", und isländische Chronisten schilderten die Aktionen ihrer Vorfahren weit schmeichelhafter als die Geistlichen, die die Überfälle selbst erlebten. Beide Seiten hatten ihre eigenen Geschichten zu erzählen und färbten sie entsprechend ein. Jahrhunderte später versuchen wir noch immer, bei beiden Arten von Quellen historische Fakten und Fiktion zu trennen.

Spätmittelalterliche schwedische und dänische Historiker wetteiferten darin, ihre eigene Nation als überragend in Skandinavien darzustellen, während sie gleichzeitig versuchten, die Wikinger zivilisierter erscheinen zu lassen, als sie waren. Mit anderen Worten, die Wikinger wurden bereits zu politischen Zwecken benutzt.

Nach dem 30-jährigen Krieg (1618–48) ging Dänemarks Bedeutung in Europa zurück und nach Schwedens verheerendem Krieg mit Russland (1700–21), trat die Geschichte der Wikinger in eine neue Phase des Realismus ein. Zur Zeit der Aufklärung sah man die Wikinger als Barbaren, die sich dem kulturellen Fortschritt entzogen. Erst Rousseaus Ausspruch vom „edlen Wilden" rettete sie vor kultureller Schande.

Darauf folgte die Renaissance der Begeisterung für nordische Poesie und Sagas. Ende des 18. Jahrhunderts waren die Wikinger zum Inbegriff für ein goldenes nordisches Zeitalter geworden. Diese Ansicht florierte im 19. Jahrhundert, gefördert durch eine Welle romantischer Autoren, die sich auf Wikingermythen bezogen. 1811 wurde in Schweden die Gotische Gesellschaft gegründet, um die Wikingeridentität als nationalistisches Werkzeug zu fördern. Skandinavier identifizierten sich sowohl mit den *bondi* (freien Bauern) als auch mit den Seeräubern der Vergangenheit, während ihre Autoren in Literatur und Poesie die Ideale der Wikingerzeit heraufbeschworen. Dadurch entstand Ende des Jahrhunderts der Begriff Volksgeschichte. Als Lehrer begannen, ihre eigene Sicht der Vergangenheit zu beschreiben, wurden Wikinger und nationale Identität untrennbar vermischt.

Richtung Übermensch

Neue archäologische Entdeckungen fachten die Faszination für die Wikinger nur an. Der Komponist Edward Grieg (1843–1907) baute ein Haus in einem Stil, den er für romantischen Wikingerstil hielt; bald zogen die Mittelschichten Skandinaviens und sogar Deutschlands nach. Die neue deutsche Identifikation mit der Wikingerzeit wurde durch die Werke von Richard Wagner (1813–83) verstärkt, dessen *Ring*-Opernzyklus skandinavische und teutonische Legenden verband. In Verbindung mit Nietzsches Philosophie vom *Übermenschen* wurde diese Begeisterung explosiv.

Zu Beginn des 20. Jahrhunderts verbanden sich die Begriffe Familie, Heimat, Heldentum und rassische Überlegenheit zu einer halbreligiösen Interpretation der Wikingervergangenheit. Nach der Machtergreifung Adolf Hitlers 1933 erhoben die Nazis diese Begriffe zu Idealen. Doch auch die Widerstandskämpfer im besetzten Norwegen bezogen Inspiration aus ihrer wikingischen Vergangenheit und bezeichneten die deutschen Invasoren als „Weltschlange".

Nach dem 2. Weltkrieg wurden die durch ihre Verbindung mit den Nazis befleckten Wikinger kulturell abgeschrieben. Historiker beschrieben sie als Seeräuber, Händler und Bauern, aber nicht als große Helden eines vergangenen Zeitalters. Das populäre Bild der Wikinger ist heute von diesem politischen Erbe beeinflusst. Aller politischen und kulturellen Färbungen beraubt sind die Wikinger in Film, Literatur oder sogar Comics keine Ikonen mehr. Stattdessen werden sie als mit Autoritäten ringende Freigeister dargestellt, die kämpfend, vergewaltigend und plündernd durch Europa zogen. Dieses Bild ist genauso ungenau wie alle vorhergehenden. Die Wikinger bleiben weiterhin den kulturellen und politischen Launen nachfolgender Generationen ausgeliefert. Doch wenigstens gibt uns das große archäologische Vermächtnis heute bessere Einsicht in ihre Zeit.

Oben: In den 30er- und 40er-Jahren erhielten Thors Hakenkreuze (umgedreht) eine schreckliche neue Bedeutung. Dekoration auf einer Schale aus Norwegen.

Das Vermächtnis der Wikinger

Kultur ist ein Begriff, der für gewöhnlich nicht mit den Wikingern assoziiert wird, doch ihre Bedeutung für die Entwicklung des europäischen Handels, des Rechts, der Sprache, der Sitten und der politischen Organisation war enorm. Die Wikinger formten Europa und die Welt mit und ihr Vermächtnis ist noch heute sichtbar.

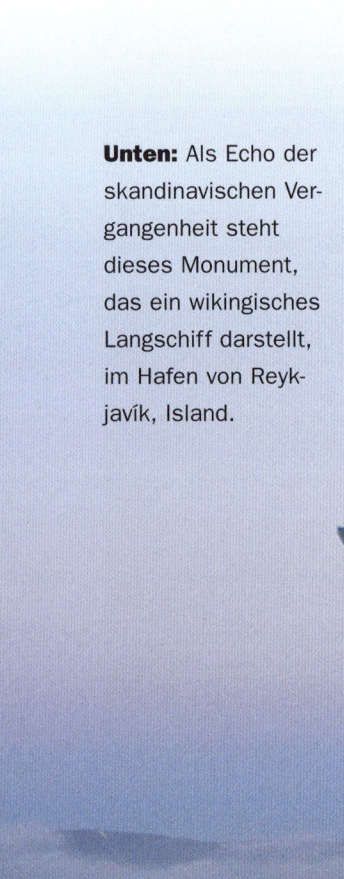

Unten: Als Echo der skandinavischen Vergangenheit steht dieses Monument, das ein wikingisches Langschiff darstellt, im Hafen von Reykjavík, Island.

N achdem wir die Ereignisse der Wikingerzeit studiert haben, zeigt ein kurzer Blick auf die Landkarte Europas das Ausmaß ihrer Leistungen. An den westlichen Ausläufern des Kontinents wurde das keltische Irland in die politische Sphäre der Britischen Inseln hineingezogen, als die wikingischen Seeräuber, dann Siedler, Stützpunkte und Städte an seiner Küste und dann im Landesinneren errichteten. Wickford, Wexford, Limerick und Dublin begannen als Außenposten der Wikinger. Seit dieser Zeit war die Insel mit der politischen und wirtschaftlichen Entwicklung Europas verbunden.

In geringerem Ausmaß galt dies auch für Island und die Färöerinseln oder auch Orkney und Shetland. In einer Fernsehdokumentation wurde die DNA eines Wikingers mit der DNA der Bevölkerung in verschiedenen Teilen Großbritanniens verglichen. In Orkney hatte mehr als die Hälfte ähnliche DNA-Stränge: Beweis für eine kontinuierliche Verbindung mit ihrer Wikingervergangenheit.

In England entwickelte sich York aus einem wichtigen Markt der Wikinger und heute noch finden sich skandinavische Namen in der Grafschaft Yorkshire, und in den lokalen Dialekten Nordostenglands gibt es zahlreiche norwegische und dänische Wörter. Für die meisten ist England eine angelsächsische Nation, durchsetzt mit ein paar normannischen Vorfahren. Wenige bedenken, dass mehr als die Hälfte des Landes jahrhundertelang unter dänischer Herrschaft stand oder dass die Normannen selbst Nachfahren der Wikinger waren.

In Frankreich verrät nur der Name Normandie (Land der Nordmannen) das Erbe der Region. In Osteuropa bauten die Wikinger die großen russischen Städte Nowgorod, Kiew, Rostow und Wladimir. Nachkommen schwedischer Wikinger schufen den russischen Staat und es war dieses Volk, das Russland über die Flussverbindungen zwischen der Ostsee und dem Schwarzen Meer ausdehnte. In Skandinavien selbst wurden, obwohl es die Handelszentren der Wikinger nicht mehr gibt, die meisten modernen Städte wie Kopenhagen, Oslo, Bergen und Stockholm von den Wikingern gegründet oder bei ihren Märkten errichtet.

Gerechtigkeit

Eines der größten Vermächtnisse der Wikinger ist ihr Beitrag zur politischen Landschaft der demokratischen Welt. Obwohl sich die antiken Griechen für die Erfinder der Demokratie hielten, wurden die Institutionen, die über die Völker Europas herrschten und Recht sprachen, nicht allein nach griechischem Modell entwickelt, sondern auch aus Jahrhunderten wikingischer Administration. Die Wikinger waren ein inherent demokratisches Volk, und ihr *thing* (Parlament) garantierte, dass die Vertretung auch auf lokaler Ebene funktionierte.

Das moderne demokratische System lokaler, regionaler und nationaler Versammlungen kann bis zu den skandinavischen Modellen zurückverfolgt werden, die vom englischen, französischen und deutschen Parlament übernommen wurden. Außerdem gab es im römischen Recht keinen Mechanismus für die Rechtsprechung durch Gleichgestellte. Es waren die Wikinger, die das Schwurgericht erfanden und dafür eintraten, dass Fälle vor zwölf Geschworenen verhandelt wurden. Sogar der Eid vor Gericht geht auf ein Ritual der Wikinger zurück.

In ganz Europa finden wir Spuren der Wikingerkultur auch noch im Alltag. Die englische

Sprache wurde durch den Kontakt mit Skandinavien bereichert. Ein dänischer Gelehrter drückte es so aus: „Ein Engländer kann nicht ohne skandinavische Wörter ‚leben‘, ‚krank‘ sein oder ‚sterben‘." Durch die kulturelle Kreuzung zwischen den Wikingern und dem Rest von Europa wurden Wörter, Namen oder ganze Dialekte in die europäische und angloamerikanische Kultur absorbiert. Die Identifikation mit den Wikingern in der Populärkultur erstreckt sich von Minneapolis bis nach Moskau. Doch die Durchsetzung von Englisch als Weltsprache und der Demokratie als erfolgreichster Regierungsform der Welt machte das kulturelle Vermächtnis des Wikingerzeitalters universell.

Oben: Schauspieler posieren hinter ihren Schilden, bevor sie bei einem Wikingerfestival in Århus, Dänemark, eine Schlacht nachstellen.

Könige: Wikinger und Angelsachsen

Die Schreibweise skandinavischer Orts- und Personennamen variiert je nach Konvention. Zum Beispiel spricht dieses Buch von König Sven, der im englischen Sprachraum als Sweyn bekannt ist. Ebenso kann Æthelred auch „Aethelred" oder „Ethelred" geschrieben werden. Auch bei den Beinamen ist Vorsicht geboten. Harald Harfagri wird etwa sowohl als Harald *Schönhaar* als auch als Harald *Feinhaar* übersetzt.

Die ersten Grafen von Orkney sind uns vor allem durch die *Orkneyinga Saga* bekannt. Sie wurde um 1200 geschrieben, und obwohl einige Historiker ihre Genauigkeit in Frage stellten, sind sich die meisten Gelehrten einig, dass sie auf wahren Begebenheiten beruht. Viele Daten sind jedoch nur schwer genau zu bestimmen und es kann Grafen gegeben haben, die gleichzeitig amtierten, weil sie um die Macht stritten.

Skandinavische Könige, 9.–11. Jahrhundert

NORWEGEN
Harald *Harfagri* (Schönhaar) ca. 872–ca. 930
Olaf Tryggvasson 995–1000
hl. Olaf 1014–30
Magnus 1035–47
Harald Sigurdsson (Hardrada) 1047–66
Magnus 1066–69
Olaf 1067–93

DÄNEMARK
Harald *Blauzahn* ca. 988
Sven Gabelbart ca. 988–1014
   (König von England 1013–14)
Harald 1014–ca. 1018
Knut 1018–35
   (König von England 1016–35)
Sven 1047–74

SCHWEDEN
Eric *der Siegreiche* ca. 980–95
Olaf Svenski *Sköttkonung* 995–1022
Anund (James) 1022–56
Edmund Gamul 1056–60

Könige von Wessex und England, 6.–11. Jahrhundert
Cynric 534–60
Ceawlin 560–92
Ceola 592–97
Ceolwulf 597–611
Cynegils 611–42
Cenwalh 642–72
Æscwine 673–76
Centwine 676–86
Ceadwalla 686–88
Ine 688–726
Æthelheard 726–40
Cuthred 740–56
Sigebryht 756–57
Cynewulf 757–86
Brihtric 786–802
Ecgbryht (Egbert) 802–39
Æthelwulf 839–58
Æthelbald 858–60
Æthelberht 860–66

Æthelred 866–71
Alfred *der Große* 871–99
Edward *der Ältere* 899–924
Athelstan 924–39
Edmund *der Großartige* 939–46
Eadred 946–55
Eadwig *der Gerechte* 955–59
Edgar *der Friedfertige* 959–75
Edward *der Märtyrer* 975–78
Æthelred *der Unberatene* 978–1016
Sven *Gabelbart* 1013–14
   (König von Dänemark ca. 988–1014)
Edmund *Ironside* 1016
Knut *der Große* 1016–35
   (König von Dänemark 1018–35)
Harold I. *Hasenfuß* 1035–40
Harthacnut (Hardaknut) 1040–42
Edward *der Bekenner* 1042–66
Harold Godwinsson 1066
Wilhelm I. *der Eroberer* 1066–87

Nordische Grafen von Orkney
Sigurd Eysteinsson *der Mächtige* 872–74
Guttorm 874–75
Hallad Rögnvaldsson 875
Einar Rögnvaldsson *Torf Einar* 895–910
Arnkell ?–950
Erlend 950
Thorfinn Hausakliuf (*Schädelspalter*) 950–ca. 963
Arnfinn ca. 963–?
Havard ?
Liot ?
Hlodver (*Sigurd der Dicke*) ca. 980–1014
Sumarlidid ca. 980–ca. 1015
Einar Sigurdsson (*Süßmund*) ca. 1015–26
Brusi 1026–31
Rögnvald 1031–46
Thorfinn Sigurdsson (*der Mächtige*) 1046–64
Haakon Paulsson 1064–98
Magnus Erlendsson 1098–1115
   (heiliggesprochen 1135)
Hakon 1115–22
Paul 1122–39
Harald Maddason 1139–? (*d.* 1206)
Rögnvald ?–1158 (heilig gesprochen 1192)
Harald Ungi 1158–98
David 1198–1214
John 1214–32 (*kein männlicher Nachkomme*)

nen) das Erbe der Region. In Osteuropa bauten die Wikinger die großen russischen Städte Nowgorod, Kiew, Rostow und Wladimir. Nachkommen schwedischer Wikinger schufen den russischen Staat und es war dieses Volk, das Russland über die Flussverbindungen zwischen der Ostsee und dem Schwarzen Meer ausdehnte. In Skandinavien selbst wurden, obwohl es die Handelszentren der Wikinger nicht mehr gibt, die meisten modernen Städte wie Kopenhagen, Oslo, Bergen und Stockholm von den Wikingern gegründet oder bei ihren Märkten errichtet.

Gerechtigkeit

Eines der größten Vermächtnisse der Wikinger ist ihr Beitrag zur politischen Landschaft der demokratischen Welt. Obwohl sich die antiken Griechen für die Erfinder der Demokratie hielten, wurden die Institutionen, die über die Völker Europas herrschten und Recht sprachen, nicht allein nach griechischem Modell entwickelt, sondern auch aus Jahrhunderten wikingischer Administration. Die Wikinger waren ein inherent demokratisches Volk, und ihr *thing* (Parlament) garantierte, dass die Vertretung auch auf lokaler Ebene funktionierte.

Das moderne demokratische System lokaler, regionaler und nationaler Versammlungen kann bis zu den skandinavischen Modellen zurückverfolgt werden, die vom englischen, französischen und deutschen Parlament übernommen wurden. Außerdem gab es im römischen Recht keinen Mechanismus für die Rechtsprechung durch Gleichgestellte. Es waren die Wikinger, die das Schwurgericht erfanden und dafür eintraten, dass Fälle vor zwölf Geschworenen verhandelt wurden. Sogar der Eid vor Gericht geht auf ein Ritual der Wikinger zurück.

In ganz Europa finden wir Spuren der Wikingerkultur auch noch im Alltag. Die englische Sprache wurde durch den Kontakt mit Skandinavien bereichert. Ein dänischer Gelehrter drückte es so aus: „Ein Engländer kann nicht ohne skandinavische Wörter ‚leben‘, ‚krank‘ sein oder ‚sterben‘.“ Durch die kulturelle Kreuzung zwischen den Wikingern und dem Rest von Europa wurden Wörter, Namen oder ganze Dialekte in die europäische und angloamerikanische Kultur absorbiert. Die Identifikation mit den Wikingern in der Populärkultur erstreckt sich von Minneapolis bis nach Moskau. Doch die Durchsetzung von Englisch als Weltsprache und der Demokratie als erfolgreichster Regierungsform der Welt machte das kulturelle Vermächtnis des Wikingerzeitalters universell.

Oben: Schauspieler posieren hinter ihren Schilden, bevor sie bei einem Wikingerfestival in Århus, Dänemark, eine Schlacht nachstellen.

Register